编 委 会

主 任 委 员：隋广军

副主任委员：顾也力　郑建荣

委　　　员：毕惠阳　林小平　李铁立　姜灵敏　林吉双

　　　　　　黄立军　熊海涛　蒋吉频　曾　增

国际服务外包系列教材

广东国际服务外包案例

Case Study：Guangdong's International
Service Outsourcing

黄永智　主编

Textbook Series of
International Service Outsourcing

暨南大学出版社
JINAN UNIVERSITY PRESS

中国·广州

《广东国际服务外包案例》编委会

主　　编：黄永智

副　主　编：毕惠阳

编　　委：熊海涛　曾　增　魏　青　黄　冲

　　　　　　朱昭瑜　黄佩珺

总　序

　　自 21 世纪以来，我国承接美、欧、日等国家和地区的国际服务外包呈加速发展之势；2013 年，我国承接的国际服务外包执行金额为 454.1 亿美元，现已成为全球第二大服务外包接包国。随着服务外包产业的迅速发展，我国能熟练从事国际服务外包业务的中高端人才的短缺问题日益突显出来。因此，尽快培养国际服务外包产业所需的中高端人才，已成为促进我国服务外包产业持续、快速和健康发展的当务之急。

　　广东外语外贸大学国际服务外包研究院和国际服务外包人才培训基地，是全国普通高等院校最早成立的国际服务外包研究机构和人才培训机构。自 2009 年 10 月以来，国际服务外包研究院承接国际服务外包的理论研究和政府咨询等课题 60 余项，发表论文 300 余篇。目前，广东外语外贸大学国际服务外包研究院已成为华南地区国际服务外包理论研究中心、政府决策咨询智库。六年来，广东外语外贸大学国际服务外包人才培训基地共培训软件架构师、软件测试工程师和网络工程师等 IT 类高校"双师型"教师 200 余人；培养和培训 ITO、BPO、KPO 等适用型大学毕业生 2 000 余人；为 IBM、西艾、从兴等服务外包企业定制培训服务外包商务英语和相关业务流程专业人才 1 000 余人；培训服务外包企业和政府中高层管理人员 8 700 余人。经过几年来对服务外包人才培养模式与实践的有益探索，广东外语外贸大学国际服务外包人才培训基地已成为广东省服务外包"双师型"教师资源库、大学毕业生适用型人才交付中心、企业和政府管理人员短期培训中心。

　　广东外语外贸大学作为广东省国际服务外包中高端人才培训基地，为了更好地发挥学校在国际化人才培养方面的优势，进一步提高国际服务外包和国际服务经济人才的培养质量，特组织专家学者编写了本套教材。本套教材具体包括《服务外包客户关系管理》《服务外包项目管理》《服务外包企业战略管理》《商务交际日语》《商务谈判日语》《商务会谈技巧英语》《商务沟通英语》《软件开发中级英语阅读与写作教程》《软件测试中级英语阅读与写作教程》《服务外包概论》《国际服务外包实务》《广东国际服务外包案例》《国际服务外包营销》《印度国际服务外包经典案例》《服务外包园区发展的理论与实践》《国际服务外包：理论、实践、创新》《国际服务经济概论》《国际服务贸易战略与实务》《国际金融服务实务》《国际服务经济组织与管理概论》《Java 软件工程师培训教程》《云计算基础、应用与产业发展》《中外艺术创意经典 100 例》《数据挖掘基础与应用实例》《物联网与产业发展》《创意学概论》《跨境电子商务概论（进口篇）》《跨境电子商务概论（出口篇）》《科技服务业概论》等共 31 部。

　　培训国际服务外包和国际服务经济产业所需的中高端人才是一项系统工程，其中，编写出既能够反映国际服务外包和国际服务经济发展理论，又符合国际服务外包和国际服务经济发展实践的教材尤其重要。我们希望本套教材的出版能够为国际服务外包和国际服务经济人才的培养尽一份力量；同时，我们也真诚地欢迎各位读者对本套教材的不足之处提出修改意见和建议，以期进一步提高我们教材的编写质量。

"广东外语外贸大学国际服务外包系列教材"编写委员会

2016 年 6 月

前　言

过去 30 多年，全球产业链的重组分工不断加快服务业跨国转移的进程，服务外包作为一种创新型商业模式，在国际商务中呈现出令人瞩目的优越价值，各国政府相继出台服务外包促进政策，推动其蓬勃发展成独立、完整及规模化的产业部门。据相关数据估算，2013 年全球 IT 服务、业务流程外包和研发设计的市场规模达到 13 001 亿美元，服务外包已成为国际服务贸易的重要组成部分。

近年来，广东在力促制造业转型升级的同时，主动顺应全球服务业发展趋势，积极承接国际服务业转移，大力培育本土服务外包企业和载体，加快推进服务业国际化进程，服务外包现已成为全省现代服务业和对外贸易发展的新增长点和重要组成部分。自 2008 年金融危机以来，广东服务外包企业的接包合同金额和执行金额分别从 14.8 亿美元和 11.7 亿美元，增加到 2013 年的 106.54 亿美元和 71.24 亿美元，年均增幅达48.4% 和 43.5%。服务外包产业价值链逐渐向高端拓展，低技能要求、高流量、低附加值的业务形态正在被重塑，研发设计、生物医药、金融后台等领域技能迅速发展。各市政府部门努力通过特色服务领域和重点载体建设来实现差异化发展和独特价值定位，广州、深圳、珠海、佛山、东莞、中山等市创建发展了一批服务外包示范园区，在软件及信息技术服务、数据处理、呼叫中心、金融后台、电信通信、物流及供应链管理、工业设计、动漫创意设计、生物医药等领域培育和打造了一批骨干企业和公共服务平台。

虽然广东服务外包取得了重大发展，但在全球价值链分工上仍处于中低端地位，亟须正视相关的制约因素：企业规模较小、接单能力弱、业务水平相对低端、项目服务质量不高、行业标准制定有待加强、人力资源相对缺失、信息安全及知识产权保护体系不完善等。当前，在全球经济智能化、互联化和社交化浪潮的影响下，服务外包产业迎来了新一轮的发展转型机遇，各方围绕服务价值链展开激烈竞争与交融合作，这为广东服务外包增强核心竞争力带来了全新机遇与挑战，产业链各相关主体应加快形成合力，共同应对新一轮的竞争洗礼。

　　有鉴于此，广东省商务厅联合广东外语外贸大学、广东省服务贸易协会组织编写了《广东国际服务外包案例》一书，旨在总结和推介一些广东省服务外包示范企业、示范园区和公共服务平台的先进做法、领先领域或创新模式，激励全行业以最佳实践为标杆。本书以广东服务外包核心特色行业为主轴，既选取了不同服务类型（ITO、BPO 和 KPO）企业的承接外包策略，也收录了重点园区载体及公共服务平台的实操做法；既涵盖了信息技术、金融服务、呼叫中心、供应链管理等传统优势行业的服务运作模式，也吸纳了云计算、研发设计、生物医药和动漫等新兴领域的创新技术手段；既选取了在粤跨国集团作为全球服务提供商或共享服务中心的经典实例，也注重挖掘本土企业的探索与实践，以期全方位、多维度地为企业界、政府部门及相关从业人员提供借鉴与参考。

　　衷心祝愿广东省企业在全球新一轮服务外包竞争中，真正实现从以人力成本为基础的增长模式向以知识资本和价值创新为驱动的增长模式的转变，从而加快推进广东现代服务业和服务贸易的跨越式发展。

黄永智
2016 年 6 月

目 录

1

第一章 信息技术外包与云计算

引 言

以电子信息和高科技为特征的信息技术外包（ITO）是服务外包的主导业务类型。据相关数据显示，2013 年全球 IT 服务支出高达 7 110 亿美元，约占全球服务外包市场的55%。目前，IT 外包服务已深深嵌入各行各业的业务流程和经营管理当中，对企业信息系统的改进、业务提升和商业开发具有重要作用。

一般而言，IT 外包服务提供商主要有几大类型：一是全面的 IT 业务外包服务商，提供从 IT 咨询、软件定制到系统运营维护等全方位的 IT 服务解决方案；二是以硬件制造为主的服务商，实行产品与服务密切整合的市场战略；三是以软件研发为主的服务商，提供软件开发和技术服务；四是专业 IT 服务商，提供特定专业领域的 IT 外包服务，如数据恢复服务、电子商务平台及测试平台等。

近年来，随着信息技术的不断革新和市场需求环境的变化，云计算已经成为信息技术产业新一轮的发展浪潮。据美国信息技术咨询集团 Gartner 的调研数据显示，到 2015 年，云计算市场的规模达到1 800亿美元，云计算开支占到全球开支的17%，基于云平台或云模式的"云外包"日趋为成为外包行业发展的主流趋势。云计算创新了企业商业模式，重置了 IT 人才结构，挑战了外包治理关系，改变了服务交付模式，打破了大企业垄断局面。这将对信息技术外包既有的国际竞争格局产生颠覆性的影响。

云计算或云外包不仅是一种简单的软硬件集成服务，更是一种企业 IT 战略的改变，IT 外包服务提供商面临着前所未有的转型压力和动力，争相运用云计算驱动服务升级，打造核心竞争力。目前，一些国内外领先的 IT 外包服务提供商已快速响应了市场需求变化，通过对各类云端的服务搭配、组合及定制开发云服务解决方案，满足行业内不同规模、不同 IT 水平的多样化业务需求，抢先占领市场商机。

广东承接国际服务外包起步于信息技术外包，并以外商投资企业为主。不少欧、美、日知名的跨国企业均在广东设立了离岸交付中心或全球共享服务中心，甚至研发中心。近几年来，广东信息技术外包服务产业进入本土企业高速成长阶段，行业逐步从跨国企业推动向民营资本、本土创业推动转变，从离岸外包驱动向在岸与离岸并行发展转变，业务类型也从最初的办公室支持、数据录入和处理、客户呼叫中心等低端业务，逐步转向软件编码和测试、信息技术支持、数据分析、财务管理、人力资源管理等高端业务。

在新的经济环境下，企业如何转危为机，如何利用新技术、新理念提升商业价值，如何充分整合资源降低运营成本、快速灵活地应对业务需求，是目前IT服务外包发展遇到的挑战。广东信息技术外包服务产业亟须在云计算等前沿科技领域和创新型商业模式上谋求突破，争创新时期的国际竞争优势。

本章选取了五个标杆企业，其服务模式和发展路径在一定程度上代表了各自细分领域的最佳实践。如爱浦京采取灵活的离岸开发中心（ODC）业务模式，打造出软件技术外包服务核心竞争力。纬泓软件基于内地与香港软件开发中心双轨运行模式，实现效率、品质和成本效益的完美平衡。浪潮公司快速反应精准制定云计算发展战略，加快服务向价值链上游转移，成功树立起国内领先的云计算整体解决方案供应商和云服务商的形象。IBM贯彻全球整合、转型、创新理念，从产品主导战略转型为服务主导战略。深圳市服务外包企业云学习平台以云端部署的方式实现信息资源共享，致力于打造第三方专业的培训服务平台。

爱浦京：以离岸开发中心模式打造核心竞争力

> **服务提供商：**珠海爱浦京软件技术有限公司
> **业务类型：**信息技术外包（ITO），具体为软件与技术研发服务
> **亮点推荐：**采取灵活的离岸开发中心（ODC）业务模式，主要承接中国香港、中国大陆、日本及亚太地区的大型企业商业应用软件外包业务，通过成熟的质量控制流程和专业的行业解决方案，协助客户高效整合离岸资源，打造出软件技术外包服务核心竞争力。
> **核心优势：**
> 成熟的离岸开发中心（ODC）业务模式；
> 高质量的交付保障；
> 专业的人才团队及丰富的行业知识积累；
> 严格的系统安全与保密保障。

服务提供商

珠海爱浦京软件技术有限公司（APJ）由日本精工爱普生（EPSON）和北京中京工程设计软件技术有限公司（ZESTC）共同创办，于 2002 年 10 月在珠海投资设立，是一家国际化、专业化的软件服务公司，主要承接中国香港、中国大陆、日本及亚太地区的大型企业商业应用软件和政府部门管理软件的服务外包业务，同时也进行具有自主知识产权的软件的研究与开发。目前，APJ 已在中国香港、北京、珠海，日本等地设立办事处。

自成立以来，APJ 采用日本精工爱普生的优质质量管理体系和外资管理方式，先后与国内外多个地区的大型企业建立合作关系。目前 APJ 已成长为一家以软件技术为核心，提供从软件设计、开发、测试、实施到后期的培训、维护服务和业务咨询全面解决方案的服务提供商。APJ 现有办公场地 1 400 多平方米，员工 134 人，其中专业技术人员 106 人，大专以上学历 132 人。2012 年度，公司信息技术外包（ITO）收入达到 1 300 万元，其中外包出口收入 884 万元。在激烈的市场竞争及人工成本、汇率压力下，业务规模总体保持稳定。

APJ 在多家香港上市企业客户中设立了外包离岸开发中心，如香港铁路有限公司、香港中华煤气有限公司及堡狮龙国际集团有限公司，同时在 EPSON 深圳公司设立在岸（on-site）开发中心。其他客户包括香港迪斯尼乐园、香港赛马会、中国建设银行（亚洲）、安利中国、北京东方广场等。自 2002 年以来，累计开发的项目超过 100 个，涉

及交通、燃气、水务等公共事务公司的工程、人事、财务、设备、销售、客户服务等方面的系统以及生产性企业的企业资源管理（ERP）系统，并且有多个项目获得国际、国内的专业奖项。

APJ 有两大公司使命：一是提供最优质的软件及服务，为客户带来最大经济效益及改进效益；二是提供最具效益的商业软件解决方案，为客户创造竞争优势。目前 APJ 拥有 ISO9001 认证和 CMMI L3 认证，是珠海市服务外包行业协会会长单位、珠海市服务外包示范企业、广东省重点软件出口企业、广东省服务外包重点培育企业等。

项目展示

项目一：爱普生技术（深圳）有限公司

2005 年，APJ 派出开发团队参与了 EPSON 位于深圳科技园的工厂的系统开发、维护、测试及系统实施等工作。目前，除了提供专业的软件开发服务外，还为其提供日语方面的专业人才，承担网络安全管理与支持、会议翻译、技术文件翻译等工作。

项目二：香港铁路有限公司

香港铁路有限公司（原香港地铁公司）的主要业务是发展和管理香港铁路、物业和其他相关事业，以提升香港市民的生活质量。香港地铁每日平均载客量超过 400 万人次。在最近多项国际铁路系统的标准评估报告中，香港地铁被誉为全球最卓越的铁路系统之一，在可靠程度、服务质量及成本效益方面尤为出色。

APJ 与香港铁路有限公司于 2002 年开始合作，先后为其开发的应用系统超过 50 个，包含了企业应用的各个方面：市场营销、财政收入、人力资源、进销存、项目管理、生产调度、工程监控、地理信息、电子商务、办公自动化等。行业涉及交通运输、生产制造、物流地产等领域。

项目三：香港地铁工务行车管理系统

香港地铁是全世界最有效率的铁路网络，每天 6：00 am—次日 1：00 am 为旅客提供 19 小时的服务。过百项的工程运作以及维护工作只能在非营运时间 1：30 am—5：30 am 执行。

2005 年 APJ 与香港城市大学合作，成功地为香港地铁工务行车管理系统（ETMS）研发了人工智能（AI）系统，该系统荣获"亚太资讯及通讯科技大奖"。系统是在 ISO9001：2000 和 CMMI L2 的基础上成功研发的，系统运作非常出色，并表现出高效率的操作性，可以完善并自动编排地铁在夜间非行车时间的维修及工务工作，简化了资源规划的程序，使载客列车服务更臻完善。

项目四：香港中华煤气有限公司

香港中华煤气有限公司于 1862 年成立，是香港第一家公用事业机构。目前公司在香港的输气管网超过 3 000 千米，覆盖全港 85% 的家庭，为超过 150 万的住户及工商业客户供应煤气。为配合长远发展，香港中华煤气有限公司积极拓展在内地城市的管道燃气业务，目前已在内地 30 个城市成立合资项目，分布于广东、华东、华中、华北及东北等地区。

APJ 与香港中华煤气有限公司于 2007 年正式合作，建立 HKCG Off-Shore Development Center，规模不断扩大。APJ 与香港中华煤气有限公司合作开发的系统，采用目前最新、最流行的技术 SQL Server 2005、VB 8.0、Net Framework 2.0 等，为其客户服务热线中心定制出多个应用系统。

APJ 参与开发的部分系统：客户服务热线中心数据统计系统、客户幸运抽奖系统、OLAP 系统数据转移、港华燃气有限公司网站、企业紧急事故管理系统、VAX 客户数据查询系统。

项目五：堡狮龙国际集团有限公司

堡狮龙国际集团有限公司是著名的堡狮龙服装品牌拥有者、零售商和特许经营商。堡狮龙总部设于香港，自 1987 年开设首间零售店铺以来，经过约三十年的迅速发展，已建立了一个庞大的全球性营运平台及分销网络，并成功地将业务拓展至全球约三十个国家及地区，以中国香港、中国大陆、中国台湾、新加坡及马来西亚为五大核心市场。

APJ 与堡狮龙于 2007 年开始合作，2008 年正式建立 BOSSINI Off-Shore Development Center，合作规模不断扩大。APJ 采用现在流行的 Linux、J2EE、Oracle 等技术，为堡狮龙的 IT 部门研发出多个应用系统。APJ 参与开发的部分系统：B2B 系统、海外销售管理系统。

核心优势

1. 成熟的离岸开发中心（ODC）业务模式

不同的企业对离岸开发服务有不同的需求，服务提供商必须具备成熟的质量控制流程和深入的行业领域专业知识积累。APJ 采取灵活的 ODC 模式，协助合作伙伴高效利用离岸资源。

目前 APJ 拥有 4 个独立的 ODC：香港铁路、香港中华煤气、堡狮龙国际集团、爱普生中国。尤其是港铁离岸开发中心，近三年来开发了超过 100 个应用系统。通过提供最具效益的商业软件解决方案和优质软件及服务，为客户改进管理模式、创造竞争新优势。

2. 高质量的交付保障

APJ 视产品质量为首要业务，始终以为客户提供高质量的服务和产品为宗旨。整个软件发展的流程严格按照国际软件系统开发周期准则及方法论进行，并由日本 QA 小组进行全程监控与检查。部分项目 APJ 还与珠海软件测验中心合作，以确保所开发的软件系统的质量。

2004 年，APJ 正式成立质量管理体系促进委员会（QMSPC），开始按照 ISO9000：2000 标准建立公司内部质量管理体系，逐步形成自身的外包软件发展方法论，并确立了"客户满意、以人为本、努力增值、持续改进、不断创新"的质量方针。2004 年 12 月，APJ 顺利通过 ISO9000：2000 认证，接着于 2005 年 12 月获得 CMMI L1 和 CMMI L2 专业认证，并于 2011 年 10 月顺利取得 CMMI L3 专业认证。

3．专业的人才团队及丰富的行业知识积累

APJ 拥有卓越及经验丰富的 IT/IS 专业技术服务人才、稳健的海外高素质管理团队。专业软件工程师超过 120 人，本科以上比例占 90%（其中硕士比例占 10%），具有专业资质认证的占 50%，具有 8 年以上项目经验的资深系统分析师、项目经理占 15%。开发技术覆盖了 MS. NET、MS SharePoint、JAVA、J2EE、IOS/Android 等各种主流技术。自 2002 年以来，为三大 ODC 及其他客户累计开发的项目超过 100 个，涉及交通、燃气、水务等公共事务公司的工程、人事、财务、设备、销售、客户服务等方面的系统及生产性企业的企业资源管理（ERP）系统，并且有多个项目获得国际、国内的专业奖项。

4．严格的系统安全与保密保障

保障系统安全，防止对软件和数据的非法使用是软件外包服务商的核心准则之一。APJ 所有的客户数据（包括源码、数据库和文件）均由公司独有的专业安全的 HDF 技术保护，存储在配置管理系统（VSS）中。公司指定了专门的系统管理员来管理工作空间、创建用户、分发访问权限、删除用户和工作空间等。系统管理员向项目经理负责，所有操作均需得到项目经理的授权。每个项目的团队成员除了与个人工作相关的部分，均不能直接访问或获取完整的项目数据（包括源码、数据库和文件）。团队成员也仅能建立和运行与自己相关的部分程序，而不是整个系统，只有项目负责人或配置管理工程师有权限维护相关的系统数据和建立测试环境。

风险管理

APJ 对所有自主开发及参与研发的项目均建立了一套完善的项目实施风险及应对措施制度。于 2005 年、2011 年分别通过 CMMI L2 认证和 CMMI L3 认证。目前项目实施风险按照 CMMI L3 管理要求进行严格的过程管理，建立项目风险管理计划，明确项目当中 EPG、项目负责人、项目各组员的职责，对项目开发过程目标及风险做好控制。这要求项目负责人和组员对项目所涉及的各相关领域和环节进行检查，参照"组织级风险库"风险识别项中的风险识别清单进行识别，将识别出来的本项目可能遇到的风险记录在"项目风险管理列表"，从而保证项目开发过程中遇到的问题能及时发现并提出改进的方法，将项目开发过程中遇到的风险所可能造成的损失降到最低。

发展战略

APJ 认为，随着国家和地方政府推出关于鼓励服务外包产业发展的若干政策，未来几年将是服务外包行业和企业迅猛发展的关键时期。APJ 将重点专注外包服务、行业解决方案/产品、IT 培训三大业务方向，力争实现公司业务、规模及经济效益同步翻倍增长。

1．巩固现有的港澳市场及离岸开发等成熟业务

通过进一步优化内部组织结构，构建可重用的开发平台及公共库，完善项目团队激励等方式，激发团队潜能，降低成本，提高效益。

2．专注行业及解决方案，全面提升服务价值

目标瞄准国内市场，充分发挥自身在轨道交通、公共能源（燃气）、银行金融等行业领域的经验优势，加大研发力度，形成细分市场下具有行业特色的应用解决方案。

3．拓展 IT 培训业务

充分依托现有的客户、项目、人才、技术、行业知识等优势及本地高校资源，通过推广工信部全国服务外包职业能力考试（NCSO），为在校学生及有志投身外包行业的社会人员提供岗位实习、项目实训、考试认证、技术培训、就业指导等一站式综合性培训服务，培养和打造企业真正需要的实用型 IT 服务外包专才，为公司未来服务外包业务发展提供稳定持续的人才供给平台。

参考资料：

1．珠海爱浦京软件技术有限公司提供的资料。

2．爱浦京官网：http：//www.apjcorp.com。

纬泓软件：以内地与香港双轨模式平衡服务品质与成本

> **服务提供商：** 纬泓软件（珠海）有限公司
> **业务类型：** 信息技术外包（ITO），具体为软件与技术研发服务。
> **亮点推荐：** 通过香港接单、内地研发的模式，实现效率、品质和成本效益的完美平衡，成功在中国香港、中国大陆、中国台湾、新加坡、澳大利亚及日本等地区和国家，为不同行业的客户提供IT解决方案。
> **运行模式：** 基于中国香港及中国内地的软件开发中心双轨运行模式，由香港软件开发中心充当业务、技术及语言知识能力的通信枢纽，由中国内地开发中心提供开发和维护软件程序所需的专业技能；
> 项目顾问与服务团队一对一管理，顾问负责团队组建、项目管理、进度跟进和团队文化差异管理；
> CMMI认证标准贯彻于项目开发生命周期的各个环节；
> 确立项目阶段性目标，报告初始基准和近期进度的差异。

服务提供商

纬泓软件于1998年10月在香港成立纬泓软件（亚太区）有限公司，是香港协作软件及专业服务的知名供货商，并分别于2001年1月、2005年2月、2012年8月在上海、珠海及新加坡设立公司及开发中心，主要从事软件外包服务及市场推广服务，为企业、政府机构、金融机构提供技术研发服务、产品技术售后支持等。其中，为金融机构提供的服务业务尤为突出。自1999年起，纬泓软件一直为多家顶级国际私人银行以及零售银行提供解决方案及外包服务。至今，已经有逾百个IT解决方案在中国香港、中国大陆、中国台湾、新加坡、澳大利亚及日本等地区和国家成功运行，既可帮助银行建立一套标准的、可灵活定制的系统架构，亦可作为增益模块加入银行已运行的系统中。

纬泓软件（珠海）有限公司作为从事软件系统及专业服务的港资外包公司，主要为客户提供协作系统和网上协作服务，并通过其环球服务中心，提供各种专业服务，包括软件开发及测试、技术支持和呼叫中心等。目前，公司现有员工140多人，其中硕士研究生学历2人，本科学历48人，专科学历60人。软件技术和研发人员110多人，占80%，多位员工拥有超过10年的软件开发及测试工作经验。

纬泓非常重视员工能力的培养，为提高员工的工作技能，不断探讨和进行各种形式的培训，其中包括新员工入职培训、业务技能培训、专业英语培训、综合能力培训等，以授课、实务操作、游戏等不同的形式让员工更快地提升自己的工作技能。纬泓的企业文化是 SPEED，独立看有"速度、兴隆"之意，并寓意 Seriousness（严谨）、Planning（计划）、Execution（执行）、Efficiency（效率）、Detail（细节），要求员工必须有创造力，对质量执着并对服务专注。

运行管理模式

纬泓的外包服务采取中国香港及中国内地的软件开发中心双轨运行模式，香港的软件开发中心是集合卓越业务、技术以及语言知识能力的通信枢纽，而中国内地的开发中心则可提供开发和维护软件程序所需的专业技能，从而实现效率、品质和成本效益的完美平衡。

有效的外包服务团队管理对任何一个外包服务供应商来说都是极具挑战的工作。在外包服务团队真正为客户带来经济效益之前，大量的时间和精力都会投入到人员招聘、资源调配、团队通信和处理文化差异等方面。纬泓的外包服务顾问来自中国香港和中国内地，具备丰富的管理外包服务团队的经验，不仅负责团队组建、项目管理和进度跟进，还管理团队文化差异，提供相关的培训，以保证外包服务团队拥有必要的商业、组织和应变技能，为客户提供优质增益服务，并有效控制成本，帮助客户节省40%或更多成本。

在品质控制方面，纬泓的规范和流程都基于 CMMI L3 标准执行，而服务目标是将CMMI 认证标准贯彻于项目开发生命周期的各个环节。当外包项目启动时，公司会根据客户真正所需来核实用户需求，并委派最适合的团队去执行。质量保证部门负责建立测试计划和测试案例，以核实开发周期中的工作流程和系统质量，并对系统的功能、性能、可用性、可靠性、兼容性和源码等方面进行回顾。

纬泓会在项目计划中确立阶段性目标，将初始基准和近期进度进行对比，并报告两者存在的差异。同时，将之前预计的每个主要环节所花费的资源与实际所花费的资源相比较，令客户清楚了解项目进行中的工作效益。

主要服务内容

纬泓的业务主要分为三个部分：财富管理（Wealth Management）、设备管理（Device Management）、业务流程管理（Business Process Management）。

（1）财富管理。凭借对本地银行业务市场的深入了解、优异的软件技能工具、可实施高质量银行方案的能力及专业高效的本地支持，纬泓与多家顶级国际银行及金融机构建立了合作关系，成功在中国香港、中国大陆、中国台湾、新加坡、澳大利亚及日本等地区和国家，为不同行业的客户部署 IT 方案。

（2）设备管理。基于理光多功能文件处理系统（MFP），纬泓开发出系列办公资源管理软件：MFP Conference Station（MCS）、MFP Scan to SharePoint（MSS）、MFP Resources Manager（MRM）、MFP Tex Recognizer（MTR）。纬泓与香港理光拥有超过 10 年的友好合作伙伴关系，近年来更是积极地开拓中国、泰国、英国、美国等市场，与各地理光代理商建立起合作关系。

（3）业务流程管理。纬泓的业务流程外包服务力求帮助客户专注核心业务，提升竞争力，并有效降低营运成本。公司配备先进的硬件设施，例如，办公场所、软件、硬件、内部网络和互联网、通信设备、宽带等。同时，拥有专业的服务团队，员工定期接受相关的专业培训及进修，力求使服务质量及效率始终走在前端。

软件外包体系建设

2009 年，纬泓成功获取 CMMI L3 认证，评估结果收录于卡内基梅隆大学软件工程学院（Carnegie Mellon Software Engineering Institute，SEI）资料库，这对纬泓的软件开发、流程管理和服务外包来说，均是一个重要的里程碑。

CMMI 认证是全球软件业界认可的国际标准，被用于评估软件工程能力及成熟度。在正式评估过程中，SEI 授权的主任评估师及评估小组对纬泓的软件开发管理体系及多个软件项目的实施情况进行了全面、严谨的审查。评估结果表明，纬泓软件各工作流程能力和成熟度均达到了 CMMI L3 的要求，肯定了其为客户提供高质素软件服务的能力。

通过将 CMMI 标准贯彻于软件开发生命周期及服务外包的各个环节，纬泓可以明确订立客户目标、项目系统，配置资源以确保项目按预算准时完成，为客户及商业伙伴带来更大的服务增值。

项目风险管理

在风险控制方面，纬泓及其客户均非常重视知识产权的管理。在外包服务开始前，双方会签订外包服务合同以及保密协议，列明知识产权归哪方所有，以保障双方的权利。一般来说，原有的知识产权归双方各自所有，而在外包服务中因外包工作而产生的所有有形的、无形的工作成果归客户所有，客户赋予纬泓使用权去使用工作成果，纬泓未经客户书面同意不得泄露客户信息或客户的顾客信息给第三方。

在业务快速变更的商业环境下，传统通信工具包括电话、传真以及电子邮件愈显不足，令团队欠乏灵活高效的沟通。为了有效控制外包项目的风险，纬泓提供环球服务平台，让客户与团队成员即使身处不同地区仍能实现高效通信和协作。环球服务平台是一个建立于纬泓旗舰产品——SQUARE 文件管理系统上的、基于网络的协作平台，它提供了一个网上虚拟办公室，让客户和团队成员安心、安全地通过网络交流资讯、协调跟进以及临时应变项目。

发展战略

财富管理市场在未来几年将会迅速发展。过去几年中，纬泓一直致力于研发银行结构产品订单管理系统（FOX），未来其会将 FOX 结合在银行外包系统中，根据客户需求定制增强适合银行使用的功能，例如信用管理系统、适应性管理系统等。

参考资料：
纬泓软件（珠海）有限公司提供的资料。

浪潮：华丽转身为云计算服务提供商

服务提供商：浪潮集团有限公司 佛山浪潮信息技术有限公司

业务类型：信息技术外包（ITO）、业务流程外包（BPO）及知识流程外包（KPO），具体为软件与技术研发、云服务与云解决方案。

亮点推荐：在全球IT产业变革中，浪潮快速反应，精准制定云计算发展战略，并由此带动咨询、整体解决方案等高端业务，激发软硬两方面的业务动力，逐步放弃部分利润极低的传统IT外包业务，努力向价值链上游转移，成功树立起国内领先云计算整体解决方案供应商和云服务商的形象。

转型动力：金融危机后，IT服务外包业务萎缩、业内竞争加剧、利润不断压缩，服务外包企业的发展之路困难重重。同时云计算、大数据、移动互联网等新兴行业热点，改变着外包的传统业务模式，老牌服务外包企业若未能及时找到自身出路，将在行业洗牌中被淘汰。

创新行业云服务模式：行业级云服务以自主可控的技术为核心，采用"灵活定制、随需而动"高定制化的创新型服务模式，通过各类云端的服务搭配、组合及定制开发云服务解决方案，满足行业客户不同规模、不同IT水平的多样化业务需求。

大数据战略：浪潮将打造一个集商业分析平台、数据整合平台、数据采集与存储平台于一体的大数据平台，全面整合企业财务、ERP、HCM、CRM、OA等系统内部数据，以及电商、社交、宏观经济、上下游、互联网、物联网等外部大数据，从而帮助企业充分挖掘内外部数据价值，发现和把握商机，最终实现企业内部的办公协同和产业链的业务协同，提升运营效率。

服务提供商

浪潮集团有限公司（简称浪潮）是中国领先的云计算整体解决方案供应商和云服务商，现已具有涵盖IaaS、PaaS、SaaS三个层面的整体解决方案服务能力，凭借高端服务器、海量存储、云操作系统、信息安全技术为客户打造领先的云计算基础架构平台，基于浪潮政务、企业、行业信息化软件，终端产品和解决方案，全面支撑智慧政府、企业云、垂直行业云建设。

浪潮是中国最早的IT品牌之一。20世纪60年代，浪潮的前身——山东电子设备厂开始生产计算机外围设备和低频大功率电子管。1970年，中国第一颗人造卫星"东方红 1 号"就采用了浪潮生产的晶体管作为电子元件。多年来,浪潮始终以超前的技术和独特的软硬件综合实力,在中国 IT 品牌中独树一帜,并在中国信息产业发展的关键阶段引领中国信息产业的发展。

浪潮自 2008 年起开始筹划在中国大陆地区多地建设 BPO 中心,吸纳专业 BPO 领域人才,借鉴和研发先进的业务管理系统,提供 BPO 解决方案,从而全方位满足政府与企业信息化的需求。2010 年 8 月,佛山浪潮信息技术有限公司成立,服务外包定位为通过开发定制业务系统、数据处理、电话营销、客户服务等专业服务,为粤港澳地区企业提供整体的 BPO 解决方案。其 2012 年度实现营业收入 1 400 余万元,其中离岸服务外包收入占 50% 以上。

浪潮集团现拥有浪潮信息、浪潮软件、浪潮国际三家上市公司,在中国济南、北京、上海、青岛、深圳、佛山、无锡,日本东京、大阪,美国西雅图等地建设了多个软件离岸开发中心及海外市场与服务中心,业务涵盖系统与技术、软件与服务、半导体三大产业群组,为全球四十多个国家和地区提供 IT 产品和服务,自 2007 年起连续七年跻身全球服务外包行业 100 强,在国际市场 ITO 和 KPO 领域享有盛誉。浪潮在国内市场也具备领先优势,位列 2012 年中国电子信息产业百强第 11 位,综合实力居中国 IT 企业前两位、中国自主品牌 IT 服务商第二名、中国自主品牌软件厂商第一位、中国大企业集团竞争力 500 强第三位,先后获得"云计算创新典范企业奖""云计算客户示范应用示范奖"以及"信息产业云计算突出贡献奖"等重要荣誉。

转型动力

近年来,IT 服务外包产业发展异常艰辛,多家海外上市的中国服务外包企业纷纷退市。面对金融危机所带来业务萎缩、全球 IT 产业变革以及业内竞争日益加剧、利润不断压缩的状况,服务外包企业的发展之路困难重重。云计算、大数据、移动互联网等新兴行业热点,改变着外包的传统业务模式。在这场变革中,若不能及时找到自身出路,老牌服务外包企业随时可能在行业洗牌中被淘汰。

面对困境和隐忧,浪潮快速反应,精准制定云计算发展战略,以云计算服务供应商定位,并由此带动咨询、整体解决方案等高端业务,激发软硬两方面的业务动力,并逐步放弃部分利润极低的传统 IT 外包业务,努力向价值链上游转移。同时,在国家信息化建设的大背景下,浪潮积极把握时机,借助在国内多年积累的市场优势,大力开发在岸业务,合理规划全球业务布局,从而有效规避国际业务风险。至此,浪潮在国内 IT 业界成功树立起云领厂商形象,并在服务外包产业变革中华丽转身。在国际 IT 巨头业绩下滑的背景下,浪潮集团 2013 年销售收入实现双数位增长。

创新行业云服务模式

浪潮着力推动中国"行业云",其行业级云服务以自主可控的技术为核心,采用

"灵活定制、随需而动"高定制化的创新型服务模式，通过各类云端的服务搭配、组合及定制开发云服务解决方案，满足行业客户不同规模、不同 IT 水平的多样化业务需求。

2014 年 5 月，浪潮发布行业级云服务产品，这是国内发布的首个行业级云服务产品，也是浪潮继 2010 年定义"行业云"标准基础之后，结合多年行业云建设的实践，适应云计算技术变革，触发行业信息化由自建数据中心转变为购买云计算资源所带来的商业模式、服务模式变革，经过 4 年多的研究、实践而产生的云服务产品。

此前行业级客户获得云服务有两种途径：一是购买公有云服务，但由于公有云平台的高标准化与高开放性，行业客户的安全性、定制化、合规性的需求无法得到满足；二是建设私有云，由行业组织自行建设云计算中心。但自己建设私有云不仅会产生大量的资金投入，造成信息化建设成本居高不下，而且在不同的组织间形成类似传统信息化建设模式下的独立、分割的数据中心、业务系统，无法覆盖行业内的多个组织单元，不利于数据共享。在这种态势下，行业急需满足行业组织信息化建设的云服务产品。浪潮正是发现了这一市场契机，以多年的政企行业业务经验为依托，推出了行业级云服务，以满足行业客户对云服务的迫切需求。

云解决方案

1. 政务云

基于地方政府建设阳光政府、服务型政府、智慧政府的迫切要求，浪潮融合二十多年来电子政务业务和研发的经验，围绕行政权力、公共资源交易、公共资金管理、政府信息公开、政府投资项目管理等业务的运行、公开、监督，形成了基于云计算的阳光政务云整体解决方案，包括工商云、民政云、卫生云、药品安全云、水利云等解决方案。

2. 企业云

作为浪潮云战略的重要组成部分，浪潮企业云定位于云计算应用层及其支撑，重点发展运行于云平台的管理软件、云计算支撑平台、云集成服务，进而提供 PaaS/SaaS 运营服务。围绕企业云建设，浪潮提供从云数据中心到平台再到应用的整体解决方案及云产品：面向集团企业，提供"云＋端"的全面私有云解决方案；面向中小企业，提供公有云整体方案与服务；面向所有企业，提供以知识服务为主的公共云平台服务。解决方案包括中小企业云、财务云等。

浪潮的企业管理软件全面体现"集中、协同、精细、智能"的管理思想，连续多年蝉联中国集团管理软件市场占有率第一（CCID），已成功帮助国内 20% 的上市公司、30% 的中国信息化 500 强、38% 的国资委所属企业实现了信息化。

3. 垂直行业云

浪潮通过云计算技术，为行业信息化提供整体的 IT 解决方案，实现信息系统的自主可控，助力垂直管理能力和信息化服务水平的有效提升。解决方案包括金融云、税务云、测试云平台等。

云服务

浪潮云服务包括云服务器、云托管、云容灾、专享云服务等产品服务。例如，在专享云服务产品中，用户可以远程按需自助开通、部署、控制和管理大规模的 IT 基础设施资源，并拥有对这些基础设施资源完全控制的权限。这些 IT 基础设施资源可以快速交付，用户还可以随时调整计算需求，比如，即时增加新的计算能力，满足业务快速发展的需求，也可以即时停机，甚至减少在 IT 基础设施方面的投入，与传统物理服务器、存储等 IT 设备相比，大大提高了用户业务扩展的效率和运营能力。（见下表）

浪潮专享云服务与传统项目模式优势比较

专享云服务	传统项目模式
有效降低用户资金投入压力，以服务模式整体购买	产生大量的固定资产，管理和维护固定资产的人力成本极高
轻松获取所需 IT 资源	花费大量时间和精力考虑复杂烦琐的软硬件产品采购和管理办法
优质的云数据中心机房，配备电力和通信保障系统、高标准的安全支撑设备	自建机房，在规模、配套设施、安全保障等方面捉襟见肘
7×24 小时贴心服务，以领先的信息化技术充分保障数据安全及抗灾能力	传统模式，成本高，效率差，保障手段落后
结合浪潮 IT 实践经验，可为用户提供云计算架构下信息系统建设的咨询、规划、方案设计服务	需要借助第三方咨询公司，无法获取"一站式"服务

案例展示

案例一：财务云解决方案

浪潮财务云系统以业务系统为起点，利用网上报账系统、支付申请、应收应付的管理等，通过与业务系统的协同应用，进而实现账务的动态过程处理，形成整个账务及报表管理和资金的电子支付。在整个过程中，可以借助影像系统，实现原始票据的电子影像采集，借助银企直联平台，实现不落地的在线电子支付处理。同时，为提高整体易用性，浪潮财务云系统提供电子档案系统。

浪潮财务云系统在财务管理层可以为企业提供预算控制、财务分析及报告、风险内控、审计、税务、运营分析等财务管理功能，强化集团管控力度。

浪潮财务云系统在接入层面，可以和协同门户、社区、知识管理等进行集成应用，支持平板、手机、桌面等多终端接入方式，满足用户灵活应用、随时随地接入的需要。

应用价值：

第一，提高财务服务效率和服务质量。通过业务标准化、人员专业化、服务柔性化，提高财务工作效率，提升财务服务质量。

第二，提高员工服务的柔性化程度，员工业务处理不再受组织、地域的限制，可以就近进行信息采集及业务处理。

第三，灵活应用，随时随地接入处理业务。用户可以通过平板、手机、桌面等多终端接入系统，满足用户灵活应用、随时随地接入处理业务的需要。

第四，降低财务运营成本。通过财务资源的共享，减少机构和财务人员的重复设置以及相关软硬件系统的重复建设，进而降低财务总体运营成本。

第五，提高共享中心设立、接入的灵活性，降低系统投资及维护成本。在财务云模式下，只需建立一个云数据中心。新成立共享中心时，服务资源可按需随时进行扩展和收缩，使得共享中心设立、接入的灵活性提高，降低系统投资及维护成本。

第六，强化财务管控力度。通过共享服务实现了数据集中，能够为管理层提供准确、及时和完整的会计信息，辅助决策分析；同时，通过强化管理会计建设，使财务人员有更多的精力深度参与业务运营，更好地为业务服务，提高运营能力。

第七，提升企业整合能力。在财务云模式下，企业建立新业务不必考虑新建财务等职能支撑部门，而且可将复杂工作变得更简单、更标准，支持企业核心业务的整合与快速扩张。

案例二：银行异地云容灾系统

浪潮云中心提供容灾租赁模式的云容灾服务。容灾租赁模式由浪潮云计算中心提供统一的云容灾平台，以在线的方式提供服务，用户只需要购买备份存储的空间即可使用。用户通过云容灾客户端将本地数据加密后，利用专线/互联网/VPN的方式把数据备份到云容灾平台。用户负责对备份的数据进行日常管理，浪潮负责云容灾平台的基础设施维护。

例如，洛阳银行异地云容灾系统覆盖洛阳银行60家分支机构以及1 300多名员工，提供云端数据备份以及灾难恢复服务，可以应对重大灾难、紧急事件对数据的安全性所造成的威胁，为应用系统和业务系统的安全、可靠、稳定运行提供强有力的保障。

应用价值：

第一，云容灾系统将浪潮云容灾服务部署在内，无须改变现有系统状态。

第二，充分利用现有的基础架构，无须购买或安装昂贵的组件，降低拥有总成本。

第三，为行业用户提供了一个稳健且透明的解决方案，实现了数据备份操作和管理成本的削减。

第四，需要备份的文件在传输到云计算中心之前处于加密状态，当数据抵达目的站点时仍然处于加密状态，唯一的密钥只掌握在客户手中。

第五，不论站点位于何处，云备份和恢复系统都能够即时恢复数据。

第六，云计算中心的灵活扩展性使其能够轻松应对业务环境内数据的增长和变更。

核心优势

浪潮的核心优势在于雄厚的软硬件综合实力。浪潮是业内唯一一家拥有国家级四大研发平台的企业，包括 IT 领域唯一设在企业的国家重点实验室——浪潮高效能服务器和存储技术国家重点实验室，具备了涵盖基础技术研究、共性和关键技术研究、工艺和工程技术研究、产业化方案研究全体系的创新平台。浪潮拥有亚太地区最大、最先进的柔性服务器生产线和研究中心，是首批认证的国家级企业技术中心、国家级企业博士后工作站。浪潮 ERP 被列入国家"863 计划"中"适合中国国情的 ERP 软件"，浪潮 ERP、SCM、CRM 三个项目全部入选国家"863 计划"。

浪潮积极开展国际合作项目带动企业走出去。先后与 Microsoft、IBM、EDS、UGS、Ericsson、LG、NEC、FURUDAWA FITEC、SANYO、HUAWEI、CHINA MOBILE 等世界 500 强企业和杰出的 IT 企业建立了双赢的战略合作关系，进行技术、人才与市场的合作。浪潮技术人员与来自美国、加拿大、俄罗斯、日本、新加坡等国家的国际化项目管理及软件开发人才密切合作，共同为全球客户提供离岸或现场外包开发服务、共同完善 IT 应用解决方案、共创领先科技。与此同时，凭借软硬件产品和 IT 服务优势，浪潮迅速走出国门，在美国、日本等国家设立技术研发中心，为亚洲、北美、拉美、非洲等区域的数十个国家和地区提供 IT 产品和服务，并在委内瑞拉建立经贸合作区和产业基地。

大数据战略

大数据是浪潮企业信息化新战略的关键。浪潮认为，大数据作为实现新 IT 与企业管理创新融合的关键技术，是重构企业智慧的灵魂。大数据重构企业智慧需要新的思维、工具、方法作为支撑，针对大数据时代企业信息化的应用特性，浪潮全线管理软件产品将全面支持大数据时代的企业信息化架构。大数据时代下的企业信息化架构由基础设施层、数据层、平台层、应用层和分析层组成。其中，分析层涵盖价格行情、市场商情、企业对标、精准营销、人才行情、用户偏好等内容，从而使得企业更加智慧。

主要战略规划如下：

第一，加强平台研发投入，大力发展两大平台产品，即企业云应用平台（GSP）和大数据服务平台（IOP），推动新 IT 环境下的企业信息化建设。帮助企业实现应用集成及与电商、社交平台对接；进行数据整合，建立创新应用；建立自主商城，借助社交商务实现全渠道协同。

第二，强化"引领高端"，面对管理创新和新 IT 融合需求，围绕管理会计、财务共享服务、电子采购、数据商业分析、移动应用五大热点领域，全面提升浪潮 GS、HCM、CRM、BA、PS 全线管理软件产品。

第三，坚持"专注行业"，推动在军工、建筑、制药、储备、快消品、装备制造、采掘、船舶、化工、交通十大优势行业的深度应用，实施 100 家企业数据整合业务，全面推动企业管理升级。

第四，基于浪潮第四代数据中心平台，按照浪潮企业云落地路线图，大力发展企业托管云与大数据整合服务，同时发展以 CRM、SRM、HCM 为重点的公有云服务。

第五，进一步加强区域本地化建设，加强面向客户的本地化、专业化服务能力建设，做客户最信赖的伙伴。

未来，浪潮将打造一个集商业分析平台、数据整合平台、数据采集与存储平台于一体的大数据平台，全面整合企业财务、ERP、HCM、CRM、OA 等系统内部数据，以及电商、社交、宏观经济、上下游、互联网、物联网等外部大数据，从而帮助企业充分挖掘急速增长的内外部数据价值，发现和把握商机，最终实现企业内部的办公协同和产业链的业务协同，提升运营效率。浪潮 GSP＋平台将全面提升为集运行平台、开发平台、建模平台、移动应用平台、集成平台、企业电商平台于一体的新一代企业云应用平台。

参考资料：

1. 浪潮官网：http：//www. inspur. com。
2. 佛山浪潮信息技术有限公司提供的资料。

IBM：贯彻全球整合、转型、创新理念
成功从产品主导战略转型为服务主导战略

服务提供商：国际商业机器公司（IBM）

业务类型：信息技术外包（ITO）、业务流程外包（BPO）及知识流程外包（KPO），具体为信息技术、业务解决方案及云服务等。

亮点推荐：IBM 坚持贯彻全球整合、转型、创新的理念，成功从产品主导战略转型为服务主导战略，科学布局全球服务执行网络，更在云计算服务上引领市场，现已发展成为全球最大的信息技术和业务解决方案公司。

服务内容：

全球企业咨询服务；

全球业务流程转型外包服务；

IT 基础架构服务业务（战略外包服务）；

云计算服务。

项目案例展示：

长城电脑与 IBM 创建全新的云计算产业战略合作模式；

美国 Drivewyze 通过 IBM 云管理服务建立高效灵活的 IT 基础架构；

IBM 助推招商银行客户关系管理系统转型。

服务提供商

国际商业机器公司（IBM）于 1911 年在美国创立，是全球最大的信息技术和业务解决方案公司，能够提供从硬件到软件的服务、端到端的解决方案和高端咨询服务。

早在 20 世纪末，为配合全球化进程与客户需求，IBM 果断从产品主导战略转型为服务主导战略。一直以来，IBM 始终贯彻全球整合、转型、创新的理念，为实现其建设"全球整合型企业"的战略目标，从 1999 年起，IBM 先后在上海、深圳、大连、成都、武汉、佛山、北京和苏州等地成立了多个全球服务执行中心，为全球包括中国在内的客户提供业务咨询、系统集成、应用软件开发、测试和管理、解决方案管理、业务流程转型外包和 IT 基础架构外包等服务，并支持包括 SAP、Oracle、Siebel、大型机以及电子商务应用等在内的整体解决方案。目前，中国全球服务执行中心已发展成为 IBM 全球第二大服务执行网络，仅次于印度，所有的服务执行中心都遵循相同的服务标准，并采用统一的开发流程、方法和工具。

　　IBM 的各类信息系统现已成为中国金融、电信、冶金、石化、交通、商品流通、政府和教育等许多重要业务领域中可靠的信息技术手段，在多个重要领域占据着领先的市场份额，包括服务器、存储、服务、软件等。从 2009 年至今，IBM 凭借其领先的信息技术和服务水准，连续五年被评为"十大在华全球服务供应商"，中国全球服务执行中心先后获得 CMMI 能力成熟度 1.3 版本 5 级认证、信息安全管理 ISO27001 认证等，其服务质量标志着业界最新和最高级别的国际质量控制标准，引领着中国的应用软件服务外包市场。

服务内容

1. 全球企业咨询服务

　　IBM 的全球企业咨询服务即通过提升信息技术的使用效率，利用开放标准、全球开发模式及架构规划和服务，帮助客户提高经营绩效、降低成本，并为客户提供长期的端对端的应用程序管理，服务范围涵盖整个应用程序的周期，包括从最初的设计、搭建到后期的管理以及改进。IBM 是应用系统服务领域成长得最快的服务供应商之一，基于领先的 Web 技术平台的应用、企业整合、门户网站的开发、无线和移动技术、安全性及保密性等在多个领域为客户提供服务，并在新兴技术应用、IT 审核、项目管理、系统设计与开发以及业务分析等领域不断突破。

2. 全球业务流程转型外包服务

　　凭借全球服务执行网络，IBM 为客户提供业务转型外包服务，帮助客户对诸如财务管理、人力资源以及供应链管理等支持部门的流程进行转型、管理和优化，使客户能够集中精力实现核心商业价值。中国全球服务执行中心于 2005 年开展业务流程转型外包业务，目前在深圳、大连和佛山等地以多种语言为全球客户提供专业外包服务。

3. IT 基础架构服务业务（战略外包服务）

　　IT 基础架构服务业务融合了 IBM 在战略外包方面的全球能力，能够为客户提供全方位的基础架构支持。该业务在六个核心领域提供全球支持能力：指挥中心运营、安全性和风险管理、服务器系统运营、服务管理、整合技术服务和业务收购服务，解决方案具有标准化、自动化、可重复利用及全球整合的优良特性。中国全球服务执行中心于 2005 年开展战略外包服务，深圳作为 IBM 全球四大战略外包服务执行中心之一，目前为亚太、欧洲和美国的客户提供服务。

4. 云计算服务

　　IBM 云计算解决方案针对企业现有的 IT 资源进行整合，其中硬件包括 x86 或 Power 的机器、存储服务器、交换机和路由器等网络设备，软件包括各种操作系统、中间件、数据库及应用等，从而形成统一资源池，根据用户请求自动地管理和动态地分配、部署、配置、重新配置及回收资源，也可以动态安装软件和应用。云计算解决方案的商业价值在于：统一管理 IT 基础设施（服务器、网络、存储、软件等），实现对 IT 资源的有效掌控；将标准流程和模板融入 IT 管理，降低运维风险；共享资源，提升资源利用率；降低电力消耗；降低系统维护成本；快速响应企业对 IT 资源的需求。

IBM 中国全球服务执行中心——广东地区

1．深圳中心

深圳中心成立于 2002 年，主要为全球客户提供端到端的服务，包括应用软件开发、现代化、实施和管理服务，目前已发展成金融业服务战略中心之一。此外，深圳中心也是 IBM 全球信息科技服务的战略中心之一，为全球客户提供 IT 基础架构外包服务，包括技术支持、呼叫中心以及指挥控制中心等服务。2008 年，该中心因其出色的客户服务获得"中国最佳外包呼叫中心技术支持奖"。另外，深圳中心还通过呼叫中心与互联网为 IBM 产品和服务提供技术和客户服务。

2．佛山中心

佛山中心成立于 2011 年，主要为国内客户提供业务流程外包服务。作为 IBM 业务流程外包服务的战略中心之一，佛山中心不仅提供业务流程服务的管理和转型，还为国内客户优化包括财务和会计管理、人力资源以及供应链管理等在内的业务流程外包服务。

项目案例展示

项目一：长城电脑与 IBM 创建全新的云计算产业战略合作模式

2011 年，中国长城计算机深圳股份有限公司与 IBM 联合发布"智慧云长城"战略合作计划，旨在将全球领先的云计算创新技术和商业模式与中国本土的信息产业龙头企业相结合，全面提升双方在云计算领域的影响力和云计算相关解决方案的服务能力。双方联合打造的"云智方"平台集长城电脑传统的硬件实力以及 IBM 软件优势于一体，融合本土及国际技术实力，立足华南建立"云基地"，面向全国拓展"云业务"。

项目二：美国 Drivewyze 通过 IBM 云管理服务建立高效灵活的 IT 基础架构

2012 年，美国 Drivewyze 公司推出了基于订购业务的 SaaS 项目——PreClear 服务，通过车载显示器和声学设备帮助预先注册的货车驾驶员绕过耗时的称重站。Drivewyze 最初选择在现场构建和托管其 SaaS 解决方案，因此，IT 部门不得不在维护基础架构的同时管理应用。随着业务增长，Drivewyze 公司发现，通过扩建基础架构来满足需求是一种昂贵且低效的做法，阻碍了业务发展。

随后，Drivewyze 与 IBM 合作，将生产环境迁移至 IBM 云管理服务的基础架构上。具有高安全性、随时可用于生产的云环境帮助 Drivewyze 公司全面控制基础架构，并通过高效的扩展能力来满足业务增长需要，进一步加快了推出新产品的速度。同时，IBM 数据中心帮助 Drivewyze 管理敏感的政府数据，以确保合规性。

项目三：IBM 助推招商银行客户关系管理系统转型

招商银行于 2008 年正式启动批发业务的客户关系管理（CRM）系统建设。在 IBM

的帮助下，招商银行初步把 CRM 项目分成两期进行。一期项目主要搭建提高客户经理服务能力的 CRM 工具系统，同时进行新的销售方法和流程的设计；二期项目为实施新的销售流程和方法提供工具，以提高客户满意度、产品交叉销售率和销售成功率。

最终，项目使招商银行实现对营销过程的全面把握，对客户资源进行集中、有效的管理，提高联动效率，使得以客户为中心成为全行一致的行为，CRM 平台成为积累知识和提升营销能力的一个有效工具，同时，系统构建了一个新型考核平台，充分调动了客户经理的积极性。

参考资料：

1. IBM 中国官网：http：//www. ibm. com/cn/zh。

2. 《IBM 助力中国企业转型典型案例一览》，http：//finance. sina. com. cn/leadership/mroll/20120911/161413107014. shtml。

深圳市服务外包企业云学习平台

> **平台名称**：深圳市服务外包企业云学习平台
>
> **功能定位**：深圳乃至珠三角地区电信运营服务外包行业的第三方专业培训服务平台，以电信运营服务外包企业为核心服务对象，辐射金融服务外包企业、供应链管理与采购外包企业。通过整合学习资源、开放信息共享，打造服务外包企业的学习云，建设体外培养的人才池。
>
> **服务模式**：云端部署方式，采用应用服务提供商 ASP（Application Service Provider）服务模式。包括发放企业标识许可证，建立企业独立学习门户；设置企业学习专区；个性化定制开发电子课件；提供在线培训一揽子解决方案。

公共服务平台

深圳市服务外包企业云学习平台（简称云学习平台）由中通信息培训中心搭建。作为平台的建设方，中通信息培训中心是一家集在职培训、认证培训、技能鉴定培训、管理及信息咨询、学历进修、软件开发等为一体的通信信息类综合培训教育基地，其结合自身经验与优势，以电信运营服务外包企业为核心服务对象，辐射金融服务外包企业、供应链管理与采购外包企业，建立了集面授培训、在线培训、岗位实践训练、岗位经验和知识分享等多种方式于一体的立体培训体系；囊括了当前服务外包企业集中需求的近千门优质专业课程资源；搭建了服务外包企业的公共培训服务平台，提供包括服务器、软件系统、网络带宽以及系统平台在内的维护和升级等标准化服务；为服务外包企业提供了低成本、低门槛、高效率、快速部署的人才培养和发展系统。

为保证云学习平台的普适性和专业性，该平台设计了以下功能架构：在线学习、网上考试作业、统计分析、学分管理、教育培训档案管理等，以满足教育管理者对线下教育培训管理和线上组织各种培训、考试、竞赛、绩效考核的需要；各项功能采用模块化设计，方便今后的功能自由组合和扩展，可以更好地满足企业的定制化需求。为有效发挥云学习平台的作用，中通信息培训中心持续开发服务外包企业专业通用课程，完成了 300 多门基础课程的开发，并为相应企业量身定制了 40 多门精品课件。

截至 2013 年 4 月，云学习平台的总用户数已达 8 270 个。用户分布在通信外包、装维外包、呼叫中心、物流、会议服务等多个行业和领域。

服务模式

云学习平台定位为深圳乃至珠三角地区服务外包行业的第三方专业培训服务平台，通过整合学习资源、开放信息共享，打造服务外包企业的学习云，建设体外培养的人才池。平台拥有呼叫中心、IT 技术等多行业、多层次的资源，将这些资源用多元化、立体化的形式整合后放在"云端"平台。利用用户注册数据建立服务外包企业和人才信息的数据库，有效解决广大服务外包企业规模小、需求分散、企业培训工学矛盾突出和外包人才匮乏等问题，使企业能找到可用人才，使成熟人才能找到合适企业。

云学习平台采用云端部署方式，客户不需要做任何实际的系统部署，所有的平台搭建、升级维护、使用指导、推广策略都由平台建设方的专业服务团队完成，企业可以完全减免传统方式搭建学习系统时的硬件、软件、课件、宽带等的投入。可以说，平台为服务外包企业搭建了一个共享知识与经验、分担风险与成本的公共云资源库，减轻了独立建设 E 学习平台所产生的巨大资金、人力投入负担。

云学习平台通过 ASP 服务模式为服务外包企业提供领先的 E 化培训发展解决方案。具体来说，云学习平台在远程的主机上部署、管理、维护应用程序，然后通过广域网络，向远端的客户提供分属用户自己的学习专区，为用户量身定制专属电子课程体系，制定周期性学习计划，执行个性化 E 学习推广策略。服务模式有：①发放企业标识许可证，建立企业独立学习门户；②立足云学习平台，设置企业学习专区；③深挖学习需求，为企业定制开发电子课件；④担任学习专家，为企业提供在线培训一揽子解决方案。

服务内容

1. 平台解决方案

（1）账号租用。企业低成本购买账号，平台根据企业需求灵活确定投入规模，以租用方式共享组织学习管理系统，共享完备网校功能。这种方式主要是借助平台电信级网络所具备的带宽及存储优势，企业不需要购买平台软件，不需要添购服务器，不需要购置课件，不需要雇请 IT 人员，即可享有独立域名的网校学习平台。

（2）自建平台。开发出具备包括在线培训、同步课堂、考试系统、精品课件、移动学习等在内的全套培训管理功能的网校平台；模块化设计，确保企业可以按需购置，分步投资，即插即用。

2. 课件解决方案

（1）通用电子课件。累计 315 门、2 000 多小时的精品网络课件和课程，涵盖管理、营销、服务、电信技术等企业所需各个领域，体系完整，层次清晰。

（2）定制开发课件。运用多媒体、模拟仿真、互动游戏、流媒体，按企业需求开发实效性课件。主要包括：

①精品课件：利用动漫与图文相结合的方式展示课程内容，具有生动形象、声情并茂的视觉效果，人机交互更能激发学员兴趣，是应用最广的多媒体课件类型之一。

②流媒体课件：具有制作周期短、网络传播性好、兼容性强、无须安装、适应面宽等特点。常应用于学时较短、内容更新快的课程中，如技术课程、产品知识、领导讲话、专家讲座、商务会议及销售展等。

③快速课件：具有取材方便、内容简洁、易操作等特点。常应用于内容较简洁或图表类的教学内容中，通过配音达到声画并茂的效果，为学习者提供规范化的教学。

3.管理解决方案

提供的服务包括在线学习管理制度及考核办法、宣传推广活动方案、电子课程体系建设、混合式培训计划编制、优秀评选活动策划、学习管理工具、在线考试方案编制。

项目案例

项目名称：

广通服网络学院

客户背景：

广东省通信行业拥有众多中小服务外包公司，业务范围涵盖网络建设服务、外包服务、内容应用及其他服务等，涉及通信外包、装维外包、供应链采购外包、海外工程外包、呼叫中心外包等多个行业和领域，其主要客户包括中国电信、中国移动、中国联通等通信运营商，华为、中兴等各大通信设备生产商，政府及其他大型企事业单位等。

由于业务性质的特殊性，很多企业具有分布广、业务多的典型特点。公司本部位于广东，主要业务区域遍及广东、广西、福建、海南、江西、湖南、云南、河北、北京等地，有些公司甚至需要为东南亚、非洲等海外地区的客户提供服务。因此，这些企业亟待解决大量员工异地学习、知识共享、工作流程的规范化等问题。

应用效果：

云学习平台针对行业上述特点，建设了广通服网络学院，为业务遍及全国及全世界各地的公司之间、员工之间建立起沟通的桥梁。项目启动后，平台公共云的建设解决了众多公司在外包业务领域上关于知识共享、人才交流、信息交流等诸多问题。同时，在公共、公开的基础上，平台还提供灵活的企业私有云建设路径，为各个公司开设自己的学习专区，让每个公司拥有自己的学习交流空间。在平台内容的建设方面，通过定制开发外包领域通用课件、技术类课件等，将贯穿整个外包行业的知识进行规范化教学，解决了业务种类多、知识更新快带来的培训难题。项目启动半年内，广通服网络学院用户数多达 6 680 个，在线学时长达 13 090 小时，仅同步课堂模块就开课80 次，还请堪称行业专家的内训师录制了 70 多门专业技术类课件，上传到课程中心，大大节省了培训及沟通成本，同时促进了企业知识共享。此外，结合考试中心的运用，让大量新员工快速进入工作角色，让老员工的岗位认证实现标准化管理。如 2012 年组织考试 46 次，考试人数达 3 557 人次，大大缩短了考试工作周期，降低了考试成本。

发展规划

中通信息培训中心结合潜在服务外包企业的发展情况，综合自身的资源优势，立足本源，面向服务外包行业的各个领域，计划通过"三步走"逐层推广云学习平台：

第一步：立足电信运营服务外包行业，包括通信外包、装维外包、呼叫中心外包等，扎实做好平台建设与资源储备。

第二步：向通信产业链上下游相关行业推广，涵盖 IT 行业、云计算服务外包行业、供应链管理与采购外包行业、金融服务外包行业、物流行业等。

第三步：探索稳定可靠的商业模式，全面推广。

参考资料：

1．中通信息培训中心提供的资料。
2．深圳市服务外包企业云学习平台网站：http：//www. o‐learning. cn。

第二章 金融外包

引 言

    金融外包是与 IT 外包发展密切相关、密集使用信息技术的典型领域。近年来，随着金融外包规模快速增长，外包形式愈趋复杂，业务种类也不断推陈出新，特别是 BPO 商业模式快速盛行，金融外包从一般软件配套服务进入到运营操作过程，高技术 ITO 与 BPO 逐渐捆绑合拢，金融市场研究和数据分析等知识密集型业务亦开始出现外包，更加完整的外包服务供应链正在形成。

    当前，金融全球化和金融市场竞争日益激烈。金融业的竞争焦点从初级的价格竞争、功能竞争和品质竞争等转向了市场响应能力竞争、客户价值竞争和技术创新竞争，以实现技术架构、业务体系、管理体制及发展战略等方面的创新性发展。由此，市场赋予了金融外包服务新的功能价值：

    一是新技术实践。云计算、移动互联、物联网等新兴技术引领金融外包领域的发展潮流，如移动金融解决方案、智能银行、快发卡移动管理系统、决策管理移动展现系统、营销服务移动展现管理系统等服务，以及大数据在数字金融领域的普及等。

    二是战略转型外包。在重塑金融机构核心竞争力的过程中，金融机构不仅流程外包，战略性重要功能（如人力资源、业务体系及管理架构等）亦开始大规模地使用各种外包复合模式。金融外包服务商通过最有效的、综合型的资源配置解决方案，帮助发包商实现柔性化经营管理与业务转型革新。因此，金融外包服务商不再是成本低廉的供应商角色，而是与发包商共同发展的生存体，金融外包合作模式正从"成本—交易伙伴"型，逐步向"竞争—战略伙伴"型及"创新—战略伙伴型"转变。

    目前我国金融外包发展仍处于初级阶段，主要集中在银行业的 ITO。外包人才、服务质量、金融信息安全保障、承包资质认证等是制约行业健康发展的核

27

心问题。随着欧美跨国服务商的迅速涌入，先进的管理方法与从业规范势必会给我国的金融外包行业带来从概念到实践的全面冲击，但对于本土服务商亦产生一定的示范效应，有利于促使我国金融外包行业整体发展水平的提升。

　　本章选取了六个标杆企业：华际友天由珠三角出发走向世界，致力于提升金融信息化和商业智能化服务水平。简柏特从通用电气公司的内部业务部门发展成独立的全球业务流程管理服务先导者，其佛山公司是目前国内保险服务外包公司中唯一能够为香港客户提供端到端业务流程外包管理的公司。金邦达作为国内智能卡行业领军企业，以"为客户创造价值"的理念构建亚洲最大的数据处理外包中心。广电运通凭借军工技术优势将自己打造成领先的货币处理设备及系统解决方案提供商。晨星专注于大数据分析，树立其全球资本市场独立第三方投资研究和基金评级的权威地位。友邦资讯在保险领域的新科技研发上处于国际领先地位，力求提供一流的信息技术和企业营运中心平台。这些企业的服务模式和发展路径在一定程度上代表了各自细分领域的最佳实践。

华际友天：加速金融行业信息化和智能化发展

服务提供商：广东华际友天信息科技有限公司
业务类型：信息技术外包（ITO）、业务流程外包（BPO），具体是为金融行业提供商业智能、业务流程、主机外围业务系统解决方案，建立数据仓库和分析决策支持系统。
亮点推荐：华际友天由珠三角出发走向世界，在国内率先建立以客户为中心的银行商业智能系统，以满足银行用户历史数据分析和决策的需求，特别是突发性、复杂性的决策分析。
商业价值：
在国内率先开发基于商业智能、数据仓库理论和联机分析处理技术的商业银行业务分析系统和决策支持系统解决方案，对业务数据进行集中存储和统一管理，提高银行决策和经营管理的科学性和高效性。

金融影像工作流解决方案，对银行经营管理模式和业务流程进行变革，实现零售贷款前、中、后三台的完全分离，强化系统管理职能，提高审批效率，控制授信风险，促进业务发展。

银行金融主机外围业务系统，可快速高效实现银行金融前端的部署，利用二次开发平台，快速开发新的交易以适应不断变化的业务需求。

服务提供商

广东华际友天信息科技有限公司（简称华际友天）于2002年4月在广州成立，目前注册资本为2 085万元。公司主要为金融行业客户提供商业智能、业务流程、主机外围业务系统解决方案以及软件外包、技术培训等服务。服务范围遍及中国内地各大城市、香港地区及美国等地。

自成立之初，华际友天就确立了立足珠三角地区，逐步辐射全中国的服务外包市场拓展战略。经过近十年的发展，公司已成功构建了以广东为中心，覆盖北京、上海、天津、大连等国内各主要城市的业务和服务外包网络。同时，华际友天一直致力于海外软件外包市场的开拓，2006年承接美国离岸项目开发外包项目，并于2012年开始新型的四方合作模式的海外服务外包项目。公司服务外包出口业务取得稳步发展，在文化交流、项目管理、沟通能力、团队合作与发展方面不断提升，具备了一定的软件外包优势。

华际友天为加快拓展海内外市场设计了清晰的路线图，于 2007 年在香港设立了全资控股的广州软件（香港）合作中心有限公司，主要提供软件外包中介服务、技术开发服务、软件人才资源服务以及相关产品的进出口业务，负责香港市场的业务拓展，实现信息、人才、业务的"三通"。2007 年，公司获广州市高唐软件园区 1.6 万平方米建设用地，计划建成集软件外包、创新研发、IT 服务、IT 培训于一体的大型软件基地，研发中心已于 2012 年投入使用。2011 年，公司成功在美国北卡设立办事处，开启了海外市场拓展的新纪元。华际友天充分利用中国内地、中国香港及美国三地的优势，积极实施"走出去、请进来"的合作策略，加大服务外包业务的拓展力度。公司于 2012 年承接实施某国有银行海外项目在悉尼及新加坡的实施推广，2013 年承接在哈萨克斯坦的应用推广。公司正以稳定的经营策略、扎实的质量品牌在海外服务外包市场上站稳脚步，并逐步向海外服务外包领域发展。

华际友天在成长过程中重视企业品牌的建设，2012 年被认定为国家高新技术企业、广东省双软企业，2006 年获得首届"中国最具成长性新锐企业奖"优秀企业奖，2007 年、2008 年连续两年获得广州市优秀软件企业及优秀软件产品奖，2010 年被评为广州市国际服务外包重点企业；拥有 ISO9001：2008 质量管理体系认证、计算机信息系统集成资质三级证书，通过 CMMI L3 评估；获得 IBM 公司 2005 年度区域伙伴 IBM 产品和技术全面合作奖，成为 2006 年 IBM 软件优秀解决方案提供商、2008 年 IBM 最佳解决方案合作伙伴、2010 年 Oracle Part net Network 金牌合作伙伴。

市场背景

金融机构的业务竞争核心在于对优质客户的竞争。当前，金融机构日常的业务系统一般仅支持柜员的日常交易和客户基础服务，难以实现大量用户的历史数据分析和决策，特别是突发性、复杂性的决策分析，因此，建立一套以客户为中心的银行商业智能系统是当前的必要措施。

此外，在银行传统的原始凭证处理模式中，银行不是使用实物传递的方式，就是使用业务后扫描影像存储或传真审批的方式，这样不仅在一定程度上限制了业务处理的地域范围和效率，而且还存在原始凭证丢失、检索调阅困难等问题。虽然目前银行已经使用原始凭证影像化存储，但影像处理与业务处理相互独立，不能解决数字化信息在采集和传递中的问题，而且对于一些专业技术要求较高的业务，如贷款、国际结算等，仍旧使用大量的纸张传递，业务处理效率低，风险难以控制。如果能利用影像工作流技术解决业务资料电子化传输，便能有效地集中处理审批业务，实现数据交换和信息共享，简化业务操作流程，提高业务的处理能力，增强银行的竞争力。

服务内容

1. 建立三大核心软件产品线

（1）在商业智能（BI）方面，公司由于拥有企业级数据仓库体系架构的设计、建立、系统集成技术及实施经验，丰富的数据仓库、数据集市的设计和实施经验，并熟悉金融行业的基础业务和统计、分析决策应用，在国内率先开发了基于商业智能、数据仓库理论和联机分析处理技术的商业银行业务分析系统和决策支持系统，如信用卡分析系统、授信风险预警系统、客户营销管理系统等。

（2）在影像工作流（WF）方面，公司具有多年的银行影像工作流开发和应用经验，开发了多个企业级的影像工作流应用系统，如零售贷款在线审批系统、对公授信在线审批系统、单证中心影像系统等。影像工作流技术的引入使银行业实现了在线数据交换和信息共享，简化了业务操作，提高了业务的处理能力，极大地增强了银行的竞争力。

（3）在主机前端（MT）方面，公司拥有一套完整的金融前端解决方案。该方案面向银行主机业务系统前端应用，基于开放的软硬件系统，向用户提供功能强大的开发平台、高效易用的运行和维护平台，如银行前端柜员系统、支付服务系统、金融 IC 卡数据处理系统等。

2．提供三大服务外包业务

（1）项目开发外包服务。评估、分析业务需求，制订项目技术方案，完成系统设计，采用先进的开发方法和模型，快速、高效地完成项目交付。

（2）技术资源外包服务。公司能够优化和组合离岸、在岸、现场外包服务模式，综合考虑技术资源需求以及管理控制要求，定制最佳技术资源外包服务方案，以 CM-MI、ISO 等为基本规范，达到技术资源的质量要求，同时满足技术服务的长期稳定要求、团队建设要求，实现合作双赢。

（3）专业测试外包服务。公司拥有专业化的测试团队，通过多年来在金融、信息科技行业的积累，提供测试咨询、测试评估分析、测试执行、测试管理、测试环境搭建以及测试培训等全过程测试服务。

商业价值

1．商业智能应用系统解决方案

华际友天商业智能应用系统为金融机构提供一套完整的解决方案，通过对业务数据进行集中存储和统一管理，使银行管理人员能够随时掌握业务项目的经营风险、运营情况和经营目标。

（1）通过各种数据的相关联系，分析各类客户需求、满意度、赢利能力、潜在价值、信用度和风险度等指标，帮助金融机构识别不同的客户群体，明确目标市场，开拓潜在客户群体，为实现差异化服务、产品合理定价策略提供技术支持。

（2）通过对客户信息进行分析，识别出优质客户群体，为其提供个性化服务。

（3）对信用差的客户采取制止措施，避免坏账、呆账，减少恶意透支和欺诈行为，从而降低风险。

（4）系统采用先进的利润考核方法，精确计算账户、客户、产品、机构的净利息收入、手续费、佣金以及各种服务渠道所耗费的成本，帮助银行准确了解利润构成情况，从而对潜在较好利润的客户进行促销活动，拓展和吸引其他客户。

（5）提供绩效考核功能，既有关键绩效指标 KPI，又包括日常业务管理的基础指标，通过量化银行经营的实际绩效，提高决策和经营管理的及时性、科学性和高效性。

2. 银行影像工作流应用系统

该业务系统是华际友天结合主流技术的典型应用案例，在线审批、档案管理、风险评估与预警等方面处于国内领先水平。

（1）影像化的文档种类：各类的票据、业务凭证、申请资料、信用资料、档案资料、文件等。

（2）提高了业务处理的效率：不仅使每个业务处理人员都能看到影像化的原始凭证，进行准确的业务处理，避免手工输入的错误，加强风险控制，而且很好地实现了业务的集中处理。

（3）改进了工作流管理，使完成一项业务所涉及的人员有序地组织在一起，有效地缩短了业务处理周期，将审批环节从手工操作迁移到影像工作流，实现零售贷款前、中、后三台的完全分离，实际上是银行经营管理和业务流程方式的一次变革。

3. 银行主机外围业务系统前端解决方案

该方案建立在开放式软硬件基础之上，华际友天面向金融业务信息技术应用，为用户提供了功能强大的开发平台、精巧高效的运行平台和方便易用的管理维护平台，可以快速高效地实现银行金融前端的部署。具体包括：

（1）具备强大的二次开发功能，快速开发新的交易项目，以适应不断变化的业务需求。

（2）系统运行平台是直接面向用户的金融交易实现平台，提供机构网点管理、交易监控和管理功能。

（3）系统支持在同一个前端界面，柜员进入不同的系统处理不同类别的业务，减少柜员账号的频繁切换，提高了工作效率及安全级别。

发展战略

未来，华际友天将采取内涵发展与外延扩张相结合的发展策略，以软件产品和服务外包为核心，以广泛的战略合作联盟为基础，拓展公司国内外市场版图，力争成为具有国际竞争力的专业金融信息化服务商。其将围绕以下主线推进：

1. 计算机系统集成方面

重点发展并推广金融信息化改造的集成业务，包括金融信息化改造、升级、推广等业务，满足金融行业信息化建设的需求。保持在金融行业市场中居于领先龙头地位，成为金融行业内 BI 软件、流程管理领域具有较强竞争力的高新技术企业。

2. 软件外包和海外拓展

构建广州软件服务外包中心基地，拓展广州软件（香港）合作中心及美国办事处的业务领域，开发海外外包市场。配合政府"走出去"和"引进来"战略，积极利用现有资源，引进国外先进解决方案，提高外包服务质量，为国内客户提供更多的增值服务。

3. 人才培训服务

整合政府、高校、企业等多方优势，不断优化完善金融软件外包行业人才培养体系，通过培训中心储备行业信息化人才，既为企业提供人力资源及服务保障，又为在校技术人才开拓更广阔的就业之路，已建立人才资源库，实现网络教学与人才派遣服务。从 2008 年开始，与华南师范大学、广东外语外贸大学、广州大学华软学院、广东轻工职业技术学院及广州城市职业学院等众多高校合作，建设广州市软件外包人才培训中心，共同制订专业人才培养目标、专业人才培养模式和专业教学计划，充分发挥校企两方面的优势。

4. 业务营运

积极开展跨行业客户的开发工作，在现有产品和技术的基础上，开发新型的服务体系，进行客户推广并长期经营，推动产品向多样化方向发展，在维持原有金融行业商业智能、前端应用等产品的同时，加大力度研发其他行业类型的拳头产品。

5. 企业内部建设

严格遵守 CMMI、ISO 质量管理标准，持续改进项目管理方式，提升外包服务的核心价值。通过不断加强内部管理，制定培训机制，提高企业的管理水平及人员综合素质，为企业迈向国际市场打好基础。

参考资料：
1. 广东华际友天信息科技有限公司提供的资料。
2. 华际友天官网：http：//www. visionsky. com. cn/zh/index. aspx。

简柏特：卓越业务流程管理驱动保险企业转型

> **服务提供商：**简柏特（佛山）信息技术有限公司
>
> **业务类型：**业务流程外包（BPO），具体为保险和其他金融业信息技术支持及业务流程管理（BPM）服务。
>
> **亮点推荐：**简柏特从通用电气公司的内部业务部门发展成为独立的全球业务流程管理服务先导者。简柏特（佛山）面对香港、台湾和东南亚市场，战略定位为保险服务流程外包，目前是国内保险服务外包公司中唯一能够为香港客户提供端到端业务流程外包管理的公司。
>
> **经验剖析：**
>
> 使精益六西格玛融入组织的 DNA；
>
> 将人事管理视为服务的重中之重；
>
> 将 BPM 打造为改进流程的严格方法；
>
> 运用 BPO、IT 和知识服务的均衡组合进行业务操作；
>
> 鼓励客户主动管理 BPM；
>
> 鼓励客户接受"装船并修复"端对端流程，使 BPM 价值最大化。

服务提供商

简柏特于 1997 年作为通用电气公司（GE）的一个业务部门而成立，最初为 GE 总部提供服务，而后扩展至更宽范围的 GE 业务，成为 GE 业务流程与技术管理服务的主要提供商。

2005 年 1 月，简柏特作为一家独立公司正式成立，从而将业务范围扩展至 GE 家族企业以外的其他客户，为市场提供专业的流程方案及独特的精益六西格玛 DNA，并建立杰出的流程创新和运营机制。2007 年 8 月，简柏特在纽约证券交易所上市，交易代码为"G"。

简柏特在全球范围内拥有 60 500 多名员工，在印度、中国、匈牙利、墨西哥、危地马拉、菲律宾、荷兰、罗马尼亚、西班牙、波兰、南非、摩洛哥和美国等 20 个国家设立了 74 个网状交付中心，其专业人员为覆盖 30 种语言的 600 多家客户提供专业服务。

简柏特于 2000 年进入中国市场，陆续在大连、长春、上海、北京、苏州、佛山、香港设立了分支机构。公司运用先进的计算机技术和网络通信手段向位于日本、韩国、新加坡、中国等国家的客户，提供跨区域、远程的金融保险业的交易处理、财务分析和管理、信息技术支持、客户服务、供应链管理、人力资源管理等业务服务。目前是中国从事 BPO 业务中规模最大、业务范围最广的跨国公司，是国家商务部首次公布的五大在华全球服务供应商之一。

简柏特（佛山）信息技术服务有限公司［简称简柏特（佛山）］于 2011 年 6 月正式成立，注册资本 200 万美元，利用佛山的粤语和英语语言优势，业务主要面向香港、台湾和东南亚市场。简柏特（佛山）的战略定位为保险服务流程外包，公司主要针对保险及其他金融服务行业客户，提供信息技术（IT Services）及业务流程管理（BPM）服务，尤其是针对保险行业的核保、理赔、保全及客服等相关业务提供服务。简柏特（佛山）对流程进行一系列优化和再造，例如，一般的保险公司核保流程需要 1~2 天，而其大部分当天就可完成。而在保险业客户呼叫服务方面，简柏特（佛山）大部分流程的一次性解答成功率（First Call Resolution Rate）保持在 85%~90%。公司所提供的 BPO 客户体验以及流程优化的能力是其核心竞争力。

香港目前是简柏特（佛山）的最大客户市场，80% 的流程服务和 70% 的客户都集中于香港。简柏特（佛山）是国内现有保险服务外包公司中，唯一一家能够为香港客户提供端到端业务流程外包管理的公司。

2012 年简柏特（佛山）主营业务收入为 377.8 万美元。至 2013 年 8 月底，其从事服务外包业务的人数为 394 人，比 2012 年底增长了 44.3%。2013 年 8 月，简柏特（佛山）被认定为广东省服务外包重点培育企业。2013 年 3 月，被评为 "2011—2012 年度广东省重点软件出口企业"。

市场背景

保险业的业务流程环节繁杂，从简单的保单打印、客户服务通知、保单信息录入到客户互动服务、保险理赔勘查、业务营销，再到知识含量更高的保险精算、保费调整、新投保范围报价等，这些流程的运营效率经常由管理流程负责人的业务技能和统筹管理能力所决定，流程固有的低效性将会对服务提供和运营成效带来负面的影响，从而让保险企业不能完全发挥出自身的真正潜力。

随着国际金融市场混业经营趋势日益明显，保险业的创新性、复杂性和竞争性持续加强，保险企业越来越关注运营的效率、工作人员的生产率和面向客户的流程的效力，业务改进迫在眉睫。因此，不少保险公司正在对过去的运营模式进行全面的反省和审查，力图在运营效率和成本削减之间找到有效的平衡点。这就需要运用高度专业化的保险知识，来把这些分离的系统和流程集中于高效的协同网络和保险生态系统之中，实现整合、流线化和经营模式的转型。

服务内容

简柏特在保险运营领域具有深入的专业能力和流程改造方法，其在精益化管理和六西格玛 DNA 相融合的基础上建立了一套杰出的流程创新和运营机制，即卓越企业流程（SEPSM），提供关键的端到端业务流程服务，例如承销支持、索赔处理、精算数据分析、技术、财务和会计，从而帮助保险企业简化流程，提高所有业务范围内的流程效率，同时加快 IT 及其他相关投入，提高成本效益，并提供给客户更优质的解决方案和服务。

SEPSM 的构架有五大层面：

（1）业务成效：SEPSM 为企业级别的流程规定了可衡量的 CXO 级目标，它能够反映流程在企业层面需要达到的目标，这些成效的优先级基本与客户和商业背景相关。

（2）流程图解：SEPSM 详细地画出了子流程所有纵深的和水平的端到端的业务流程图，包括它们的业绩测量、业务影响和预期结果。对于每一个子流程，相应的衡量指标和驱动因素的第 3 级活动都是相互联系的。它把客户现有流程与框架进行比较，识别导致差距的原因并针对每个衡量指标和驱动因素提供改进的建议。

（3）指标关系树（MDDT）和基准：MDDT 建立了总体业务成果和 2 级/3 级指标及驱动因素之间的联系。这些基准被用于把流程表现和指标与行业标准进行比较。在流程框架的每一级，SEPSM 精细地衡量度量标准。它映射了客户在流程每一步的表现，与行业最佳进行对比衡量，并提供如何成为同类最优的清晰路线图。

（4）最佳实践和洞察力：对于每个步骤，都有利用对流程的成熟度的评估和解决差距来达到跨行业领先做法的概要。这些流程洞察力和最佳做法必须并且应该引致达到最佳性能水平。

（5）实施路线图和执行：仔细识别和实施方法论，提供包括流程、分析、再造和集中的 IT 方案以实现对业务的影响。

例如，简柏特（佛山）在某国际著名保险公司业务流程外包服务项目上，利用 SEPSM 积极推动效率提升，并与客户进行端到端合作来重新设计流程，包括设定相应具体的服务指标，并以月度服务指标的达成作为衡量服务是否达标的依据，以不同形式（如现场检查、数据核实、实地抽验等）对项目的绩效目标及实际达成情况做定期考核。每月总结服务指标达成情况，针对弱项制订改进方案，改善服务流程，积极为客户提供最优质的服务。营运流程的成功再造及优化，使简柏特（佛山）的客户服务质量得到进一步提高，赢得了终端客户的信任及支持，得到了合作伙伴的肯定，保险公司的营运成本有效降低，客户满意度增加，从而提升了简柏特（佛山）的知名度，扩大了市场影响力，实现双赢，创造长期的经济效益。

商业价值

企业业务流程的业绩衡量包括业界标准和最佳实践，简柏特的 SEPSM 能通过成熟的流程数据分析和流程经验挖掘关键的业务洞察力，使企业能够把它的流程和行业基准做比较。例如，保险企业索赔业务的行业基准为：通过提升索赔细分及核定流程可以释放高达 50% 的索赔处理能力，并把全面解决周期缩短 40%。简柏特为客户提供的洞察力和变革式管理，将为企业提供打败竞争者的差异化成果，让经营更加智能化，进而显著提高商业效益。

采用 SEPSM 框架，企业能够从以下方面获益：

（1）对所有业务部门有一个整体化的视角，提供可视性的端到端流程，从而改善整体业务成果。

（2）在微观水平上将目前的流程量度与全球和区域性行业基准进行对比，以识别改善区域。

（3）提高流程效率及流程有效性，取得丰厚的商业成果。

（4）以微观度量连接商业成果及不同业务流程，以找出价值漏损、优化业务流程，从而最大限度地利用技术投资。

（5）提高服务质量，巩固客户关系。

经验剖析

在通用电气六西格玛传统工艺的基础上，简柏特用科学的方法努力将业务流程管理应用于流程改进。

1. 使精益六西格玛融入组织的 DNA

将精益和六西格玛奉为确保高质量服务以及解决问题的重要手段，用来处理外包流程的选择、预期管理及管理可视化等。为使精益和六西格玛更为广泛地开展，简柏特对员工进行基础培训，并对其进行资格评级。公司约有一半的高管人员接受过六西格玛培训并合格通过。

2. 将人事管理视为服务的重中之重

利用六西格玛来衡量和改进自身的 HR 流程。业务管理和职能团队利用 HR 指标来对招聘得失、离职率、平级调动与职位晋升进行跟踪。公司每月将所得数据进行整合，用来判断员工忠诚度和离职可能性，并对经理的行为进行评估，观察他们的管理表现。例如，对业务领导人的衡量是依据他们的小组是否达到了预定的六西格玛培训目标，是否具备六西格玛合格证明成为员工晋升的重要先决条件。

3. 将 BPM 打造为改进流程的严格方法

将大量的资源投入到企业流程方法的开发中去。SEPSM 采用微观数据分析、诊断工具、多功能基准以及使流程效益最大化的技术解决方案，为简柏特的客户带来了更优质的成本、现金和利润产出。以六西格玛为基础的方法采用流程建模、流程分解、流程衡量及流程基准等方式来评估流程效益，明确改进措施。

4. 运用 BPO、IT 和知识服务均衡组合的方法进行业务操作

在客户管理业务流程时，同时提供 IT 服务，采用将 BPO、IT 和知识服务均衡组合的方法进行业务操作。一方面，IT 服务可有效支持流程改造和技术复杂度；另一方面，知识组合可通过利用公司的 BPM 专业技能以及对特定领域的洞察，诸如研究、分析、风险管理和法律程序等，为 BPO 和 IT 业务增加高附加值的服务。

5. 鼓励客户主动管理 BPM

开发了 Virtual Captive 模型，使客户能够获得主动管理外包流程的能力。该模型从客户角度出发，使流程所有者能够自行定夺使用简柏特所提供的各项能力，比如 BPM 流程实验室和 HR 方案，来提升自身的流程性能。

6. 鼓励客户接受"装船并修复"端对端流程，使 BPM 价值最大化

鼓励客户将现有的流程进行"装船"，即让发包商允许简柏特使用最恰当的 BPM 方法、分析方法、HR 方案和 IT 方案来对流程进行变革。该方法与传统的过渡方法有所不同，传统的方法是先将零散的流程与 IT 方案相结合，然后外包给一个共享的服务模式。简柏特欧洲 CEO Patrick Cogny 将"装船并修复"方法比作器官移植，指出把破损流程实现端对端替换可以明显将时间转化为利润，并使潜在的流程效益改进达到80%——远远超过零散形式的外包。

参考资料：

1. 简柏特中国官网：http：//china. genpact. com。
2. 简柏特（佛山）信息技术有限公司提供的资料。

金邦达：建成大中华区最大的金融卡数据处理中心

服务提供商：珠海金邦达保密卡有限公司

业务类型：信息技术外包（ITO）、业务流程外包（BPO），具体为
金融数据处理服务。

亮点推荐：金邦达是国内智能卡行业的领军企业，以"为客户创造
价值"的理念构建亚洲最大的数据处理外包中心。

经验剖析：

加大科技研发力量；

创造制造业与物流业联动发展的商业模式；

以市场为导向，以安全管理体系和一站式的服务获得客户满意度，
提升品牌的竞争力；

把人才作为一号工程。

服务提供商

珠海金邦达保密卡有限公司（简称金邦达）成立于 1995 年，注册资本 2 100 万美元，现有员工 1 400 余人，2012 年实现营业额 5.6 亿元。目前，金邦达已成为亚洲领先的智能安全支付卡解决方案提供商，专注于为支付领域提供智能、安全的解决方案。公司产品主要包括智能卡、磁条卡、发卡设备及软件、个人化数据处理、卡片设计、项目咨询等，业务涉及金融、社保、卫生、交通、零售以及第三方支付等诸多领域，市场涵盖中国的内地、香港、澳门、台湾，以及蒙古、越南、新加坡、菲律宾等多个地区和国家。

作为国内智能卡行业的领军企业，金邦达是国内唯一一家同时获得维萨、万事达、中国银联、美国运通、JCB 和大莱六大信用卡组织认证的厂商。金邦达在珠海设立了亚洲领先的个人化数据处理中心和卡片制造基地，并在上海设有与珠海互为备份的发卡中心。磁卡和 IC 卡的生产能力超 4 亿张/年，卡片个人化发卡能力超 2 亿张/年。近 20 年来，累计为市场提供各类卡片 20 多亿张。

2000 年，金邦达引进美国花旗银行的管理理念和管理体系，率先在中国市场上提出了金融数据处理中心外包概念，并开始为香港花旗银行和中国银行香港分行提供数据处理外包服务。

近年来，金邦达以珠海为中心，全力推进金融数据处理外包服务的发展，并逐年加大在人力、设备、技术、资金等方面的投入，公司业务得到了高速发展，已成为大

中华区最大的金融卡供应商，建成了大中华区最大的金融卡数据处理中心，承担了国内 70% 以上的信用卡数据处理服务，是珠海首批认定的服务外包企业，2012 年被国家商务部认定为"2012 年商务部重点联系服务外包企业"，2013 年 8 月入选广东省服务外包重点培育企业。

市场背景

将金融数据处理的整体或部分外包给第三方专业公司来运营，是国外广泛采用的成熟方法，也是降低业务处理成本、提高业务处理效率的一种业务运作机制。

近年来，面对全球 EMV（基于 IC 卡的全球金融支付标准）业务转移的浪潮，中国金融智能卡迁移也进入了快车道。随着我国国内生产总值不断增长、城市化进程加快，以及城市家庭可支配收入的逐渐上升，国内消费品市场亦迅速扩大，对非现金支付服务，尤其是金融卡的需求增加，令国内金融卡发行数量及持卡数量不断攀升。特别在当今数字革命时代，智能卡技术在金融、社保、交通等各领域得到广泛的应用，金融智能卡市场快速成长，越来越多的国内金融机构尝试将金融智能卡数据处理业务进行整体或部分外包，以增强竞争优势、提高抗风险能力、实现效益最大化。目前，这种业务处理模式正处于初步发展阶段，金融数据处理外包行业存在广阔的市场空间。

服务内容

1. 金邦达 EMV 解决方案

毋庸置疑，EMV 卡在防范伪卡欺诈、盗刷和攻击等方面具有卓越的安全性。随着非接触支付技术和小额支付应用等新兴元素的引入，创新 EMV 产品的多应用功能正成为发卡机构实施 EMV 迁移的另一重要动力。金邦达提供多样化的 EMV 解决方案，从最基础的借记/贷记卡到复杂的多应用产品，包括咨询、项目管理、培训等一揽子服务。

（1）全面的咨询服务：包括设计商务模式，定义功能、安全及技术需求，提供 EMV 技术培训，制定 EMV 实施计划，实现项目管理等。

（2）适合市场需求的卡片：CPU 卡包括接触式卡、非接触式卡、复合卡、双界面卡等；芯片平台为 Native 或 Java 平台，容量与功能可根据项目需求选择；行业标准为 PBOC2.0、EMV、VIS1.4、MChip4 等。发卡模式有两种：一是数据处理，根据应用设计不同的数据准备系统（DP）；二是个人化模式，为客户量身定做，包括集中发卡、小批量发卡、即时发卡、外包发卡等多种形式。

（3）安全高效、灵活的个人化解决方案：提供集中发卡、小批量发卡、即时发卡、外包发卡、部分外包等多种形式的解决方案。

（4）与 EMV 匹配的各类先进机具：符合 EMV 规范并通过 EMV 认证（VISA、MASTERCARD、PBOC 等）。

（5）创新的各类卡体设计：可提升客户品牌形象。

2．非接触支付解决方案

非接触支付不仅可以帮助发卡行渗透商机无限的现金交易市场，强化品牌服务形象，实现差异化，而且提高了卡片激活率和刷卡次数。同时，它也为参与项目的商户省却了现金处理的烦恼，加快了顾客的付款速度，使单笔平均交易额显著上升。

金邦达基于以下两种技术，提供满足项目需求的非接触支付解决方案：一是纯非接触技术，用于非 EMV 市场、单芯片、非接触界面；二是双界面技术，用于 EMV 市场、单芯片，同时支持接触界面和非接触界面。（见图 1）

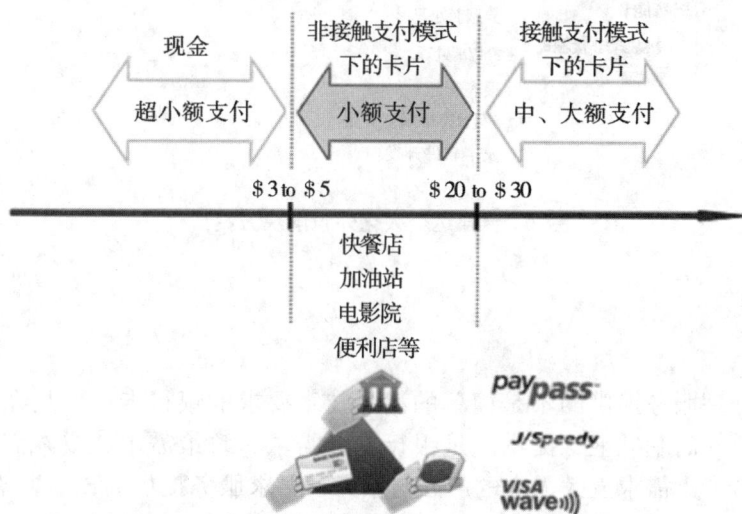

图 1　金邦达非接触支付解决方案

3．个人化外包解决方案

金邦达于 1999 年筹建国内第一家卡片个人化中心，十多年来已发展成亚太地区最大的发卡中心，目前在珠海和上海建有两个互为后备的发卡中心，年发卡能力超过 1.5 亿张，为工商银行、农业银行、中国银行、建设银行、交通银行、招商银行、浦发银行、兴业银行、中信银行、光大银行、华夏银行、深发银行、广发银行等国内各大银行机构以及花旗银行、汇丰银行、渣打银行、东亚银行、中银香港等港澳金融机构提供个人化外包服务，涵盖借记卡、信用卡、彩照卡、接触式/非接触式 IC 卡、EMV 卡等个人化项目（见图 2）。

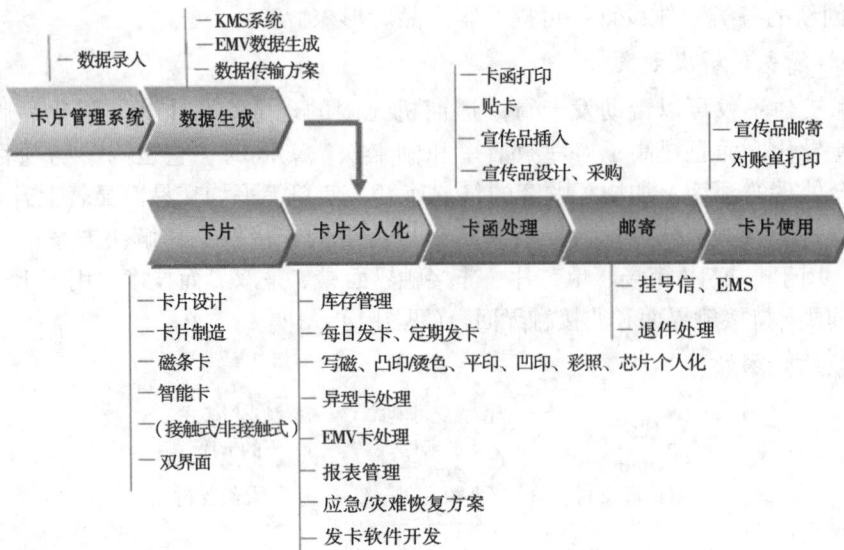

图 2 金邦达个人化外包解决方案

商业价值

金融数据处理服务提供的不是简单的满足技术要求的银行卡，而是在深刻理解银行的整体商业模式的基础上，提供满足银行安全需求、政策需求、成本需求、业务需求和银行客户持卡人需求五大需求的产品与服务，要求服务提供商以"想客户之所想，为客户创造价值"的经营理念和服务模式，提供全面解决应用问题的服务。

1. 金融数据处理外包业务

一方面，遵照各信用卡组织的要求建立安全有保障的数据处理中心内部管理体系；另一方面，从银行客户的立场评估客户的需求，针对客户的需求特点量身设计服务方案。

2. 快速响应服务体系

针对金融数据处理业务灵活多变、个性化强的特点，作出快速响应，不论是少品种大批量的一次性发卡、小批量的多次发卡，还是每日多品种多变化的小量发卡；不论借记卡、贷记卡，还是各种智能卡；不论是国内卡还是国际卡，都可以为客户提供快速、优质的发卡服务。

3. 金融数据安全处理服务

针对客户数据安全和灾难发生时服务的可持续性，提供抵御数据风险的支持。例如，2008 年金邦达在上海设立数据处理中心，成为国内唯一一家拥有珠海和上海两地互为备份的数据处理外包服务中心的公司，为客户的营业持续性计划提供完善保障。

经验剖析

金邦达通过为国内外大中型银行提供智能卡数据处理服务，开发总结了一套完善的金融数据处理外包服务模式。

1. 不断加大科技投入，在积极引进先进设备的基础上，自主开发数据处理平台，填补市场空白

由于国内制卡及数据处理发展时间短，目前大多数制卡设备、检测设备及金融数据处理设备均为国外进口，金邦达率先引进国际最先进的 DataCard 数据处理设备，结合生产需求，组织公司技术人员进行数据处理平台系统的开发与建设，构建了"金邦达数据处理外包服务平台"大型数据平台系统，并在此基础上开发了 SCI 发卡平台子系统、KMS 密钥管理子系统，为行业产业化升级创造了行业规范和先进典范。该平台系统充分兼容行业相关规范，建立了一套完整的数据处理信息共享及工作流管理模式和规程，使数据处理外包服务实现发卡高安全、高速率、多品种、多应用、多区域，填补了国内该领域的空白。

2. 创新商业模式，通过制造业与物流业的联动发展，提升企业核心竞争力

2001 年，为了使外包服务产品能够更加准确、快速地到达持卡人手中，金邦达工业园引入珠海市邮政局作为战略合作伙伴。珠海市邮政局在金邦达工业园设立邮政服务小组，投入大型分拣设备，提供挂号信、特快专递上门服务，实现了金邦达金融数据处理服务与邮政寄递的"无缝对接"，开创了金邦达、使用单位、邮政三方多赢的合作模式。该模式的开展，为珠海市邮政局带来了稳定的收入，在 2010 年珠海市邮政局的收入中，有四分之一的收入来源于金邦达金融数据外包服务业务，金邦达已成为中国邮政十大 VIP 客户之一，联动发展合作项目现已在全国邮政进行推广。2011 年 4 月，金邦达被评为"全国制造业与物流业联动发展示范企业"。2013 年珠海市邮政局设立了金邦达邮局，进一步加深了双方的联动合作。

3. 以市场为导向，以安全管理体系和一站式的服务获得客户满意度，提升品牌竞争力

金邦达除了为客户设计金融数据处理外包服务方案，提供整个外包过程的项目管理，包括数据传输、数据管理平台、数据处理制卡、卡片安全派送等典型的金融数据处理外包服务以外，还为客户提供从卡片项目咨询、卡片设计创新、卡片制作、发卡系统解决方案，到网络安全认证解决方案等一站式金融产品和服务，延伸了外包业务的范围。安全可信赖的管理体系和一站式的金融产品和服务，成为客户选择金邦达作为服务外包提供商的重要因素。

4. 把员工作为企业的第一资源，持续开展多层次的培训，充分利用珠海本地的高校资源，积极开展校企合作

金邦达把人才当作一号工程，培养了一批业务熟练的人员，在与客户的日常业务联络沟通、订单处理、问题处理等方面都积累了丰富的经验。

金邦达在北京、珠海分别设立了实力雄厚的技术研发中心，建立了一支具有国内

领先水平、技术精湛、经验丰富的研发、设计、服务团队。

金邦达技术中心与武汉大学建立联合实验室，与多家高校合作建立产学研基地，并与行业相关部门机构合作，积极参与各类行业标准的制定。

金邦达把提高技术研发能力作为技术培训的主攻方向，联手科研部门对技术开发人员进行有针对性的科技创新方面的学习培训，开展科技创新和技术攻关活动，使公司的科技创新和自主研发能力不断增强。

金邦达在数据处理和智能卡发行领域，形成了以卡片数据处理技术、智能卡发卡系统技术、密钥管理系统、金融数据处理业务管理系统技术为核心的完善体系。

发展战略

金邦达积极把握银行卡由磁条卡向金融 IC 卡升级换代的良好机遇，加大科研开发力度，从软件化、系统化着手改进服务外包的业务模式，继续发挥技术和销售优势；调整产品结构，以安全、优质的服务推动公司业务快速发展，在保持国内金融个人化外包服务领跑者地位的同时，积极拓展海外市场，为国外金融机构提供离岸金融数据处理服务。

目前，金邦达已占有蒙古 90% 的市场份额，并正推进开拓越南、印度、印度尼西亚等东南亚国家的市场，向建成亚洲最大的数据处理外包中心的目标迈进。

参考资料：
1．珠海市金邦达保密卡有限公司提供的资料。
2．金邦达官网：http：//www.goldpac.com。

广电运通：助力银行业提升 ATM 运营管理服务水平

服务提供商：广州广电运通金融电子股份有限公司

业务类型：业务流程外包（BPO），具体为银行自动柜员机（ATM）运营管理服务。

亮点推荐：广电运通利用军工技术优势，发展成为中国规模最大的货币处理设备及系统解决方案提供商。产品及解决方案远销东南亚、欧洲、美洲、中东、非洲等区域的 70 多个国家和地区，与中银香港、渣打银行、eLaRue 公司、G&D 公司、日立、IBM、微软、Oracle、Sybase 公司等多家国际大型银行及企业展开国际合作，跻身全球行业前六强。

服务内容：
ATM 运营管理服务外包整体解决方案；
金融自助渠道运营管理系统平台。

商业价值：
提升 ATM 管理效率，降低总体运营成本；
加快市场响应能力，提升客户满意度。

服务提供商

广州广电运通金融电子股份有限公司（简称广电运通）由拥有 50 多年历史的国有军工企业广州无线电集团于 1999 年组建，注册资本 74 724 万元，是全球领先的货币处理设备及系统解决方案提供商，产品与服务覆盖金融电子、轨道交通两大行业，涉及电信、电力、石油等泛金融领域。公司主要从事银行自动柜员机（ATM）、轨道交通自动售检票系统（AFC）等货币自动处理系统及解决方案的服务外包、软件开发、软件技术咨询业务，形成了以终端控制、渠道管理、安全防护、业务支撑、移动应用五大系列为主的全方位软件产品及解决方案体系。

目前，广电运通是中国规模最大的 ATM（自动柜员机）产品及系统解决方案供应商，也是国内最专业的金融服务外包商与最富成长力的现金智能处理专家。其 ATM 产品及解决方案已经广泛应用于中国各大主流金融机构，2008 年至 2012 年连续五年在中国市场销售量位居第一（见图 1）。

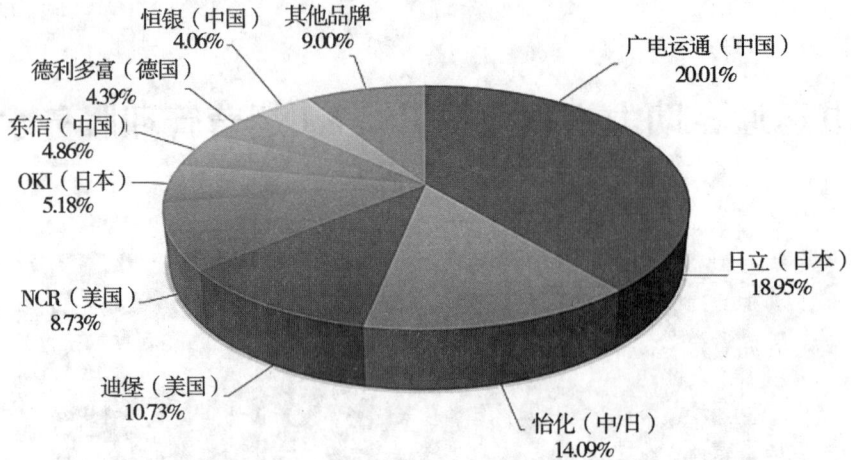

图1　2012年度各主要ATM供应商在中国市场的销售占有率

广电运通产品及解决方案远销东南亚、欧洲、美洲、中东、非洲等区域的70多个国家和地区的1 000多家银行客户，全球ATM安装使用总量达108 000多台，与中银香港、渣打银行、eLaRue公司、G&D公司、日立、IBM、微软、Oracle、Sybase公司等多家国际大型银行及企业展开了全方位的国际合作，跻身全球行业前六强。（见下表）2010年9月，广电运通全资子公司运通国际以完全自主知识产权的存取款一体机参与投标一家土耳其最大的国有银行采购订单，一举击败众多行业国际巨头，夺得欧美地区迄今为止最大的循环机采购订单，成为业界标志性事件。2012年广电运通实现软件服务外包业务收入1 907.79万美元，其中离岸服务外包收入1 085.51万美元，占服务外包收入总额的56.9%。

2008—2012年全球主要ATM品牌在中国市场的销售量、市场占有率及排名情况①

厂商	2008年			2009年			2010年			2011年			2012年		
	台数	占比（%）	名次	台数	占比（%）	名次	台数	占比（%）	名次	台数	占比（%）	名次	台数	占比（%）	名次
广电运通（中国）	11 800	21.5	1	12 000	22.2	1	13 200	22.0	1	17 500	23.3	1	20 170	20.01	1
日立（日本）	8 300	15.1	3	8 500	15.7	3	10 000	16.7	2	14 000	18.7	2	19 100	18.95	2
怡化	5 700	10.0	6	6 900	13.0	5	7 600	12.7	4	8 200	10.9	4	14 200	14.09	3
迪堡（美国）	6 800	12.4	5	7 000	13.0	4	7 200	12.0	5	6 000	8.0	5	10 820	10.73	4
NCR（美国）	10 500	19.1	2	9 500	17.6	2	8 800	14.7	3	12 000	16.0	3	8 800	8.73	5
德利多富（德国）	6 880	12.5	4	6 000	11.1	6	3 500	5.8	6	3 500	4.7	8	4 420	4.39	8

---

①　数据来源：广电运通根据《金融时报》历年中国ATM市场报告整理。

技术领先是广电运通的核心竞争力。公司坚持走自主研发、自主品牌的技术驱动之路，通过持续的技术创新为用户创造价值，研发成果弥补了多项国内空白，技术实力达到国内领先、国际先进水平。广电运通自 2008 年起连续被认定为"国家规划布局内重点软件企业"和"中国软件收入前百家企业"，被评为"2011—2012 年度广东省重点软件出口企业"，荣获 2013 年中国软件创新潜力奖。此外，公司还通过了计算机信息系统集成（一级）资质认证、软件企业认定和 CMMI L3 认证。

广电运通拥有行业内实力最雄厚的研发机构与专业化的自主研发团队。公司设有国家级企业技术中心金融电子分部及广电运通研究院。技术研发人员近 1 000 人，80% 的研究开发人员拥有超过 5 年的相关行业技术经验。为解决国际服务外包行业发展高端人才问题，公司建立了多层次的人才培训体系，培养了一大批既懂英语、软件专业知识，又具备行业专业知识的复合型人才。为加大人才全球招聘力度，公司推出了留才计划，现有外籍员工 50 余人，遍布 10 多个国家和地区，对承接国际软件外包具有重要支撑作用。

广电运通具备系统、完备的研发管理流程及知识产权管理体系，建立了由"总经理—研究院副总经理—知识产权管理—相关技术人员"组成的四级知识产权组织体系，制定了《专利管理办法》《广电运通商业秘密管理办法》等一系列知识产权管理制度。目前，广电运通专利总数量在国内同行中排名第一，获"广东省知识产权优势企业""广东省知识产权示范企业"等称号，发明的专利"有价文件识别方法及装置"获中国专利优秀奖。

广电运通在接包模式上采用在岸、离岸相结合的方式，利用海外子公司、分支机构及全球技术服务中心的渠道优势，向客户所在地派驻服务人员，直接了解客户需求，提供直接的面对面服务。以服务工程师为桥梁，提供端到端的服务，在国内离岸承接软件开发的工作。

市场背景

日新月异的互联网技术对金融产业形成巨大的冲击，各家银行纷纷布局"社区银行""金融便利店"等小型网点，利用现代通信和计算机技术，为客户提供智能化程度高、不受营业时间限制的 24 小时全天候自助金融服务，以分流客户、提升运营效率、树立科技形象。因此，对自动柜员机（ATM）、远程视频柜员机（VTM）等自助金融工具的运营管理服务的需求大幅增加。

然而，银行对 ATM 渠道的管理涉及内部各个部门和运营环节中各个不同的外部服务商，无论是应用功能规划、机器采购、软件调试、选址、场地准备、设备安装，还是设备上线后的日常运营、远程监控和数据分析，都是一项耗时费力、协调困难的工作。因此，银行一般考虑将 ATM 运营管理进行外包。

服务内容

1. 广电运通 ATM 运营管理服务外包整体解决方案

ATM 自助渠道整体运营效率与品质取决于任何一个环节的运作成效以及各环节的流程贯通与协作。广电运通金融自助渠道运营管理外包服务涵盖从网点选址到设备报废整个生命周期，可承接自助渠道运营管理整个生命周期的全部环节，从而构筑一体化集中管理体系。外包服务执行方式为：

（1）从"部门化管理"向"一体化集中管理"模式转变。由广电运通对银行各管理部门负责，并贯通整个业务流程。

（2）从"等待服务"向"主动服务"转变。广电运通运用独有的运营管理平台对自助渠道运营管理的全部环节进行统一的资源调配、操作监控、质量监督和风险把控，银行对广电运通进行监督及考核。

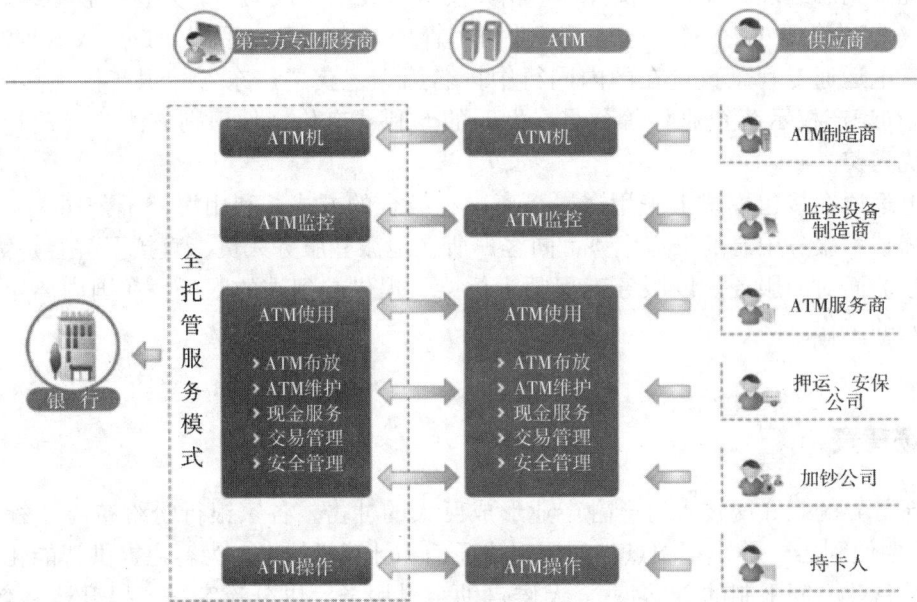

图2　广电运通金融自助渠道运营全托管服务模式

2. 广电运通 ATM 运营管理服务外包管理系统功能

广电运通充分发挥自身 ATM 研发及技术服务优势，围绕自助渠道运营管理生命周期，研发出国内首个金融自助渠道运营管理系统平台，实现全流程信息一体化管理。

每个业务模块拥有独立的子信息管理系统，由自助渠道生命期管理系统（见图3）整合各业务模块的信息管理系统功能，对各业务模块的正常业务流程、故障处理流程和应急处理流程进行信息化管理，形成独有的自助渠道运营管理系统平台，为银行提供集计划、执行、监控和解决方案为一体的自助渠道运营管理服务。

自动渠道生命周期家

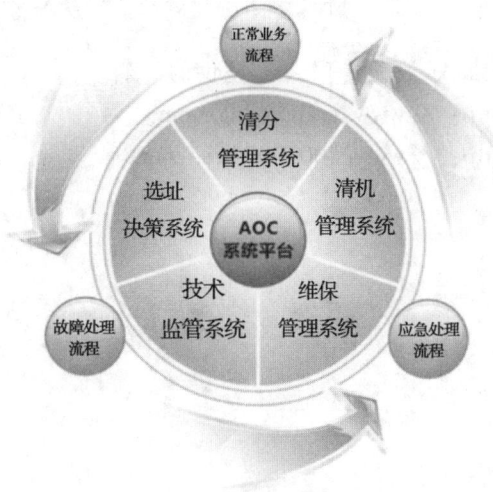

> 中心控制 > 指挥调度 > 布局管理 > 现金管理 > 交易管理 > 维护管理 > 服务商管理

图 3 广电运通自助渠道生命期管理系统

商业价值

广电运通自助渠道运营管理服务外包合作有利于银行业提升 ATM 管理效率、降低总体运营成本、加快市场响应能力、提升客户满意度。其优势在于：实行一体化管理改革，由被动服务向主动服务转型；提供自助渠道运营管理全流程服务，推行专业团队集中运作；采用自主研发的运营管理系统平台搭建整合型管理体系；广泛应用服务决策系统、服务管理系统、现金识别、PDA 流程监控等技术；流程操作符合 ISO9001 质量体系标准，具有信息系统决策指引与全程监控；流程管理集策略设计、计划配置、操作监督、质量分析于一体。

服务商发展战略

广电运通未来将创新软件外包的模式，发展"高端"外包项目。重点针对东南亚、中东、东欧、拉美的银行等金融机构，开展业务合作。同时，业务领域逐步辐射到其他相关行业，大力拓展非金融软件服务领域（石油系统、电信系统、航空系统、铁路系统、电力系统），建立以项目合作外包开发为主的服务外包方式。通过长期合作，培养与发包企业的战略合作关系。

广电运通将充分利用国外技术的溢出效应对技术进步的推动作用，开发出知识含量高、具有前瞻性的软件产品。计划待条件成熟时与外资建立合作研发中心，加快掌握国际顶级软件公司的技术，提升自身的技术竞争力，借助客户在全球的品牌优势及其强大的客户资源与渠道优势，加速开拓国际软件外包市场。

参考资料：

1. 广州广电运通金融电子股份有限公司提供的资料。
2. 广电运通官网：http：//www. grgbanking. com。
3. 广电银通官网：http：//www. 4007002468. com。

晨星：成就卓越的全球金融数据共享服务中心

服务提供商：晨星资讯（深圳）有限公司

业务类型：知识流程外包（KPO），具体为金融数据与投资软件研发等离岸外包服务。

亮点推荐：晨星专注于大数据分析，运用专有研究方法和产品设计方式，对海量金融数据进行价值加工，以简单易懂的方式提供给个人投资者、投资顾问和机构客户。晨星资讯（深圳）专门从事国际市场金融数据的收集、分析及软件研发，为母公司设立于美国、加拿大、欧洲以及澳大利亚、日本、韩国、新加坡、中国香港等全球主要金融市场的27家分支机构，提供金融数据与投资软件研发等离岸外包服务。

市场背景：相对于传统的ITO和BPO，金融KPO更倾向于数据信息的集成和分析，包括一定程度上的诊断、判断、解释、决策和结论。特别是在金融危机后，西方金融机构逐渐把一些高端的研发、分析、创新与决策的价值链进行细分和外包。中国企业应把握机会、突破发展。

经验剖析：

追求卓越与独特性，以质取胜；

聆听客户，沟通筑信，以专注求发展；

坚持以人为本的理念，构建精英团队。

服务提供商

美国晨星公司（Morningstar, Inc., 纳斯达克上市公司，代码 MORN）于 1984 年创立，总部位于美国芝加哥，是目前全球资本市场独立第三方投资研究和基金评级的权威机构，也是全球从事基金评级业务的唯一一家上市公司。

晨星资讯（深圳）有限公司［简称晨星资讯（深圳）］是由美国晨星公司于 2003 年 2 月通过其香港子公司 Morningstar Asia Limited 在深圳投资成立的港资独资企业，专注于国际市场金融数据的收集、分析及软件研发，为晨星总部设立于美国、加拿大、欧洲以及澳大利亚、日本、韩国、新加坡、中国香港等全球主要金融市场的 27 家分支机构，提供金融数据与投资软件研发等离岸外包服务。

截至 2012 年底，晨星资讯（深圳）拥有正式员工 888 人，其中大学本科及以上学历者 872 人（其中本科 705 人，硕士 167 人），占员工总数的 98%；从事金融数据与投资软件研发等离岸外包服务的职工为 854 人，占职工总人数的 96%。2012 年，公司营业收入为 2.17 亿元，其中金融数据与投资软件研发等离岸外包服务的收入为 2.08 亿元，占总收入的 96%，较 2011 年同比增长 10%。

晨星资讯（深圳）是经中国证券业协会审定的基金评级会员单位，是国内首批十家获此资格的机构之一，也是唯一一家外资机构和独立第三方评级评价金融机构。截至 2013 年 10 月，公司获评"2013 年广东省服务外包示范企业""2011—2012 年度广东省重点软件出口企业""2012 年度深圳市服务外包骨干企业"。

市场背景

近年来，随着国际金融离岸外包规模快速增长，外包形式愈趋复杂，业务种类也不断推陈出新，金融外包从一般软件配套服务进入到运营操作过程，高技术 ITO 与 BPO 逐渐捆绑合拢，金融市场研究和数据分析等知识密集型业务外包（KPO）亦开始出现，更加完整的外包服务供应链正在形成。

相对于传统的 ITO 和 BPO，金融 KPO 更倾向于数据信息的集成和分析，包括一定程度上的诊断、判断、解释、决策和结论。特别是在金融危机后，西方金融机构逐渐把一些高端的研发、分析、创新与决策的价值链进行细分和外包，服务外包标书中对 KPO 业务的需求越来越大，KPO 市场的增长前景广阔。

服务内容

晨星资讯（深圳）为个人投资者、财务顾问和金融机构制作了一系列的出版物、软件和网上产品及服务，提供专业的股票、共同基金、交易所上市基金（ETF）、封闭式基金、对冲基金、独立账户、教育储蓄计划、投资连接保险产品的数据和分析，提供指数产品、投资咨询和资产管理服务等。主要产品与服务有：

（1）授权数据及工具：晨星授权数据、基金超市授权工具及资讯。

（2）软件平台：晨星中国理财工作站、晨星全球投资研究平台、资产配置软件 En-Corr。

（3）基金评鉴：评鉴和指南。

（4）投资咨询：晨星定性评价与报告、咨询服务、晨星股票研究。

（5）其他：晨星指数产品、晨星培训服务，晨星网站广告和赞助、晨星海外出版物。

商业价值

晨星服务的核心商业价值在于对海量金融数据进行价值加工（见下图）。通过大量投资建立专有的数据库和内容，晨星现拥有业内最完整、最强大、最权威的数据库，几乎覆盖了全球所有主要的资本市场，每天跟踪的证券有 290 000 多只，超过 100 种的数据点通过多种媒介形式送达分布范围广阔的多层次客户，杠杆化效果显著。

《今日美国》曾言简意赅地描述晨星的商业模式：晨星提供的什么服务让投资者如此兴奋？它所做的只是尽可能多地搜集信息然后依次分解，再将其以简单易懂的形式打包给投资者。晨星提供各类投资品种的海量数据，其工作只不过是在这些数据上运用他们的研究方法和产品设计方式进行价值加工，然后按类别出售给个人投资者、投资顾问和机构客户。

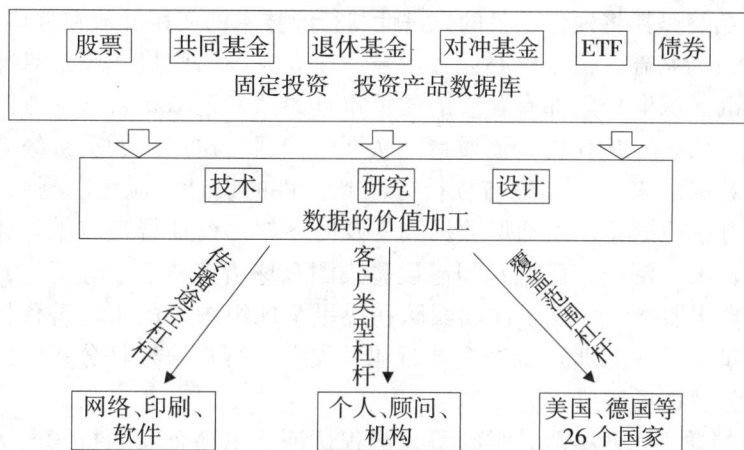

商业模式：杠杆化固定投资

晨星数据的价值加工流程①

经验剖析

晨星资讯（深圳）在立足深圳的十余年发展历程中，坚持"投资者至上""卓越产品""精英团队""不可违背的道德标准""企业家精神""创造价值"等晨星全球价值观。作为晨星全球的数据与软件研发中心，公司根据自身特点和市场环境，不断探索与创新，力求在服务外包领域走出一条有特色的新路子。

1. 追求卓越与独特性，以质取胜

（1）倡导技术先进性，采用全球先进技术进行数据挖掘与软件研发。作为提供金融数据和软件研发服务的高科技公司，晨星资讯（深圳）核心的后台服务主要集中在数据存储、软件计算服务、服务搜索引擎三个方面。

①在数据存储方面，采用关系型数据库（Microsoft SQL Server）、非关系型数据库（Amazon S3，Vertica）与自主研发的存储系统（MSS）相结合的数据存储方式，大大提高了存储的可扩展性和存取效率。

②在软件计算服务方面，自主研发了分布式计算框架 DCS，其在兼容性和精确性

---

① 图表来源：http：//tech. ifeng. com/internet/detail_2011_07/05/7445018_0. shtml。

方面有了极大的提高。目前公司的旗舰产品 Direct/Office 都在使用该框架进行后台计算服务，客户好评率高。

③在服务搜索引擎方面，晨星资讯（深圳）在开源搜索引擎 Sol 的基础上，构建了专门针对晨星数据的搜索引擎，使客户能更加便捷有效地使用晨星数据，该技术目前已被广泛应用到各条产品线中。

基于以上研发基础，晨星对外提供的软件研发外包服务，全部使用 Microsoft IIS 或者 Apache + Tomcat 等全球领先的应用服务器，极大地提升了客户的使用满意度。晨星资讯（深圳）始终坚持将硬件设备的先进性与行业技术的实用性放在战略高度。

（2）以质量为基础，覆盖核心业务运营，建立完善的质量体系，对准全球行业领先者。晨星资讯（深圳）内部有独立的质量审计团队，近 160 名员工专门从事质量检测工作，占职工总数的近 18%。该质量团队严格依据公司制定的关键绩效指标与质量测量体系，从数据的来源、收集与分析方法到软件的设计、流程、测试等各个方面，对质量进行全方位的把关，以确保数据真实及时、软件设计合理有效。凭借高质可靠的产出，晨星资讯（深圳）已经承担起晨星集团全球诸多核心业务运营，为全球客户提供世界级的资讯服务，形成了深圳团队在晨星全球组织内的不可替代性。在夯实内功的同时，晨星资讯（深圳）也对全球行业领先者进行竞争标杆分析，以此来了解自身的优势、劣势及市场定位。

（3）实践精益、六西格玛，推行卓越流程认证，驱动企业的持续改进。晨星资讯（深圳）结合精益、六西格玛等行业最佳实践，把质量控制的理念从单纯的数据质量监测扩展到流程的改进。同时，采取"请进来、走出去"的方式，多次邀请卓越绩效行业专家到公司进行业务座谈与交流，并组织管理团队专程拜访质量获奖单位，参观学习，取长补短。通过各类活动，进一步推动了内部的卓越流程认证，"追求卓越、持续改进"正在逐步凝成一种企业文化，依靠员工的自主能动性和创造性，不断提高运营和管理水平。

2. 聆听客户，沟通筑信，以专注求发展

（1）"站在客户的鞋里"聆听客户声音。为了更好地面向市场，为客户提供差别化、定制化的服务，晨星资讯（深圳）将客户按照业务性质，分成了个人理财、投资顾问、资产管理、风险投资、年金、分销商、商品期货七大类。根据客户的类别，分别提供相对应的更加有特色的专业外包服务。同时，公司坚持从客户的角度思考问题。比如，不以"自己做了多少"为目的，而是以"客户实际用了多少"为考核标准。在每一个项目启动时，公司都会积极地将客户引入其中，依据客户的声音来定义项目目标。项目进行过程中，保持与客户的实时沟通，以客户的需求来衡量进展流程的合理性及有效性。项目完成时，以客户的评估作为项目成果的核心考核标准。此外，推行"晨星大使"计划，以角色转换倾听客户诉求，公司选拔了十多位深圳员工，充当晨星海外团队的大使，深入了解海外团队的需求、运营等，便晨星资讯（深圳）成为一个非常直接有效的信息沟通和知识交流的平台，极大地提升了其服务品质。

（2）力求实现无界交流。由于晨星资讯（深圳）的外包服务为离岸外包服务，受空间、时间、文化、语言等各方面的限制，在与客户的沟通中会产生较多障碍。为了达到无界交流，切实满足客户的需求，公司投入了大量的专项资金，在以下方面进行了持续改进：

①创造无界交流的办公环境。加大资金投入，在沟通工具及设备上进行了提升，公司所有员工的电话均为IP电话，可直接与境外合作伙伴实时交流。公司设有两个可视电话会议室，十个PPT会议室，确保最准确的"面对面"交流。

②邀请海外合作伙伴到公司考察。通过近距离观察公司产品与服务的特点及内部控制流程，使合作伙伴能更深层次地了解公司的文化、运营及业务流程。这种直接的沟通，对提升晨星资讯（深圳）的服务品质及建立合作双方的持久战略合作关系，起到了很好的效果。

③积极鼓励公司员工拜访海外合作伙伴。由对方技术人员对公司员工进行的培训，不仅提高了员工的技术和沟通能力，而且让员工对当地的文化和产品需求有了更深层次的了解，从而使公司研发出来的产品更加符合客户的需求。

（3）"玻璃盒子"般的沟通互信关系。长期以来，晨星资讯（深圳）与客户之间的业务交流如同"玻璃盒子"，而非"黑盒子"。公司把业务的各个流程环节与客户充分分享，如"玻璃盒子"般清晰透明，不但能使客户的需求得到更精准的满足，也会与客户建立长久互信关系。在与客户交往的方方面面中，晨星资讯（深圳）始终专注于客户的需求及满意度。十余年来，正是基于这种专注的精神和专业的技术，晨星资讯（深圳）赢得了海外市场上的诸多赞誉。

3. 坚持以人为本的理念，构建精英团队

（1）奉行以人为本的核心价值观。通过圆桌会议、一对一的传帮带活动、经理约你共午餐、咖啡时间等多种创新有效的形式，积极引导员工的好奇心及创造力并使员工对工作充满热情。鼓励员工根据自己的优势发展个人职业生涯，与公司共同成长和进步。公司还设置了母婴室，对哺乳期的女员工进行特别呵护。近几年来，公司每年邀请国际专业第三方调研机构对公司员工进行独立意见调研，并针对调研结果及时跟进，制订改善方案。在2011年和2012年，晨星被美国《财富》杂志评选为全球最佳雇主（Best Companies to Work For）100强。2013年，被玻璃门网站评为全球工作与生活最佳平衡的25家公司之一（位列第19位）。

（2）倡导开放、灵活、进取的企业文化。晨星资讯（深圳）的整体办公环境采用全开放设计，积极鼓励同事间交流，七层办公楼、13 000多平方米的办公面积没有一个独立的办公室。员工的工作时间可以根据自身的情况和工作性质进行调整。同时，公司提供多种沟通渠道，鼓励员工双向沟通、平等对话、及时反馈情况和意见并及时解决问题。不定期组织员工与公司高层进行圆桌会议、咖啡会议等，以帮助公司管理层直接了解员工心声。此外，由公司提供运作平台，员工们自发成立了近20个业余爱好俱乐部。

（3）创造丰富、多角度的培训机会，致力于促进员工个人的长期发展。在对员工培训需求调研的基础上，晨星资讯（深圳）每年都会安排一系列有针对性的培训项目，包括内外部技术培训、素质培训、面向管理团队的领导力培训、签约专业培训机构对员工进行的英文技能培训等。公司大力支持技术人员参与外界技术峰会、行业交流会、公司内部各类主题的公开讲座和沙龙等。鼓励员工根据个人发展需求，制订个性化学习方案，对员工参加各类资格认证考试的费用，如 CFA、证券从业资格证、高等继续教育课程等，提供一定金额的教育经费报销。同时，鼓励员工自主在公司内部寻求发展机会，以提升工作能力并积攒经验。公司全球的职位空缺都会通过公司内网对全体员工开放，任何员工都可以进行在线申请。

发展战略

在未来的发展中，晨星资讯（深圳）将加大对金融软件研发和数据服务的投入，从技术、流程、咨询服务等方面积极推陈出新，强化卓越绩效管理，致力于深化国际市场的服务外包业务拓展，借鉴服务外包行业的优秀经验，进一步提升产品和服务质量，使业务规模攀上一个新的台阶。

参考资料：

1. 晨星资讯（深圳）有限公司提供的资料。

2. 晨星网：http：//cn. morningstar. com。

3. 《晨星信息：价值投资的践行者》，http：//tech. ifeng. com/ internet/detail_2011_07/05/7445018_0. shtml。

友邦资讯：发挥保险新科技研发优势

> **服务提供商**：友邦资讯科技（广州）有限公司
> **业务类型**：信息技术外包（ITO），具体为软件外包与技术研发服务。
> **亮点推荐**：友邦资讯科技（广州）有限公司在保险领域的新科技研发上处于国际领先地位，具有多元化运作服务能力，研发成果在业内获广泛应用，力求提供一流的信息技术和企业营运中心平台。业务覆盖至澳大利亚、新西兰、韩国、马来西亚、泰国、新加坡、越南、印度、菲律宾、印度尼西亚和中国内地、中国香港、中国台湾等13个国家和地区。
> **项目展示**：
> 团体保险管理系统——COMPASS 在核保模块的升级；
> 个人寿险管理系统——OLAS（新西兰）系统迁移。
> **管理架构**：设置四大结构对服务外包业务进行经营管理：总经理/副总经理、开发服务中心、专业业务中心和运营支持中心。

服务提供商

友邦资讯科技（广州）有限公司（简称友邦资讯）成立于1994年，由美国友邦保险有限公司独资兴办，主要为友邦保险集团属下全球的业务单位提供软件开发、维护、管理及业务外包等服务，拥有稳定的国内外服务对象。经营范围包括生产及开发电脑软件，销售本企业产品，提供技术服务、咨询服务及数据和材料的管理服务。多年来，友邦资讯为友邦保险集团不断开发及维护各种系统，其系统主要应用于寿险、意外险、财产险、团体险、金融及公积金、办公自动化等。开发平台包括 Windows NT、IBM、AS/400、UNIX 以及 Mainframe 等。

友邦资讯秉承以客户为中心的服务理念，不懈地进行有效的持续改进工程，力求成为友邦保险集团内一流的信息技术和企业营运中心，为客户提供高素质的服务和解决方案。截至2014年上半年，公司已拥有约500名员工，业务覆盖澳大利亚、新西兰、韩国、马来西亚、泰国、新加坡、越南、印度、菲律宾、印度尼西亚和中国内地、中国香港、中国台湾等13个国家和地区。友邦资讯在软件行业和服务外包领域处于优势地位，公司多次被评为"广州市重点软件企业""广州市技术先进型服务企业""广东省服务外包重点培育企业"。

项目展示

项目一：团体保险管理系统——COMPASS 在核保模块的升级

项目背景：

COMPASS 是一个管理团体险整体流程的系统，主要功能包括保单输入和维护、账单签发、保费接收、理赔处理、提供管理报表等。该系统从 1997 年开始在香港实施，并逐步推广到东南亚各国及其他地区的友邦保险公司。至 2004 年，已经有 8 个国家和地区的用户：中国香港、新加坡、马来西亚、泰国、中国台湾、澳大利亚、印度尼西亚及印度。随着业务的发展，为了使系统适应日益增长的核保工作，团体险管理系统需要将核保功能进行升级。

开发过程：

从 2007 年至 2009 年，友邦资讯负责整个项目的管理、分析、设计、编码及测试等工作。公司个人险业务无论对用户还是开发团队来说都是一个新的领域，因此，在设计的时候必须与用户进行很好的沟通、探讨，也要不断地摸索、学习。由于需求的不确定性，友邦资讯在开发过程中根据用户的要求进行多次更改，尽量在不影响进度的情况下满足用户需求。得益于分析人员和开发人员扎实的技术和业务素质，公司成功按计划完成了核保模块在澳大利亚、新加坡和中国香港等地的升级。

服务成效：

通过与用户默契配合、共同学习摸索，加之良好的项目管理过程和开发规范，以及项目经理的丰富经验，该项目在计划的时间和预算内完成。该系统的成功实施，很好地实现了用户的需求，有力地帮助用户进一步控制了保单风险，增强了市场竞争力。

项目二：个人寿险管理系统——OLAS（新西兰）系统迁移

项目背景：

OLAS 是一个个人寿险管理系统，主要功能包括新保单录入、核保、保单维护、理赔、业务员培训和管理、业务员佣金计算和发放、财务管理、精算统计等，适用于中小型的保险公司。该系统被友邦保险集团下属的多家公司使用。然而，原有的系统是旧的 S/36 Mode，技术已经过时，新的需求得不到支持，不符合公司的标准。为解决上述问题，需要将系统迁移到较新的 AS/400 上。

开发过程：

该项目从 2006 年 5 月启动，在 2006 年 9 月正式上线。友邦资讯承担了整个项目的管理和系统的分析、设计以及主要的编码与测试工作。为更好地了解用户需求，培养当地的系统支持人员，公司派出工程师到新西兰直接与当地的电脑部门合作，最终成功地完成了系统的迁移，调整了受影响的界面，完成了数据转换，为未来的进一步发展准备好了技术平台。

服务成效：

迁移后的系统使业务部门避免了出现违规的问题，也消除了没有技术支持的风险。

同时，令将来的系统维护工作变得简单，并提高了安全性控制，为友邦（新西兰）的进一步发展壮大提供了很好的基础。

经营管理架构

在服务外包经营管理方面，友邦资讯主要分为四大结构：总经理/副总经理、开发服务中心、专业业务中心和运营支持中心。

总经理/副总经理：主要负责管理公司整体业务及运营状况。

开发服务中心：主要负责公司核心业务的系统开发及产品支持服务，包括支持开发核心保险系统的部门、为保险核心业务提供系统支持的部门以及提供系统架构方案的部门。

专业业务中心：主要负责公司附加专业业务的支持服务，包括负责资料处理的商务外包部、负责信息安全管理的信息安全管理服务部、负责支持香港业务的技术解决方案服务部以及协助处理数据及精算系统的相关部门等。

运营支持中心：主要为公司内部运营提供支持服务，包括财务、人力资源及技术支持部门。

参考资料：
友邦资讯科技（广州）有限公司提供的资料。

第三章　研发设计外包

引　言

　　研发设计外包属技术性知识流程外包服务，是服务外包产业价值链的高端环节，是跨国经营从劳动力套利向知识套利跨越的转型发展。当前，以服务业和先进制造业转移为主要特征的全球产业结构调整正在兴起，高科技、高附加值的研发设计外包全球化趋势亦在形成。越来越多的跨国企业加快构筑全球研发设计网络，倾向于在境外设立研发中心或直接将研发业务进行离岸发包，通过项目委托、联合研发、购买高新技术研究成果等方式从外部机构中寻求技术和知识服务的补充，以整合创造型智慧资源，增强核心竞争力。

　　研发设计外包涉及工业研发设计、工程设计、金融研发、医药研发等多个领域，一方面可以为发包方节约成本、分担风险、缩短研发周期，为产品快速上市占得先机；另一方面，也有利于接包方借鉴先进研发技术、研发组织和管理经验，培育自主创新能力。研发设计外包具有较高的壁垒，其依赖的不仅是人力低成本，更多的是营商规则、高端人才和市场潜力的结合。近年来，由于加快开拓新兴市场的战略部署，跨国公司愈加重视产品研发设计的本地化，对新兴市场研发的投资规模不断扩张。但通常情况下，跨国企业在发包过程中，转移出去的是一些劳动相对密集、研发技术较为成熟、便于标准化管理的中低端研发环节，而一些新兴高端技术仍完全自主研发。这是提高研发效率和市场转化率、保障核心竞争力的有效策略。

　　广东作为全球重要的制造基地，在大量承接跨国企业制造生产的同时，也已较深地卷入了研发设计全球化进程中。如今，一批世界500强企业在粤设立研发中心，省内研发设计服务商也不断承接境外研发项目，更有一些实力雄厚的省内企业通过境外投资、收购国外先进的研发部门等方式，利用国外研发资源承接部分研发设计业务，共享研发成果。当前，广东制造业正加快转型升级的步伐，企业亟须把握研发设计全球化机遇，积极参与跨国公司的研发活动，并通过外溢效应，不断提升自主创新能力。

本章选取了五个标杆企业，其服务模式和发展路径在一定程度上代表了各自细分领域的最佳实践。如六维空间注重产品研发与上下游产业链的整合，提供以品牌营销战略为核心的系统化产品设计开发解决方案。广东电信规划设计院以承接国际服务总包项目为契机，在原有咨询设计的基础上，由单一设计服务向项目总包服务延伸，为客户提供完整的、全方位的一站式服务，实现产业价值链由"点"到"线"的转变。莱尔尚从传统的加工生产成功转型做服务，通过承接样品鞋国际研发外包项目获得丰厚利润。佛山欧司朗的外包服务从集团最核心的产品技术研发开始，现已成为欧司朗（中国）制造基地、销售基地和服务基地。广州三星作为世界500强企业在华成立的最大的手机研发机构，通过引进母公司先进的管理经验和精益流程，成功实现离岸外包业务的快速增长，并带动本地手机上下游产业链的发展。

六维空间：以创意设计传递市场价值

服务提供商：佛山六维空间设计咨询有限公司

业务类型：知识流程外包（KPO），具体为工业设计外包服务。

亮点推介：随着中小外贸企业的价格战日趋激烈，市场对工业设计外包的需求逐渐加大。广东是我国工业设计服务起步最早、发展最活跃的地区之一，目前已初步形成"设计产业化、产业设计化、设计人才职业化、设计成果市场化"的发展模式。六维空间以小家电设计外包服务为主，提供以品牌营销战略为核心的系统化产品设计开发解决方案，凭借市场和产品创新设计资源不断延伸外包服务链条。

经营模式创新：

为国外品牌商设计新产品，联合国内生产商实施产业化；

与制造企业合作开发产品，共享销售利润；

先行投入产品研发，联系好品牌商或采购商后再与制造企业合作；

直接设计开发产品，寻找代工企业加工生产并直接出口。

服务提供商

佛山六维空间设计咨询有限公司（简称六维空间）是一家基于市场与产品策略的国际化工业设计公司，经营理念为"创意传递价值""创新改变未来"，公司为全球企业提供以品牌营销战略为核心的系统化产品设计开发解决方案，不仅专注于产品的设计创新，更注重产品研发与上下游产业链的整合，为企业提供更深层次的设计服务。

六维空间一直以做小家电设计外包服务著名，如今设计外包服务逐渐延伸至家具、酒精炉、壁炉等众多行业。近年来，六维空间运用创新引领市场，原创设计不断涌现：装饰性感应垃圾桶、老人/儿童保温餐具、女性内衣消毒烘干机、旋压式洗衣机、水果冰淇淋机等。这让客户不断看到其设计的创新性，而非重复设计或模仿，从而使公司服务外包设计业务的风险控制到最低。

目前，六维空间的客户遍及全球，从世界500强的PHILIPS、SIEMENS、GE、WAL-MART、CARREFOUR，到国际著名家电品牌ELECTROLUX、KENWOOD、BREVILLE、TEFAL、MORPHY RICHARDS、SUNBEAM等，再到国内知名的美的、格兰仕、唐锋、东菱、龙的、爱仕达、哈尔斯等。由于六维空间的专业设计，唐锋、东菱、美的、爱仕达等多家制造企业迅速在小家电行业内崛起，成为引领行业发展的龙头企业。

六维空间在业内已具一定知名度，屡次荣获创新设计红星奖、红棉奖、省长杯以及红点奖等国内外设计大奖。公司现出任中国工业设计协会理事单位、广东省工业设计协会常务理事单位、广东"中国厨房"产业设计联盟副主席单位以及佛山市服务外包行业协会发起单位之一。2010 年获"广东省工业设计示范企业"称号，2012 年获"中国工业设计十佳设计公司"等荣誉称号。

市场背景

随着中小外贸企业的价格战日趋激烈，不少企业争相从外贸单腿走路转为外贸、内销双腿走路。由于工业设计专业机构的设计产品类别多，思维、视野具有跨界优势，能为制造业企业提供更多的贴近市场的设计创意和解决方案，因此，市场对工业设计外包的需求逐渐加大。

广东是我国工业设计服务起步最早、发展最活跃的地区之一。近年来，以深圳、广州、顺德、东莞等城市为主要聚集区，以珠三角制造业为主要市场依托，广东的工业设计取得了快速发展，规模和影响力不断扩大。据调查，广东逐渐形成以创新设计引领传统产业转型升级的态势，目前，工业设计对全省经济增长的贡献率约达 28%。在实施工业设计战略的企业中，约有 80% 开拓了新产品市场，70% 降低了产品成本，企业有 40% 的利润和 25% 的销售增长来自工业设计。尤其是一些年销售额过百亿的大型企业，平均设计研发投入占销售额的 2.5%。广东初步形成"设计产业化、产业设计化、设计人才职业化、设计成果市场化"的发展模式。

服务内容

六维空间以小家电设计外包服务为主，提供以品牌营销战略为核心的系统化产品设计开发解决方案，包括市场策略、产品策划、市场调研、设计咨询与培训、设计研究、工业产品设计创新、产品研发、产品营销导入、模型制作等工业设计服务。

1. 服务策略

（1）设计商业模型：利用研究、分析以及创意的表达方式激发客户的文化创新，提供市场进入计划、控制成本模式、优化产品布局等策略方案。

（2）组织调整与激励：将战略性机会具体呈现出来，推动清晰的决策过程，深入客户的组织系统，帮助客户应对商业机会带来的组织变化与增长。

（3）持续发展的策略：紧密跟踪应对商业环境变化，设计项目方案兼顾短期的可行性和长期的延续性。

2. 设计流程

（1）项目准备：项目沟通，资料收集；前期调研包括市场分析和综合分析、同类产品竞争分析、形态分析、材质分析、色彩分析、结合市场分析制定客户或产品竞争策略。

（2）项目策划：包括产品设计战略、产品设计指导、消费心理评价等创意策划。

（3）项目实施：产品设计包括草图阶段、设计优化和三维建模及效果图制作；设计提案包括设计方案演示和客户反馈信息；工程设计包括结构建模 Pro-e 制作、工程检测和模具检测。

（4）项目完成：样机调试包括手板样机制作、功能样机检测；样机审核包括设计制作审核和项目审核。

商业价值

工业设计被称为"全球制造业原动力"，它有利于企业提高自主创新能力、提高产品附加值、开辟市场"蓝海"、改变营销思维和实现品牌国际化，对加快制造业与服务业融合、实现企业转型升级、推动价值链向高端延伸、提高产业国际竞争力具有重要意义。

六维空间致力于企业客户的产品设计优化与创新，并根据企业原有的产品进行系统规划和整合，建立能体现企业理念并具有品牌标识的产品体系以及产品投入风险评估控制体系，从而树立品牌价值。例如，针对目前国内专利法执法不够严、企业维权成本高，甚至出现专利拥有者维权打输官司的现象，六维空间在承接佛山家电企业的外包设计业务时，为企业制定规划产品线，即当一代产品上市作出市场反馈的反应后，马上推出第二代产品，通过"以快打慢"来应对产品模仿，从而大大降低产品投入市场的风险。

经营模式创新

传统工业设计经营模式的特点是对设计项目实施一次性收费。但这一做法在洽谈服务收费时容易陷入艰难的处境：收费高了制造企业会无法接受，收费低了设计企业又要亏损，况且还有大量的工业设计同行因为项目不足而拼命打价格战抢项目，更让设计企业揪心的是设计项目付费的话语权掌握在制造企业手上。因而，这种传统的服务模式让设计企业很难获得理想的设计回报，难以生存和发展。

六维空间敢于打破传统，利用自身的设计创新能力与海外市场资源进行经营模式创新，以确保企业获得长期而连续的收益，这种收益远远多于传统模式的一次性收费。创新模式包括：

（1）为国外品牌商设计开发新产品，联合国内的生产制造企业实施产业化，并供应给国外品牌商。

（2）与制造企业合作开发产品，共享销售利润。

（3）根据自身敏锐的市场眼光和对市场需求的准确把握，先行投入产品的研究与设计，联系好品牌商或采购商后再与制造企业合作。

（4）直接设计开发产品，寻找代工企业加工生产出来直接出口。

设计项目案例

案例一：自动多士炉（Auto Toaster）设计项目

六维空间耗费将近两年的时间，在历经无数次失败后，自主设计开发了一款全球首创性产品——自动多士炉。该产品完全颠覆了传统多士炉反复操作的使用弊端，将一大沓面包片放进机器里，启动开关，面包片就会逐片进入机器的烘烤腔里烘烤完成并被送出，让人们体验到生活可以更轻松、更惬意。

该产品受到国际知名品牌 SUNBEAM 公司的青睐，双方达成共同开发的协议，所有设计均由六维空间完成，SUNBEAM 负责市场推广和销售，这种具有广阔市场前景的产品让六维空间拥有更多的话语权。不但使其在转让该产品的知识产权方面获得理想回报，而且还寻找到广东东菱电器公司承接了该产品的生产，为该企业获取了一千多万美元的生产订单。

案例二：即热式开水器（Instant Kettle）设计项目

即热式开水器是六维空间专门为国际品牌 Morphy Richards 公司设计的，这款产品启动 3 秒即出开水，再按即停，不浪费电也不浪费水，需要多少开水就烧多少，每次得到的都是新鲜烧开的水，该优越性能获得 Morphy Richards 的首肯。更重要的是，该款产品还受到原来加工生产传统电热水壶的本土企业万家惠的赏识，经六维空间革新后成功引入国内市场，目前，这款具有自主产权和核心价值的产品，已经在国内市场铺开销售，使本土制造企业万家惠成功实现企业的升级转型，从而获得非常可观的产品附加值。

服务商核心优势

1. 搭建工业设计虚拟现实（Virtual Reality Lab）实验室

六维空间工业设计服务涉及电热电动基础技术、节能技术、环保材料应用技术、控制技术等多个领域，有效提供技术性设计验证专业评估，协助企业快速准确地开发产品，这是其制胜法宝。

六维空间斥巨资搭建了国内工业设计行业首创性实验室——工业设计虚拟现实实验室。虚拟环境是由完全基于真实数据建立的数字模型组合而成的，是严格遵循产品设计的标准和要求建立的逼真的三维场景，对设计产品进行真实的"再现"。设计师、工程师在三维场景中任意漫游，人机交互，这使得原先很多不易察觉的设计缺陷能够轻易地被发现，减少了不必要的损失与遗憾，大大提高了项目的评估质量。

因此，采用虚拟设计具有规避设计风险、减少模型制作、加快设计速度、缩短设计开发周期的作用。行业独一无二的设计硬件设施的投入大大增强了六维空间产品设计开发的实力。快速成型、虚拟现实、产品体验、行为分析等高端设计手段与设施的应用，提升了设计水平、缩短了设计周期、降低了设计风险。

2. 凭借市场和产品创新设计资源不断延伸外包服务链条

近二十年的家电设计经历，使六维空间在家电产品的材料、成本、工艺、安规等方面积累和沉淀了丰富的产品专业知识与设计经验，能准确把握产品从概念设计到产业化的各个环节和因素，能更好地了解制造企业的产品需求，实现产品的概念设计或颠覆性的设计创新，为客户提供具有创新性及适合市场需求的升级换代产品。

六维空间一直保持着频繁而深入的市场研究，与国内外著名家电品牌保持着密切联系与商业接触，并拥有一个由数名资深外籍设计师与中国资深设计师组成的设计团队，因而，具有敏锐的市场洞察力、强大的创新爆发力和广阔的国际视野，对国内外市场和产品发展潮流趋势的了解与把握程度远远超越了部分制造企业的市场认知范畴。这样既可以为制造企业制订行之有效的产品策略与开发计划，也可以为制造企业针对某一特定市场或某一特定品牌做针对性的贴切设计。

此外，六维空间拥有丰富的供应链资源，运用合作平台引进更多的高端项目和专业人才，通过产、学、研联合科研实力雄厚的科研机构及各高等院校的科研实验室，确保自身具有更多的产品创新解决方案和更强的创新设计产业化实施能力，抢占技术制高点，推动技术产业化。

发展战略

1. 深化设计，创新服务外包体系

强化以创新设计为主导的工业设计创新体系，一方面，使各项服务能力不断增强和延伸，定位为全球小家电领域顶尖的工业设计平台、配套技术服务平台；另一方面，使创新设计成为企业发展蓝图中的战略制高点，支持企业自主品牌的建设及全球市场的开拓，带动设计产业的升级。投入资源扶持具有潜力的领先技术的开发，继续加大对新材料、新技术、新工艺、新设计的预研和应用研究，向前推进整合产品的市场信息资源和技术创新资源，向后延伸整合上游客户和下游供应商资源，为全球客户提供更多的个性化设计增值服务。

2. 矢志创新，引领行业发展

现代工业设计包括品牌设计、市场策略、产品规划、设计研究、产品研发、市场推广等方面的内容，六维空间建立了以工业设计为核心的多元化服务体系的雏形，将工业设计理念注入产品全生命周期，在实现设计升级带动产业升级的同时，也促进了市场方向和消费观念的转变，使小家电成为一种创新设计导向最突出的商品，增值能力大幅提高。

3. 优化服务，促进品牌建设

在保持技术服务优势的同时，实现自主品牌建设的重大突破，将"SIX - VECTOR DESIGN"创立为世界知名设计品牌。加大市场研究力度，以选择目标客户和目标市场策略，推进重点优势项目，进军中高端设计市场。在国内业务方面，抓住业内良好发展态势，率先成长为小家电专业设计机构第一品牌；在国际业务方面，逐步向国际一线市场拓展，利用自身创新实力，为国际知名品牌提供创新设计和服务，赢得一个稳定的离岸服务外包份额，最终实现国内、海外两个市场的良性互动。

4. 增强服务体系中的柔性处理能力

（1）设计研究方面：整合企业设计资源，构建工业设计仿真数据标准化服务平台，把内显性设计知识加以数字化，利用信息手段实现资源共享，与营销系统、产品数据管理系统完美衔接，最终建立产品设计开发、营销过程中的无缝隙协同运作。

（2）产品创新和技术转化方面：加强新产品实现技术的研究，加快技术产业化、商业化转换速度，组织实施一批重大、关键、前瞻性项目为创新产出重点，提升基础性和前瞻性项目的比例，重点推进高能效、环保材料、易拆解、功能集成、智能化等基础技术的应用进程。

（3）市场研究方面：加强与国际知名品牌商的合作，进行消费行为及使用情况的分析研究，构建目标市场信息的数据库，建立起覆盖全球的市场研究神经系统，提升消费研究服务能力，并在企业内部加大客户管理力度，升级现有 CRM 系统，寻找扩展业务所需的新市场和新渠道。

5. 加大服务外包人才梯队建设

以自主培养为主、适度引进为辅，构建一支适应行业竞争和企业发展需要的服务外包人才队伍，使企业服务外包工作专业化、程序化和标准化。计划于未来 3 年内培养 20 个以上高级设计师和高级工程师、3~5 名服务外包管理人才。

参考资料：

1. 佛山六维空间设计咨询有限公司提供的资料。

2. 六维空间官网：http://www. sv - id. net。

3. 《加快发展工业设计 促进制造业转型升级》，http：//paper. ce. cn/jjrd/html/2013 - 08/2/content - 169507. htm。

4. 《外贸不好做 设计来帮忙》，http：//www. feiia. org/newspage. asp？id = 3661。

广东设计院：实现国际通信工程服务价值链
由点到线的转型

服务提供商：广东省电信规划设计院有限公司

业务类型：业务流程外包（BPO）、知识流程外包（KPO），具体为通信设计咨询服务。

亮点推荐："为顾客提供一站式服务"成为当前国际通信工程市场的新趋势，要求规划设计服务提供商不仅能够在项目"创造过程"提供服务，包含可行性研究及决策、勘察、设计、采购、施工、试运行（竣工验收）等，还必须参与上述要素的"管理过程"，充当项目总承包商的角色。广东设计院以承接国际服务总包项目为契机，在原有咨询设计的基础上，由单一设计服务向项目总包服务延伸，为客户提供完整的、全方位的一站式服务，实现产业价值链由点到线的转变，坚定踏上传统设计业务的转型之路。

传统设计服务商转型策略：

采用矩阵式的组织架构以适应多项目运作管理模式；

建立紧密协调配合项目相关资源的管理流程制度；

外聘 EPC 项目管理人员与内部培养相结合。

服务提供商

广东省电信规划设计院有限公司（简称广东设计院）成立于 1982 年，系中国通信服务股份有限公司（香港上市牌号0552HK，简称CCS）旗下的龙头咨询设计企业，专门为信息行业客户提供网络咨询及设计、IT 咨询及软件开发、管理咨询、建筑设计及政企行业信息化等服务，持有国家各主管部门颁发的通信勘察设计甲级、通信工程咨询甲级、信息网络系统集成甲级、建筑规划甲级、通信工程总承包甲级等资质证书。

在国家"走出去"海外投资战略的指引下，广东设计院积极拓展国际业务市场，在文莱、马来西亚、埃及、印度尼西亚、中国香港和中国澳门等地设有常设机构和人员，业务遍布欧美、东南亚、中东、非洲等区域的 30 多个国家和地区。2012 年，广东设计院服务外包业务收入高达 8.97 亿元，其中离岸服务外包业务收入 7 439 万元，占企业销售收入的 8.3%（见下图）。

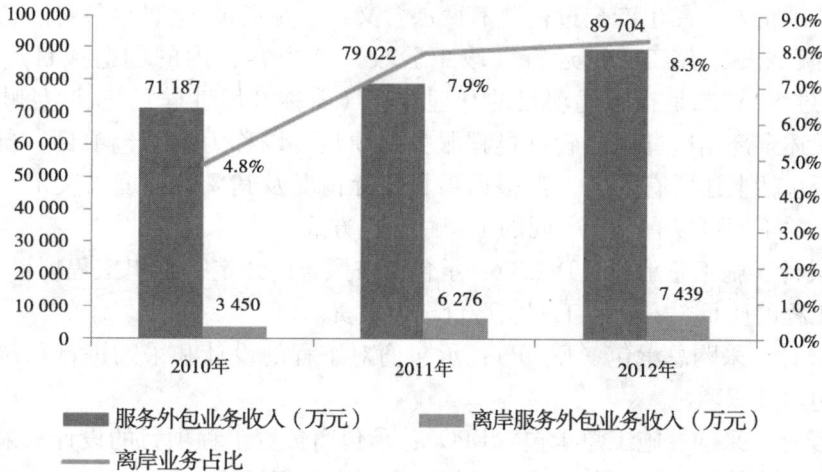

广东设计院 2010—2012 年服务外包业务收入、离岸服务外包业务收入情况

服务内容

广东设计院在全国通信设计业界率先提出创建具有国际竞争力的通信咨询企业，其服务外包业务以信息技术外包（ITO）与知识流程外包（KPO）为主，服务内容包括：

1. 软件产品开发

形成网络资源管理系统、无线网络规划优化、综合信息服务三大软件产品系列，主要应用系统包括网络资源管理系统、基站资源管理和应用系统、INFOGIS 地理信息平台、长途管线资源管理系统、网络规划支撑平台、资源预测和预警系统、全业务资源确认系统、号码百事通综合业务系统（BTS）、号百综合信息运营平台、GSM/CDMA/3G 无线网络专家系统、ICE 室内覆盖管理系统等。

2. 信息系统设计与系统集成

为政府、行业与运营商提供专业服务，包括软硬件选型、业务需求分析、系统概要设计、架构设计、总体集成方案设计、过程管理等。

3. 信息系统咨询/管理咨询业务

对企业战略、业务和 IT 现状进行全方位且多层次的分析与诊断，包括战略咨询、运营咨询、网络咨询、运营管控咨询、IT 咨询等。

通信工程总承包方式

当前国际通信工程市场呈现新趋势，顾客对服务商的要求和期望越来越高，希望服务商能提供一站式服务。通信工程服务总承包逐步成为一种主流方式，以满足顾客需求的不断变化，帮助顾客实现现在和未来不同时期的目标要求。

所谓"通信业产品生产全过程"有两层含义：一是指包含项目可行性研究及决策、勘察、设计、采购、施工、试运行（竣工验收）等内容在内的创造项目产品的过程（简称创造过程）；二是指上述项目的管理过程（简称管理过程）。从满足顾客需求出发，提供上述全部创造过程或管理过程服务的项目可以称为总承包项目。当然，总承包范围是否包括上述所有内容，需根据项目实际情况及其风险程度来决定和定义。根据顾客需求的不同可以有以下不同的工程总承包方式：

（1）设计、施工总承包（D－B）：承包商按照合同约定，承担工程项目设计施工，并对承包工程的质量、安全、工期、造价全面负责。

（2）设计、采购总承包（E－P）：承包商对工程的设计和采购进行承包，施工则由其他承包商负责。

（3）设计、采购、施工总承包（EPC）：承包商负责工程项目的设计、采购、施工安装全过程的总承包，并负责试运行服务（由业主进行试运行）。

（4）交钥匙总承包（LSTK）：承包商负责工程项目的设计、采购、施工安装和试运行服务全过程，向业主交付具备使用条件的工程。

（5）设计、采购、施工管理承包（EPCm）：承包商负责工程项目的设计和采购，并负责施工管理。施工承包商与业主签订承包合同，但接受设计、采购、施工管理承包商的管理。EPCm承包商对工程的进度和质量全面负责。

（6）设计、采购、施工监理承包（EPCs）：承包商负责工程项目的设计和采购，并监督施工承包商按照设计要求的标准、操作规程等进行施工，在满足进度要求的同时负责物资的管理和试车服务。

（7）设计、采购承包和施工咨询（EPCa）：承包商负责工程项目的设计和采购，并在施工阶段向业主提供咨询服务。

传统设计服务商转型策略

总承包项目与传统设计行业有诸多不同之处，两者对服务提供商的组织架构、人力资源、业务流程等方面的要求均有不同，广东设计院意识到，如要成功实现向工程服务总承包商的战略转型，必须对以下三大关键方面进行调整优化。

1. 采用矩阵式的组织架构以适应多项目运作管理模式

与国内传统的设计院职能式或者不健全的矩阵式组织结构不同，工程总承包的多项目运作管理模式，要求服务提供商采用矩阵式的组织架构。如果设计公司在承接总包项目时，将设计业务单元与EPC总承包项目管理的其他部分割裂，必然会使项目统筹与控制产生一系列问题，限制了EPC项目的管理与协调优势的发挥，进而影响项目的价值创造。

2. 建立紧密协调配合项目相关资源的管理流程制度

与传统的设计院工作不同，EPC项目的管理体系要求整个组织必须对项目及时作出有效反应，而且，这些反应必须建立在对合同与业主需求的深刻理解基础之上。这就要求工程总承包商内部必须围绕 EPC 项目本身，建立起能够紧密协调配合项目相关资源的管理流程制度。

3. 外聘 EPC 项目管理人员与内部培养相结合

虽然广东设计院的大部分业务骨干都在设计领域工作多年，但是，他们缺乏对 EPC 项目各个环节的管理经验。对于转型的广东设计院而言，大量外聘 EPC 项目管理人员并不现实，采取内部培养相关人员的方式比较可行。然而，还需有效地应对在业务快速扩张过程中出现的人力资源无法满足项目需要以及人员素质参差不齐、流动性较大等问题。

服务商核心优势

广东设计院承接的文莱国家宽带网咨询服务总包项目（以下简称文莱项目），主要以咨询设计为基础，延伸实现由单一设计服务向项目总包服务的转变，为客户提供完整的、全方位的一站式服务。从产业价值链的角度看，这种转型使得广东设计院实现了价值链上由点到线的转变，是广东设计院从传统设计业务向工程服务总承包转型的必要之举。

1. 对市场进行精确定位、深度售前和品牌营销

国际工程总包项目的特点是周期长，尤其是项目前期，业主对项目需求不明确时，服务提供商如何利用专业知识合理引导客户并充分挖掘出客户的全面需求，是一个逐步深入的漫长过程。广东设计院对此形成了自身独特的"三步曲"。

第一步，精确定位。在介入市场前，安排人员到项目现场进行长期、全面的市场情况调研，深入了解项目业主的核心人员和管理层决策链条以及相关外围影响力量，在充分分析当地市场特点的基础上，针对性地制定"先自下而上、后自上而下"的营销策略。此外，在不断挖掘自身资源的同时，充分利用大使馆和其他社会资源，持续"同化"高层关键人员，把现有的"普通高层关系"转化为"优质高层关系"，最终实现在能够给客户提供优秀的解决方案目标的同时，获得自下至上的一致支持。

第二步，深度售前。广东设计院利用自身咨询专家的身份优势，在项目前期通过专家技术交流把握机遇，摸清客户的项目需求概况，在项目招投标之前引导业主的招标思路，精确把握客户需求。

第三步，品牌营销。对于新市场、新客户，获得客户的了解和信赖是市场拓展的关键所在。在品牌认知阶段，广东设计院通过向业主介绍中国信息化进程、中国电信 FTTH 业务，进而推介中国信息化的最大基础网络建造者——中国通信服务股份有限公司，并通过多方面的关系对客户进行侧面的宣传，让客户对公司品牌有良好的认知。在此基础之上，广东设计院花费数月时间调研客户的网络和以往项目交付中存在的问题，并为客户量身打造了一系列的技术支撑服务。一方面，使客户了解广东设计院的专业素质和服务能力；另一方面，使自身投标方案更加有针对性和说服力。在项目正式启动交付后，广东设计院不断深入对客户管理流程进行诊断和优化，实现快速的本

地化交付，实现客户对公司品牌形象的全面信任。

2. 建立以业务流程为导向的组织架构

广东设计院为了充分契合客户需求，在组织架构上创新性地增加了市场咨询及工单开发团队，提高了项目服务效率；在管理团队上，吸纳本地人员，从而使设计管理团队熟悉本地特点；在业务流程上，定位于业务开通，对交付流程进行优化，减少客户内部的沟通环节，提升客户管理效能。

3. 实行全程风险管控

市场策略的成功实施，只是国际项目拓展的第一步，要实现国际项目的持续健康发展，离不开有效的全过程保障体系。在文莱项目中，广东设计院团队开展了多层级、多维度的项目来达到全过程管控，通过合同手段、保险手段来构建管控项目过程的保障体系，采用良好的机制保障项目风险可控。

4. 开展快速高效的本地化运作

在交付中要做到持续发展，必须实现高效本地化交付，其中质量管控体系成为本地化交付的基石。广东设计院在准备、实施和验收三个阶段均建立了相应的质量管控体系，设计了大量的模板和操作指导书，并通过专业培训、过程管控和项目后评估确保交付的质量。就这样，广东设计院用同样的分包商、同样的本地队伍，做出了不同的交付成果，以快速响应客户的需求。

服务商发展战略

广东设计院在海外拓展中跨出了战略转型的第一步。未来几年，广东设计院将从企业的组织架构、人力资源、业务流程等方面进行全方位变革，充分发挥其软件企业的人才密集优势、技术创新优势和经营优势，把握三网融合、物联网、云计算、移动电子商务等带来的产业机遇，争取成为年收入超过 10 亿、利润超过 1 亿的综合性软件与信息咨询服务企业，充分发挥行业龙头作用，带动广东软件与信息咨询业发展。

参考资料：
广东省电信规划设计院有限公司提供的资料。

莱尔尚：从加工生产成功转型承接研发外包

> **服务提供商：** 东莞莱尔尚鞋业有限公司
>
> **业务类型：** 知识流程外包（KPO），具体为工业设计服务。
>
> **亮点推荐：** 近年来，由于受到越南、柬埔寨、缅甸等周边国家的低成本竞争冲击，我国传统的出口行业——鞋企的经营状况愈加困难。东莞莱尔尚果断从传统的加工生产中跳出来，成功转型做服务，承接样品鞋国际研发外包项目，获得丰厚利润。
>
> **市场背景：** 在鞋业界，工厂一般不愿意开发和生产样品，一是因为技术力量不足；二是研发周期长、成本巨大、涉及面广，研发与订单不成比例。近年来东莞鞋业外移，很多量产订单转移至西南地区和中国北方的工厂或者东南亚其他国家。但因技术力量薄弱及鞋材配套不完善，很多北方工厂鞋型设计开发能力不强，难以达到国际标准或符合流行趋势。莱尔尚正是瞄准了这个市场商机，向东莞原从事加工贸易生产的工厂追加投资，将业务线延长到设计研发与咨询服务。
>
> **服务外包模式：** 样品研发；技术咨询；生产销样鞋和小订单精品鞋。

服务提供商

东莞莱尔尚鞋业有限公司（简称莱尔尚）于 2003 年 6 月由（香港）银耀集团有限公司投资成立，注册资本 1 690 万港元，是一家同时具备研发功能和生产服务功能的设计研发型企业。

莱尔尚通过与境外总公司签订《研发服务合同》来外包项目，着重于鞋业技术的开发和管理，专业生产国际高端时尚女鞋品牌的研发样品、销售样品以及用于大货生产标准的确认样品及小订单国际精品鞋。目前，负责开发和样品生产的国际知名品牌有 Nine West、Carolina Espinosa、Clarks、Guess、Marc Fisher、Ivanka、Tommy Hilfiger 等。

市场背景

在鞋业界，工厂一般不愿意开发和生产样品，一是因为技术力量不足；二是研发周期长、成本巨大、涉及面广，研发与订单不成比例。在样品研发阶段，设计师们在开发新型体时要修改模型很多次，改版次数越多，成本越大，而一般鞋厂因为开发后可能收到大生产订单，客人往往不付模型的研发费，所以生产厂家都只愿意做大货生产，不愿意制作费力不讨好的研发样品和其他小订单样品。

东莞是中国鞋业的大本营，是国外投资商的首选地之一。东莞地理位置优越，靠近港澳台和广州、深圳，国外客人进出关非常方便，可大大缩短采购和物流周期。加上厂房租金价格合理，鞋业供应商齐全而且成熟，城市配套完善，交通方便，市容美丽，五星级酒店多而且价格比很多城市便宜，很多外国客人都喜欢来此停留。

近年来东莞鞋业外移，很多订单转移至西南地区和中国北方的工厂或者东南亚其他国家。但因技术力量薄弱及鞋材配套不完善，很多北方工厂鞋型设计开发能力不强，难以达到国际标准或符合流行趋势。

莱尔尚正是看准了这个市场商机，决定向东莞原从事加工贸易生产的工厂追加投资，将业务线延长到设计研发与咨询服务。通过承接研发设计外包增值服务，莱尔尚形成了高附加值的利润来源。

服务模式

1. 样品研发

莱尔尚与总公司签订《研发服务合同》，内容为：

（1）总公司接到研发样品订单后将研发任务交给莱尔尚；

（2）莱尔尚负责样品模具、楦头的设计和开发；

（3）根据客人要求开发新鞋材和配件；

（4）根据图纸开纸版及开发样品模型；

（5）对材料的用量测算提供意见。

2. 技术咨询

莱尔尚为确认样品鞋的生产提供技术咨询服务，内容为：

（1）对样品鞋的线条提供改进意见，确保鞋子看起来优雅和时尚；

（2）对样品鞋进行试穿并提出修改意见以确保穿着舒适；

（3）提供鞋子在缓冲、稳定性、弹性等方面的专业技术知识，协助进行样品鞋测试以确保未来生产大货的安全。

3. 生产销样鞋和小订单精品鞋

莱尔尚原本的企业性质是生产型企业，除了上述两项技术性服务外，作为专业生产样品鞋的公司，莱尔尚还为客户生产销售样品鞋。同时，为了增加收入，在样品生产的空档期，莱尔尚利用其技术优势，也尝试接一些小订单量的高端精品鞋的生产。

运作流程

从接收鞋样订单到完成设计，莱尔尚提供全过程的技术咨询服务，环节包括：

1．接收开发样单

高级业务人员承接样品生产指令，接收开发样品生产单。

责任人：总经理及高级业务人员。

2．开发新楦

楦头技师确认楦型并开发新楦。

责任人：楦头技师。

3．开版

版师在塑模上画面板设计草样，再开纸板，并反复修改至完善。

责任人：版师。

4．结构及构件讨论

专业技师对鞋子结构及构件提出建议，对样品结构及构件设定方案。

责任人：高级巴西技术顾问及国内高级技师。

5．初样（模型）开发

结构及构件讨论完毕，由总经理指定全套熟手技术工人生产初样（模型）。

责任人：总经理及技术管理人员。

6．高级技术顾问对样品评审

初样（模型）制作完毕后，由总经理召集相关人员进行样品评审，仔细讨论样品的市场价值，直接确定样品继续研发的可行性方案，并将样品的不足之处完全提出并设定修改方案。

权责人：总经理及高级巴西技术顾问、国内高级技师。

7．客人技师样品评审

客人技师提出样品不足之处并设定修改方案。

权责人：客人技师。

8．寄样给国外客人

样品制作完成后，寄给国外客户。

人力资源管理

由于样品鞋对开发技术要求很高，而且开发周期很短，要想达到客户的期望值，仅依靠普通工人是做不到的。为此，莱尔尚聘用了来自巴西的、具有十多年鞋业生产和开发经验的高级技术顾问来指导技术要求最高的样品开发和确认鞋生产团队，由巴西顾问在日常工作中指导工作，并培训和培养中国技术人员。在目前公司的人才结构中，高级技术人员及技术管理人员占全厂人数的11%，全套熟手技工占工人总数的87%，这是一般鞋厂的人才结构无可比拟的。

在培训和人力资源管理方式上，莱尔尚主要采取以下几个方式：

（1）利用巴西高级技术顾问来培训中国技术人员，言传身教，手把手进行指导。

（2）每个岗位设立标准作业程序（SOP），新员工入厂后先培训后上岗。

（3）配合公司"追求精实和卓越"的理念，聘请台湾 IET 鞋业专业顾问公司在公司进行长达半年的整改项目，对全司管理干部和技术人员进行丰田精益生产培训，提升技能和产能。

（4）制定绩效考核制度，从修改次数、开版时间到每小时生产数量等建立企业关键绩效指标（KPI），对每条线、每个主管、每个技师进行评估。

（5）提供完善的薪酬和福利待遇以留住技术人才和关键员工。公司给所有员工都购买了社保和住房公积金，这在鞋厂里是罕见的。

服务商核心优势

（1）独立研发和设计是莱尔尚的主要核心竞争力，也是高附加值的利润来源。从收到客人发来的样品单/绘图/原样鞋，到楦头技师确认楦形、开发新楦，到版师画版设计草图，再到开纸板、专业技师设计鞋子结构及提议构件、生产初样、修改至完成都是由企业的各个品牌队伍独立完成的，且各个品牌的风格保持相对独立。

（2）质量管理体系与国际标准接轨。按照国际标准，莱尔尚建立健全企业质量保障体系认证标准，并按照国际标准化组织的《ISO 系列标准》每年进行企业质量保障体系认证。质量管理体系的建立是以客户感知为目标的。莱尔尚通过理解顾客当前和未来的需求，满足顾客要求并争取超越顾客的期望。

（3）倡导自始至终的品质完美。在市场竞争愈发激烈，中国鞋业主要的竞争对手如印度、越南等周边国家的鞋企已经开始走"以量取胜"的道路时，莱尔尚仍自始至终坚持"以质取胜"。莱尔尚设计的鞋以高级真皮为主要原材料，辅料使用天然透明的苯胺着色剂，从原材料到辅料的选择都经过专业技师的严格把关，并且很多工序都是以手工精制完成的，以达到最佳状态。

（4）快速的反应能力、高速的设计开发节奏使企业走在鞋业设计的前端。每年莱尔尚的客人需要参加四个重要的订货会，从收到设计概念、订材料到材料进口再到完成整体设计，莱尔尚整个设计开发过程历时 20 天，用最大努力换取了客人最大的订货量。

发展战略与风险控制

（1）研发设计对市场反应尤为敏感。技术开发与设计的成功与否很大程度上取决于设计师因素。如果客户及市场不接受设计师的设计与技术开发，那么整个季度的设计都会失去经济价值。所以，市场分析与流行趋势资讯收集显得特别重要，莱尔尚的设计人员将从多方面收集、分析、归纳诸如色彩、材料、流行趋势等信息，集思广益，读懂市场，紧贴市场。

（2）高端客户对技术要求非常严苛。鞋楦、鞋帮、鞋底的造型和结构若有一处达不到预期技术要求，莱尔尚的接包商地位就会被代替。因此，莱尔尚对研发经费的投入呈上升趋势，经费的投入用于硬件的改造及软件的升级，以确保科研开发实力得到持续加强，企业科技研发实力在行业一直处于领先地位。

（3）行业出现萎缩使外包接单风险增加。近年来，欧洲、北美鞋业市场需求疲软，经济危机已经让很多鞋商陷入了困境之中，海外订单在萎缩，转向内销市场可能会成为莱尔尚的下一步战略。

参考资料：
东莞莱尔尚鞋业有限公司提供的资料。

欧司朗：以技术研发带动外包服务全方位发展

> **服务提供商：** 欧司朗（中国）照明有限公司
>
> **业务类型：** 以技术研发服务（KPO）为主，涵盖财务外包、法律咨询管理、企业内部管理咨询、IT技术管理咨询。
>
> **亮点推介：** 企业选择服务外包通常被理解为将自身非核心业务进行外判执行。然而，这个理解与欧司朗的实践有明显的差异。欧司朗（中国）的外包服务是从其最核心的产品技术研发开始的，现已经覆盖到众多职能部门，其目标是要把服务外包业务做大、做强、做深、做精。
>
> **业务发展特点：**
>
> 业务类型丰富；
>
> 外包服务客户分布广泛；
>
> 外包服务业务量大、发展迅速；
>
> 业务技术含量高、附加值高；
>
> 离岸业务占比高。

服务提供商

欧司朗是世界两大光源制造商之一，总部设在德国慕尼黑，并在17个国家共设立了46个生产基地，其产品线涵盖了小至零部件的整个价值链：包括灯泡、电子控制装置和光电半导体［如发光二极管（LED）］，灯具、照明管理系统和照明解决方案。其客户遍布全球近150个国家和地区。欧司朗（中国）照明有限公司［简称欧司朗（中国）］成立于1995年，总部位于广东佛山。目前，欧司朗在中国共设有五个生产基地和三个研发中心，在各地设有超过40个销售办事处，在华员工总数超过8 000人。凭借着创新的照明技术和解决方案，欧司朗不断开发人造光源的新技术和新品种，产品在公共场所、办公室、公司、家庭以及汽车等各照明领域被广泛使用。欧司朗的所有产品和服务均符合ISO9001&TS 16949质量认证和ISO14001环境认证，产品被广泛应用于诸如"鸟巢"、世博中国馆、广州国际金融中心等大型地标项目。

欧司朗（中国）早在2003年就已经开始向国外提供产品研发技术服务，2006—2007年间，外包服务的范围已扩展到多个职能部门，外包服务业务开始全面发展。

行业地位

欧司朗（中国）的外包服务在佛山地区处于绝对的领头羊地位，其离岸合同的执行额接近全市的50%。

在全球范围内，欧司朗（中国）的产品技术研发力量在同行中处于领先地位，主要为欧司朗集团提供产品技术研发服务，不仅服务于亚洲市场，也服务于照明产品技术领先的欧美市场，为欧司朗品牌的不断创新提供强大的动力。

在国家认可实验室检测能力上，欧司朗（中国）在同行中极具优势，其拥有中国合格评定国家认可委员会颁发的实验室认可证书，可对外承担指定电光源产品的检测服务。该实验室对指定电光源产品的检测结果，是得到国家机构的认可的。

欧司朗是一家百年德国企业，依托母公司，欧司朗（中国）提供财务服务、法律咨询管理服务、企业内部管理咨询服务等各项精益求精的外包服务。多年来，一直致力于流程优化，对从业人员不断进行各类培训，业务能力处于行业领先水平。

业务发展特点

1. 业务类型丰富

欧司朗（中国）提供的外包服务类型包括产品研发、知识产权、法律咨询、合同管理、财务、质量管理、营销、售后服务、采购、供应链、物流、订单处理、数据管理、软件技术、网络系统等，涵盖了技术性知识流程外包（KPO）、业务流程外包（BPO）和信息技术外包（ITO）等各种类型（见表1）。

表1 欧司朗（中国）提供的外包服务类型与内容

类型		外包服务内容
技术性知识流程外包（KPO）	技术研发服务	产品技术研发
业务流程外包（BPO）	财务外包服务	财务记账与财务控制服务
	法律咨询管理服务	知识产权服务
		法律咨询与合同管理
	企业内部管理咨询服务	产品产业化、生产、工艺研发设计服务
		行政管理服务
		质量控制和管理，工艺管理，质检系统维护
		营销策划管理服务、售后管理服务
		采购、供应链计划与管理、物流及订单处理服务
		数据管理和创建服务

79

（续上表）

类型		外包服务内容
信息技术外包（ITO）	IT技术管理咨询服务	SAP软件支持

2．外包服务客户分布广泛

欧司朗（中国）的外包服务客户分布在德国、美国、韩国、日本、印度尼西亚、泰国、马来西亚、新加坡、菲律宾、澳大利亚、南非、杜拜、印度，以及中国的台湾、香港、昆山、广州、绍兴、无锡等国家和地区。

3．外包服务业务量大、发展迅速

欧司朗（中国）在2007—2012年的六年间，共实现外包服务额九亿四千万元，年均增长率在两位数以上，发展态势稳定、良好。到2012年，外包服务额超过三亿元，是2007年外包服务额的七倍多（见表2）。

表2 2007—2012年欧司朗（中国）外包服务业务增长情况

年度	外包服务额（万元）	比上一年度增长（%）
2007	4 039	—
2008	8 140	101.54
2009	9 154	12.46
2010	15 910	73.80
2011	25 977	63.27
2012	30 894	18.93
总计	94 114	

4．业务技术含量高、附加值高

欧司朗（中国）的外包服务深入电光源产品技术研发、产品检测服务等领域。

5．离岸业务占比高

欧司朗（中国）的外包服务大部分为离岸业务，2012年的离岸业务占业务总额的97.8%。

外包人才结构与培训

随着外包服务的快速发展，截至2012年底，欧司朗（中国）从事外包服务的人员已有861人，其中，本科以上学历的占比高达75.1%，硕士及以上学历的也占到12.3%（见表3）。

表3 欧司朗（中国）外包服务人员结构（2012 年）

从事外包服务的人员学历	人数（人）	占外包服务人员总数的百分比（%）
本科以下学历	214	24.9
本科学历	541	62.8
硕士及以上学历	106	12.3
合计	861	100

2012 年 7 月—2013 年 6 月，欧司朗（中国）为从事服务外包的员工提供了多达 2 184 次外部及内部培训，平均每人 3 次，总培训费用逾 200 万。欧司朗（中国）对员工的培训是多种多样的，例如公司自 2000 年开始实施《继续教育补贴政策》，为员工提供多途径发展通道。2012—2013 年，有两位从事服务外包的员工获得入学资格，公司为其补贴学费 10 万元。为满足离岸外包服务业务需要，2012—2013 年间欧司朗（中国）与英孚教育合作开展针对员工的英语培训，公司共计派遣 44 位从事服务外包的员工参加。同时，为发展高层次的专业人才，欧司朗（中国）为符合条件的员工提供海外培训的机会。2012—2013 年共计派遣 24 位从事服务外包的员工参加海外培训（见表4）。

表4 欧司朗（中国）员工培训情况（2012 年 7 月—2013 年 6 月）

培训总人次（人）	总小时数（时）	总培训费用（元）	人均培训次数（次）	人均小时数（时）	人均费用（元）
2 184	23 799	2 429 790	3	28	2 822

商业价值

大力发展服务外包产业，是企业向多元业务转型的重要战略，可以提升企业的核心竞争力。欧司朗（中国）目前已集制造基地、销售基地和服务基地于一身，是从事服务外包的企业中的一个典型，其外包业务的发展为整个行业和地区带来了一定的优势。具体包括：

（1）强大的产业链示范作用，通过业务模式创新，探索带领地区行业、企业升级转型。

（2）不断培养大批高质素、具有综合能力的人才，增强员工业务能力和综合能力，为行业的发展培养和储备人才力量。

（3）扩大业务范围和服务产品，增加税收，为地区发展作贡献。

（4）提供更多的就业岗位。

发展规划

初期，企业选择服务外包通常被理解为把非核心业务进行外包。然而，这个理解与欧司朗的实践有明显的差异。欧司朗（中国）的外包服务是从其最核心的产品技术研发开始的，直至今天，已经覆盖众多职能部门。

1. 发展目标

（1）做大，是指把服务外包业务范围进一步扩展到更多的职能部门，例如税务、资金管理等，从目前欧司朗集团的"亚太共享服务中心"发展为"全球共享服务中心"。

（2）做深，是指从目前生产技术密集型服务发展为集生产技术、专业咨询、管理顾问及人才培养等于一体的全方位解决方案服务。

（3）做精，是指通过人才综合技能培养和流程的进一步优化，向发包企业提供更优质的服务。

2. 发展规划

（1）短期规划。构建亚太区域企业管理中心，集中并优化区域管理职能与资源，输入先进管理知识及经验，在本土培养高端管理人才。

（2）中期规划。扩大照明技术研发中心，强化与国内科研院校的合作。进一步深化 LED 照明技术研究，并加大对具有革命性、前瞻性的技术的开发投入。

（3）长期规划。发展成为欧司朗全球企业管理一体化解决方案服务中心以及集团内部人力资源银行，为集团企业的高效运营输出卓越服务及优秀人才。

参考资料：

1. 欧司朗（中国）照明有限公司提供的资料。
2. 欧司朗（中国）官网：http：//www. osram. com. cn。

三星：带动上下游产业链向知识型转化发展

> **服务提供商：** 广州三星通信技术研究有限公司
> **业务类型：** 技术研发服务（KPO），具体为移动通信技术研究开发、软件产品开发以及相关的电子信息技术转让、技术咨询、技术服务。
> **亮点推介：** 广州三星是世界 500 强企业在华成立的最大的手机研发机构，其通过引进母公司先进的管理经验和精益流程，成功实现离岸外包业务的快速增长，并带动本地手机上下游产业链发展。
> **产业链效应：**
> 带动广东手机研发技术从二代通信技术向三代及后次代技术发展；
> 促进本地生产加工供应商从劳动密集型向知识型发展。

服务提供商

广州三星通信技术研究有限公司（简称广州三星）于 2010 年在广州开发区科学城注册成立，是世界 500 强韩国三星电子集团在华成立的最大的手机研发机构，致力于在中国本土研发面向全球市场的手机，业务领域涵盖移动通信技术研究开发、软件产品开发以及相关的电子信息技术转让、技术咨询、技术服务等。目前以承接韩国三星电子集团手机研发外包为主营业务，全部为离岸外包业务。

在几年时间内，广州三星已发展成为除韩国三星电子以外最大的全球三星商用手机的研发基地，研发团队将近 1 300 人，其中 90% 以上为本科以上学历，20% 以上为硕士、博士学历，主要分布在移动通信、电子设计、计算机软件及结构工艺等环节，专业结构合理，具备软件开发、硬件开发、结构开发、软件测试、可靠性分析、制品检测等手机开发阶段全程研发能力。

广州三星拥有大量的业界领先水平的高精密仪器，建设了多个专门实验室，配备了上亿元由世界知名厂商生产的专业手机研发设备，分布在卫星定位、音频、视频、天线、可靠性验证等各个专业开发领域。自成立以来，广州三星坚持不懈的创新，不仅对当前的手机技术如适用于第二、三代移动通信标准的手机技术进行研发创新，还对未来可能具有前景的通信技术进行先行研究，打造多个具有自主知识产权的优秀终端产品。至今已产生 90 余件专利申请，获得 1 项发明专利权、20 项实用新型专利权、1 项软件著作权，其中发明占绝大部分，专利全面涉及终端的软件、硬件、结构及附件各个方面。

目前，广州三星已获得"国家技术先进型企业""广东省服务外包示范企业""广东省重点软件出口企业""广东省软件企业 100 强""广东省知识产权优势企业""广州开发区专利创造 20 强单位"等资质和荣誉。

业务发展现状

凭借优秀的外包人才及研发设备与环境，广州三星为母公司提供了优质的手机研发接包服务，并取得了对方对其服务水平和质量的信任，在成立后三年内与发包方的业务合同新签额和执行额逐年快速并稳定增长。

2010 年至 2013 年广州三星离岸合同执行情况

年度	执行金额（万美元）	年增长率（%）
2010	1 792.4	—
2011	3 848.4	114
2012	5 830.9	51
2013	8 400	44

通过广州三星的研发服务，韩国三星电子集团为全球各个国家的主流运营商提供质优价廉的手机特别是智能机。截至 2013 年 8 月，广州三星为发包方研制完成的机型达 135 个，总计销售量达 9 000 万台。

产业链效应

自成立以来，广州三星积极引进母公司手机研发的管理经验和精益流程，有效促进了本地手机研发设计能力。在公司成立之前，中国地区并未有一个上规模的专业手机开发设计机构和研究所，广州三星设立后，带动了广东省手机研发技术从之前的二代通信技术向三代及后次代技术迅速发展。

同时，韩国三星电子集团通过将业务发包给广州三星，实现了三星手机在中国本地开发、本地采购、本地生产，带动和培养了广东大批优秀人才和优质供应商，推动和丰富了本地手机上下游产业链的发展，促进了广东手机产业的发展。例如，珠江三角洲的一些电子零配件供应商之前停留在简单的加工生产和组装上，成为三星的供应商后，大大加快了自身生产线的升级换代，从劳动密集型向知识型发展。

此外，广州三星还积极与高校开展"产学研"合作，极大提升了科研水平实验化能力和产出比。

外包人才培训工作

承接手机研发服务的世界级机构，必须重视培养外包人才的归属感、自豪感，加强手机研发技术的能力，提高中高层管理者、核心人力的管理水平、执行力和革新能力以及提升员工的综合素质等，以保质保量完成外包业务。为此，广州三星展开了全方位、多层次的员工培训，建立了一套较为完善的培训体系。每位员工入职后，均将先后集中接受企业文化类/管理技能类培训，并循序渐进地接受业务技能系列培训。这将不断提升员工的研发能力，提升公司的接包能力。

1．专业技术类培训

由于主营业务技术含量高，广州三星邀请了国内外专业培训机构、韩国总部有关专家、重点高校专业教授、供应商高级技术讲师等授课，同时结合以高级研发人员为主的自培内训、在岗培训等，充分传授基础理论知识和业务提升技巧。

2．企业文化类/管理技能类培训

企业文化类/管理技能类培训是发包商极为重视的培训内容之一，广州三星采用封闭式集中培训方式，由集团总部集中指导运营或在总部的指导下，由广州公司自主运营。

3．其他素养培训

广州三星还为员工提供语言、办公软件技巧、月度讲座、户外扩展、讲师技巧、网上教育等综合素养方面的培训。

发展规划

广州三星由成立之初的低端智能手机起步，正稳健地向高端智能手机发展，2013年以中高端智能手机技术为主，进行全型号产品线的研发。随着研发能力的提高，2014年进行高端智能商用手机产品的研发，并适时导入4G后续次代高新技术，打造三星旗舰级产品开发能力，最终目标将实现承接韩国三星电子集团 Global CDMA Feature Phone 所有产品的开发以及旗舰级以外所有 CDMA 智能手机项目的开发。

在未来的发展过程中，广州三星将进一步扩大规模，强化研发能力，充分发挥手机研发基地的作用，在成功完成本地化开发组织建设的同时，迅速应对市场变化，研发满足全球消费者需求的手机产品。实现此目标的重点在于利用前沿技术进行创新性研究。

接下来，广州三星将完成每年100个以上课题的研发任务，实现年产100个创新性专利的目标，这将提高产品性能和用户体验，促进市场销售，满足三星品牌全球各地域商用型号的开发需求。

参考资料：
广州三星通信技术研究有限公司提供的资料。

第四章 呼叫中心外包

引 言

外包服务是整个呼叫中心产业的主流商业模式。作为一种能充分利用现代通信手段和计算机技术的全新现代化服务方式，呼叫中心外包在电信、金融、运输、政府和公共服务部门等获得广泛应用。呼叫中心外包业务基于庞大的呼叫中心产业链，从产业链的每个环节衍生出各种类型的外包服务，业务形式有呼叫中心技术，业务受理、投诉受理、客户服务、市场调查，呼叫中心管理咨询；呼叫服务包括语音类业务和非语音类业务；承接方式涉及人员外包、委托建设及管理、业务合作等。外包性质既有全外包模式，也有部分外包模式；外包时间有长期战略外包，也有短期外包。

呼叫中心起源于美国，美国是目前全球呼叫中心产业最为发达的国家，不但拥有一大批赫赫有名的呼叫中心设备制造公司和软件开发公司，还具备众多的呼叫中心运营管理机构和人才，形成了完整的产业链条。随着近年来全球经济不景气和欧美市场逐步饱和，为降低运营成本，欧美企业不断将呼叫中心业务向海外转移，拥有低廉劳动力、国内产业发展良好及具有英语优势的发展中国家成为首选之地，全球呼叫中心产业呈现出新的市场格局及发展趋势。亚太地区和非洲正逐步成为呼叫中心行业发展的重要引擎，印度、菲律宾、墨西哥、南非、尼日利亚等新兴的呼叫中心市场快速增长。

呼叫中心是我国服务外包行业发展得最为成熟的细分产业之一，其市场准入门槛相对较低，伴随着市场需求的不断增大，可有效拉动本地就业，具有良好的经济效益和社会效益，获得国内众多服务外包城市及园区的青睐。

当前，我国呼叫中心服务产业市场竞争异常激烈，诸多企业陷入恶性竞争的漩涡中，产业发展误区及问题逐步暴露。例如，同质化竞争、管理人才奇缺、人员流失严重、缺乏行业标准等。其中，最为核心的同质化竞争问题严重阻碍了整体产业的提升和发展。特别是近年来人民币升值及劳动人员工资不断上涨，呼叫中心产业的成本优势不复存在，成本导向型的呼叫中心业务发展遭遇瓶颈，亟须业界重新探寻科学的升级和发展路径，抢抓国际市场商机。

　　本章选取了五个标杆企业：盛华以港澳地区大型电信运营商为突破口，运用成本差转移离岸服务外包需求，在深度与广度间寻求发展平衡点；思科凭借领先的网络技术和创新理念，引领行业搭建起灵活、智能、统一的呼叫中心平台，有效扩展客户服务多元化交互渠道；润宝开创残疾人大规模就业与客户联络中心运营相融合的就业新模式；品铎提供全球领先的客户关系管理解决方案和客户联络服务，以客户满意度决定市场标准；汇丰环球客服在全球范围内把人、设备及网络用产业专业知识、流程处理技能和科技完美结合，实现商业价值最大化和客户体验最优化。这些企业的服务模式和发展路径在一定程度上代表了各自细分领域的最佳实践。

盛华：大胆探索各行业离岸业务无缝衔接

服务提供商： 广州盛华信息有限公司

业务类型： 信息技术外包（ITO）、业务流程外包（BPO），具体为客户关系管理（CRM）与呼叫中心外包服务。

亮点推荐： 适时转型，以港澳地区大型电信运营商为突破口，运用成本差转移离岸服务外包需求；逆势而行，寻求发展模式在深度与广度间的平衡点，通过技术研发和运营模式的创新，实现各行业离岸业务的无缝衔接。充分依靠和发挥粤港澳合作的优势，多元化开拓外包市场，引进境外大型项目并使其扎根于广州。

服务模式：

传统型服务模式：7×24小时的热线服务和内置秘书（呼入类）、电话营销和市场调查（呼出类）以及数据处理等；

创新型服务模式："在线客服"平台应用、微基站等。

服务提供商

广州盛华信息有限公司（简称盛华）是国内最具规模的客户关系管理（CRM）及呼叫中心的服务外包提供商之一，也是国内第一家上市的 CRM 供应商，其可称为国内 CRM 外包服务业的先驱。公司以资料仓库、数据挖掘为手段，以 Call Center 为门户，结合其他多媒体统一通信服务平台，整合社会资源数据库，在充分分析客户特征及行为的基础上，提供全方位、个性化的客户管理服务。

盛华前身为天龙秘书传呼台（为当时全国第一家秘书服务台），创建于2000年。创建之初，国内寻呼业务发展迅猛，盛华已意识到国内市场的发展瓶颈，开始思索如何运用成本差把港澳地区的外包需求转移到广州，建立了公司第一个离岸服务外包运营中心。自2003年起，港澳地区大型的电信运营商陆续向盛华广州外包中心转移。经过几年的磨合和谈判，盛华依靠稳健、全面的解决方案规划与实施，得到了外包商的充分认可和信任，其承接的业务需求均为全权外包，甚至是核心业务外包。盛华于2005年在越秀区增设了第二个外包运营中心，2005—2007年间，盛华外包业务的规模、种类和涉及范畴明显增长。

2008年以后，盛华在巩固电信业离岸外包市场的同时，又开始将服务触角拓展到非电信类的离岸外包市场。凭借业务规模和多年来数据分析、客户关系管理、市场营销、秘书服务等个性化、技术化、专业化的管理经验，特别是电信类成功的外包案例及业内美誉度，盛华在拓展非电信外包市场中得心应手。公司对非电信行业外包需求进行深入剖析，与外包商由浅至深地阐明成本、效率和市场占有率等动力因素，经过不断的努力，多个离岸非电信类外包需求逐步变成了成功的外包案例，如连锁餐饮业、零售业和金融业等。此刻，离岸非电信类的外包市场大门也被盛华成功打开。为进一步给客户提供更具国际水平的个性化客户关系管理及增值服务，2011 年盛华在荔湾区设立了第三个客户服务中心。

目前，盛华已成为中立的、全行业客户服务中心解决方案的供应商，为国内外众多知名企业提供长期、优质的呼叫中心业务服务，积极与客户合作制定新市场推广策略及商业模式，在中国大陆、香港及澳门的市场中具有举足轻重的影响力，长期合作的大型公司包括香港和记环球电讯、香港和记电讯、澳门和记电讯、广东联通、香港电讯数码、香港电讯盈科、携程、加拿大 TIMES TELECOM、平安保险等。2009 年盛华被认定为广东省首批技术先进型企业，并被评选为 2012 年及 2013 年中国服务外包 100 强成长型企业。

市场背景

在当今以客户个性化需求为中心的市场竞争环境中，传统、规模小、提供单一服务的企业内部部门客服模式已难以为继，一方面，造成人员和设备冗余，资源浪费；另一方面，集成度差，信息不能共享，销售、市场、制造、库存等部门信息各自分散，难以在统一的信息基础上面对客户，更不用说对客户信息进行管理和开发运用。

因此，如何提供更优质、更及时的客户服务，如何开展高效精准的市场营销策略，如何智能化挖掘客户数据以提升业务发展水平等问题，使专业的客户关系管理中心或呼叫中心作为强有力的商业竞争工具应运而生。呼叫中心日益成为各行各业新型的服务模式，它以开发整合信息资源、充分利用现代互联网和 IT 技术的优势，快速提升客户服务的针对性、广泛性、实时性和灵活性。

服务模式

1. 传统型服务模式

目前盛华为香港和记电讯、和记环球电讯、电讯盈科、电讯数码，香港肯德基和屈臣氏等多个领域的客户，提供 7×24 小时的热线服务和内置秘书（呼入类）、电话营销和市场调查（呼出类）以及数据处理等外包业务。具体业务内容为：

（1）呼入服务：由一系列客户热线服务组成，其中包括一般查询、技术支持、宽带连接安排、服务安装、账号启动、用户基本数据更新、账号查询、账号终止、下单订购及 BIS 服务。BIS 服务即盛华给公司客户的服务用户提供个性化的讯息收发服务，由盛华公司的话务员代为接听通话，然后通过 SMS 将主叫方留下的讯息传送至服务用户手机，用户可致电 CRM 服务中心查阅及留下讯息，或设定提醒服务。

（2）呼出服务：由电话销售服务和市场调查服务组成。一是通过电话销售服务，话务员主动向潜在及现有用户促销产品及服务；二是市场调查服务，话务员代表其客户用电话进行调查，有效收集数据，如服务及产品反馈、改进建议及潜在投诉意见。

2. 创新型服务模式

外包呼叫中心是一个竞争极为激烈、利润水平较低的领域，这也驱动着盛华不断进行变革创新，设计创造出"在线客服""门户网站""三屏融合"等新型、多元化的解决方案，以迎合市场变化的需要，刺激更新、更丰富的外包需求。

（1）在线客服。在运营、人力和培训等成本持续上升的环境下，盛华率先在香港电信市场推出了具有自主专利保护的"在线客服"平台应用。到2012年，超过400万香港和记电讯的用户通过其电脑、平板电脑和智能手机等终端，免费享受盛华所提供的客户服务、销售、导购和更多的增值服务，进一步促进了电信业与其他消费领域的融合，巩固并扩大双方的合作关系。

（2）微基站。盛华与香港肯德基合作开展"智慧生活"计划。在香港所有的肯德基餐厅，将有计划地铺设微基站（MAXBOX），消费者可通过手中的电脑、平板电脑、智能手机及其他电子设备，轻松获取丰富的商盟资讯、品牌杂志、优惠积分、在线客服、无线冲浪和游戏娱乐等网络应用。

核心优势

一直以来，离岸发包商密切关注着呼叫中心服务商承接项目的技术、经验和灵活度。谁可以从技术上实现离岸的无缝对接，可以兼顾多种复杂的外包需求，可以承受项目的弹性运营，谁就可以得到离岸发包商的信任。规模化的灵活运营、多技能的员工和多种服务语言，始终是盛华持续稳步发展的法宝。

1. 规模经济

盛华以高效而流畅的服务实现规模经济。公司通过专有系统，以最佳方式将队列中的通话转至下一空闲话务员，以此缩短主叫方等候时间及增加所处理的通话数量，亦不损及公司的优质服务。该规模经济可降低经营成本，从而使公司比香港、澳门及中国其他的CRM服务供应商更具竞争力。

2. 多种服务语言

盛华市场主要定位为香港、澳门及内地大型公司CRM服务供应商，话务员必须拥有三种语言能力，即粤语、普通话及英语。因此，广东地区成为招聘符合此语言要求的话务员的最佳选择，公司在广东的CRM服务中心获得独一无二的业务优势，令在国内其他省份经营呼叫中心业务的竞争者难以媲美。除具有地域优势外，公司还通过审慎投资及投入时间，培养能提供英语服务的话务员团队，以符合有该类需求的客户所需，并为可能选择此类服务的其他客户增加价值。

3. 强大的研发技能

盛华特别强调服务质量的控制，并紧贴最新市场趋势及技术发展，从而不断增强行业竞争力。公司研发部门为 CRM 服务中心的运作开发合用软件系统，以提高效率并满足其客户的需求。此外，通过积极的技术研发和运营模式的创新，大胆地与各个行业的合作商开展业务衔接，拥有一支专业而强大的研发和技术团队，能够针对发包商的要求进行个性化的研发和对接。

大型项目经验

盛华具有丰富的业务产品线，驱动其在规模支撑、可增容性、运营管理等方面精益求精。

项目一：大型电信运营商

2005 年，盛华与香港一家大型电信运营商（移动电话）开展项目合作。在短短半年内，完成电信运营商整体座席的转移和增容计划，每天为香港和澳门超过 250 万的移动电话客户提供 7×24 小时的热线服务及数据库处理。

同年，盛华与香港某大型电信运营商（固网电话、国际 IDD 和宽带等）开展热线服务及后勤数据处理的合作。基于大量座席的热线及数据处理规模，面向全球超过 130 万的客户提供固网电话、国际 IDD 和宽带等服务，使该公司成本得到最大限度的节约，服务素质也获得大幅提升。

项目二：大型餐饮企业

2008 年，针对餐饮行业外包业务的弹性需求，盛华围绕发包商业务难于统一管理、餐厅效率受到困扰的问题，大胆提出电话服务及数据处理中心概念，将电话服务和餐厅进行分离，由电话中心统一处理客户的需求，再经过数据处理和分派，指令餐厅进行后续工作。由此，盛华全权承接香港某大型餐饮连锁公司香港地区的所有入线订餐业务。盛华凭借其系统支撑、规模处理与应急能力，灵活处理相应座席的浮动系数，尤其是妥善地处理了重大节日及运营高峰的资源配合。

项目三：大型连锁超市

随着外包合作的展开与深化，盛华与香港某大型连锁超市开展合作。在项目运营中，盛华掌握座席的变化规律，灵活运用规模运营的优势，妥善处理了项目的入线运营。后来，该超市推荐由盛华负责外包运营管理其国内客户服务热线和入线订货项目。

项目四：大型个人消费品商店

从 2008 年起，盛华开始为香港某大型个人消费品商店全国近 600 间店铺、486 万VIP 客户提供客户服务热线、VIP 客户专线的外包服务，随后，盛华也为其香港地区的客户服务热线、VIP 客户专线提供专业的外包服务。

商业价值

一提到客户管理服务外包中心或呼叫中心，很多人习惯性地就会想到电信、金融以及保险等传统行业的应用。但随着社会的发展，信息、能源、医药、物流等行业逐渐与人们的日常生活关系密切起来，因此，服务也成为理所当然的需求。此外，在服务需求不断加大的趋势下，像旅游业、制造业、政府（应急系统、税务、工商）等也将是重点需求领域。

现在很多服务外包中心在企业内的作用正在向纵深发展，除传统的咨询、受理、投诉等服务外，它们开始承担更多的业务，使其成为能提供全方位服务的空中渠道。国内银行业中领先的呼叫中心，除了提供咨询、投诉、查询等基本的服务外，还大力发展转账、电话缴费、电话支付等服务，同时还准备在服务外包中心开通用卡申请、贷款申请等服务，逐步分流物理网点的业务量，形成多元化的服务渠道体系。

市场拓展战略

服务外包领域通常有一种做法，即服务供应商向垂直行业深入，通过服务垂直化和专业化为客户提供更具价值的服务。而盛华却在电信行业拥有优势后，大力进军旅游、保险等行业，似乎在走与产业趋势相反的路，盛华在市场开拓上是基于何种考虑呢？

盛华总经理李燕认为：外包呼叫中心应广泛向所有需求企业提供一种量身订制的服务，服务的垂直化是行业的深度发展，不应局限于行业的广度发展，也只有以这样的一种服务理念，才能更好地展现服务外包的概念。在公司的发展模式上，盛华致力于寻求深度与广度的平衡点，以无形的服务模式来适应各种有形的行业需求。

客户服务行业及其业务运作模式必然存在很多共性之处，而如何能够将这些技术顺利地对接到各个行业中，盛华认为这是长期标准化、流程化、精细化运作之后公司的精髓所在，并将致力于锤炼这些精髓。从这个角度来讲，呼叫中心服务对行业知识和行业经验的要求亦随之大大提升。

参考资料：

1. 广州盛华信息有限公司提供的资料。

2. 盛华官网：http：//www. cn-elite. com。

3. 《以技术研发与模式创新打造呼叫王国——访广州盛华信息有限公司总经理李燕》，http：//chinasourcing. mofcom. gov. cn/contents/93/39135. html。

思科：引领 IP 客户呼叫中心技术行业发展新趋势

> **服务提供商：** 思科系统（中国）网络技术有限公司
>
> **业务类型：** 信息技术外包（ITO）、业务流程外包（BPO），具体为客户关系管理（CRM）与呼叫中心外包服务。
>
> **亮点推荐：** 思科凭借领先的网络技术和创新理念，引领行业搭建起灵活、智能、统一的呼叫中心平台，有效扩展客户服务多元化交互渠道。
>
> **市场背景：** 随着 IP 语音通信技术的日趋成熟，IP 客户呼叫中心技术在平台的灵活性、扩展能力和分布部署等方面有着明显的优势。以全 IP 平台为架构基础的 IPCC 系统将成为呼叫中心建设的发展方向和趋势。
>
> **服务内容：** 思科 IP 呼叫中心解决方案（Cisco IPCC）功能包括智能呼叫路由、ACD 功能、网络到桌面 CTI、IVR 集成、呼叫排队以及综合报告等，可广泛用于货运快递、电视购物、政府公共事业、连锁店、电力、银行、证券、媒体、医药、旅游、快速消费品等行业的客服系统和在线销售外呼系统。

服务提供商

思科公司（CISCO）是全球领先的网络解决方案供应商，在目前国内全套 IP 客服中心领域拥有最多的用户。自 1994 年进入中国以来，思科不仅将先进的网络技术、产品和理念带入中国，也通过大量投资直接或间接地推动了中国创新产业的发展。

思科先后在北京（1994 年 8 月）、上海（1995 年 9 月）、广州（1996 年 3 月）、成都（1996 年 5 月）等地设立了代表处。1998 年建立思科系统（中国）网络技术有限公司，统领思科在华各项业务。2005 年，思科中国研发中心在上海正式启用，致力于提高针对中国和全球市场的研发和产品定制能力。2006 年 2 月，思科在北京成立了思科系统（中国）信息技术服务有限公司。2006 年 11 月，思科（中国）融资租赁有限公司在京成立，成为国内首家为客户提供融资租赁中长期财务解决方案的网络设备公司。目前，思科在中国的分公司多达 14 个，员工超过 3 000 人，分别从事销售、客户支持和服务、研发、业务流程运营和 IT 服务外包、融资及制造等领域，不断完善在中国的各项业务和支持体系，引入全球范围的先进理念和成熟实践。

市场背景

在当今竞争异常激烈的商业环境中，建立灵活、智能、统一的客户联系中心已是企业发展的必然趋势。除传统的电话和面对面交流外，互联网提供了许多全新的交互渠道，客户希望通过自己选择的交流方式自由、灵活地与企业交互，这在增加商业机会的同时，也带来了不少挑战。例如，对外没有一个统一的服务请求接收平台，各部门"各自为政"；服务请求缺少统一的处理流程，业务处理状态无从跟踪；没有统一的服务标准和完善的评估办法，客服水平参差不齐，客户满意度不佳；苦于初期投资较高、IT维护较复杂等因素，对建立"服务现有客户、发展新客户"的现代化呼叫中心望而却步。

将PSTN与基于Web的通信渠道集成在一起是改善客户服务和提高客户保留率的关键。但是，受专用语音交换设备的限制，公司的语音设备难以与基于Web的新交互渠道集成在一起，基于TDM的平台不能与新媒体通道无缝对接在一起，如Web协作、文本聊天、电子邮件和视频等都是21世纪的客户呼叫中心所需要具备的。因此，如果只依靠原来的TDM平台在一个电话中心满足客户服务目标，不但极为复杂而且成本很高。

随着IP语音通信技术的日趋成熟，IP客户呼叫中心技术在平台的灵活性、扩展能力和分布部署等方面有了明显的优势。以全IP平台为架构基础的IPCC系统成为呼叫中心建设的发展方向和趋势。

服务内容

思科IP呼叫中心解决方案（Cisco IPCC）旨在帮助企业提升销售、客户服务和信息化管理等方面的水平，优化工作流程，提高工作效率，可广泛用于货运快递、电视购物、政府公共事业、连锁店、电力、银行、证券、媒体、医药、旅游、快速消费品等行业的客服系统和在线销售外呼系统。Cisco IPCC提供了一种将VoIP引入联系中心的出色迁移战略，同时保护了公司的原有投资，功能包括智能呼叫路由、ACD功能、网络到桌面CTI、IVR集成、呼叫排队以及综合报告等。该平台以IP为中心的体系结构允许轻松拓展联系中心企业的范围，可部署在单点与多点环境中。

1. 思科IP呼叫中心解决方案的功能

（1）快速上线：通过简单快速的安装调试即可使用，短时间内即可看到效果，从而避免了大量和长期的人员投入。

（2）简单易用：包含典型客户服务业务、营销业务、回访业务，操作简便，能够让完全不熟悉呼叫中心的人员在短期内即可上手。

（3）功能齐全：提供完全基于思科平台的路由、排队、CTI、IVR、报表、录音等呼叫中心基本功能，提供和腾讯CRM的无缝整合，为企业拓展在线客服渠道。

（4）安全可靠：设备统一、系统稳定，少量IT人员即可维护。

（5）拓展灵活：满足 10~300 座席的容量需求，可以按需规划，灵活部署。

2. 思科呼叫中心平台的技术优势

完全基于网络架构的纯 IP 呼叫中心平台，符合语音和呼叫中心的发展趋势。

（1）支持全套呼叫中心功能的整合方案：

①基于技能和预计等待时间的呼叫路由和排队。

②自动语音应答功能（IVR），支持数据库集成和 TTS/ASR。

③中文座席软件，支持屏幕弹出。

④中文大屏幕 IP 电话，或 IP 软件电话。

⑤座席按需录音和回放，班长席监听、培训。

⑥中文实时、历史报表系统和报表定制工具。

（2）支持增强的呼叫中心应用功能：

①预览式外拨功能。

②Web 座席。

③Email 座席。

（3）简单的平台组成：

①纯软件系统，无须大量专用的板卡等硬件。

②同思科路由器和网络设备紧密集成。

③扩容升级简单方便，只需增加软件 License 即可。

项目案例

案例一：思科基于 IP 的联系管理系统（IPCC）落户中国人寿

发包商：

中国人寿作为我国寿险业的龙头老大，服务网络机构齐全，在经营手段、营销策略和服务水平方面拥有显著的优势。在发展壮大的同时，中国人寿利用成熟的 IT 技术和解决方案，建立起满足客户需求的新一代服务体系，依靠全新经营手段提高企业核心竞争力，应对来自国内和国际竞争的挑战。

合作背景：

随着金融产品间差异的逐渐缩小，客户越来越倾向于根据服务质量和提供的建议来选择金融服务公司，这就要求金融机构必须以客户为中心，深入了解客户的金融需求。

中国人寿认为，制定经营发展战略和规划时必须以客户为中心，希望新建的客户服务中心可以帮助企业获得更广泛的客源，实现高质量的寿险服务。

中国人寿选择了思科 IPCC 建立在数据、语音和视频三网合一架构之上的解决方案，在保障企业与企业、企业与客户之间关系，企业内部效率和保险业务 e 化的同时，迅速建立起多角度、多途径的联系中心，广泛覆盖寿险客户、合作伙伴和内部员工，使之更加灵活、快速地拓展客户服务的触角，将座席分布在任何希望部署的区域，更加方便灵活地适应组织机构的重组，快速应对市场的变化。

IPCC 将不再局限于传统的 PBX 和电话，从根本上满足了中国人寿在国内提供统一的服务策略、一致的客户服务体验的要求，为中国人寿建立完善的服务体系提供了重要基础。

服务成效：

第一，实现统一的资源调配和管理。中国人寿由于业务人员、咨询专家、分支机构管理人员、合作伙伴等企业资源以各种形式分布在不同的地理位置，形成了分布式资源与集中管理之间的矛盾。呼叫中心将集团分布在全国各处的企业资源灵活、有机地组织在一起，整体响应各种服务请求。

通过制定统一的管理策略，IPCC 实现了呼叫中心运营管理中的完全统一和集中，这既能够满足集中化统一管理的需要，又可满足各地市由于语言、本地业务、区域状况等特殊情况形成的不同需求。

第二，实现一致的客户体验。新建的中国人寿 IPCC 呼叫中心，使中国人寿建立起清晰的联络管理框架体系，通过 IP 技术将数据、语音和视频在底层实现了彻底整合，承担对客户的一致反馈。将服务建立在一致、个性化服务的特点之上，确保公司内部拥有统一的服务策略。客户使用中国人寿呼叫中心时，不论使用何种渠道、身在何处、有何种需求及客户本身的应用差异，IPCC 将确保他们获得统一的服务，消除企业内部提供客户服务时的随意性。

思科 ICM 软件提供最具智能的转接能力，通过将数据和语音同时转接到目的座席，客户寻求的支持将在第一时间得到准确答复。针对客户需求，中国人寿可不断增设专家座席、移动座席、协议座席，进一步延伸客户服务领域，将客户服务工作落到实处。

第三，实现更高的可靠性。中国人寿通过 IPCC 在框架体系上的高可靠冗余备份方案并配合软硬件的协调运行，确保了客户服务中心的彻底实施和成功运行，并将联系和服务从企业内部合作，扩展到保险业整个供应链，如企业可以随时增加和删除特定部门的专家座席，设置合作伙伴（如合作银行机构）座席，从而将服务延伸到企业内部的任何地方，以获得更为充分的外部支持。

第四，实现基于电子商务策略的联系管理平台的构建。IPCC 无论从业务功能、系统处理能力，还是从客户访问介质形式，均为中国人寿打造出一个现代化的网络型客户服务中心。结合虚拟客服中心，中国人寿可实现多个服务中心的资源共享，使客户随时随地感受到方便的服务。

IPCC 帮助中国人寿迅速建立起统一的数据网络与语音网络，具备视频传输能力的客户服务平台，从根本上支持保险业务主机自动处理、人工话务代表服务、其他应用系统协同处理等业务的开展。分布式技术的引入使人工座席代表可以在企业局域网范围内自由移动，提供保险服务、相关信息咨询、投保建议、接收合理化建议、处理客户投诉等服务。

案例二：思科基于 UC 前端技术构建餐饮外送解决方案

思科餐饮外送解决方案利用思科 UC 前端技术，通过完善的订餐流程、迅速的信息传递、细致的客户关怀等措施打破传统，构建了一个全新的订餐业务。

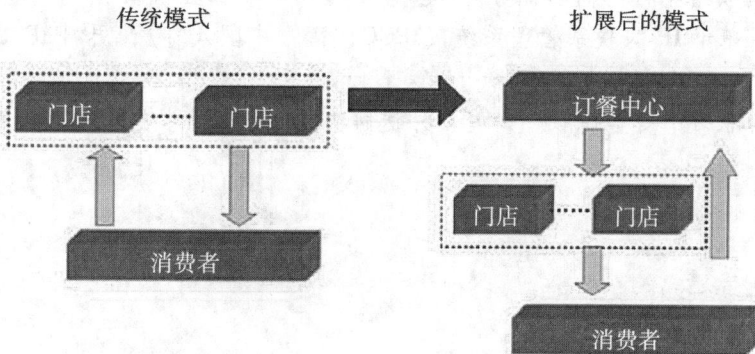

传统订餐模式与思科解决方案模式的对比

应用功能：

众多连锁餐饮企业通常会构建系统为客户提供更广泛的沟通渠道，实现电话外卖订单处理、客户关怀投诉处理等。通过餐饮外送解决方案实现以下目标：设置全国统一的订餐号码，提高品牌认知度，便于顾客识记；全程自动下单，服务可控可见；建立完整规范的服务流程，提升企业服务品质；有效管理不同类型的点餐订单，并即时给予响应；为企业快速发展提供良好平台；客户通话过程全程录音，可以快速查询定位问题所在。

服务成效：

缩短订餐处理时间，提高餐厅营业收入；发挥集团优势，降低成本（营销成本、人力资源成本），显著提高净利润；统一品牌管理，树立品牌优势，确立品牌地位；建立良好的客户关系管理体系，增强顾客对企业品牌的认知度和忠诚度，从而提升顾客对企业的利润贡献度；方便企业加强对客服人员的质量监管；提供明确客户责任的录音依据，帮助避免和解决客户纠纷。

商业价值

思科 IPCC 的商业优势包括：位置不限；能部署和维护一个网络；有机会将多媒体渠道引入联络中心；智能化路由管理和报告；通过相同的基础设施支持多个交互渠道；快速部署新应用；多点支持；保留原有设备投资等。

当今，在各类型企业竭尽全力优化客户服务、提高客户忠诚度和保持竞争优势的情势下，思科 IPCC 能够帮助企业增强自身优势，使其能轻松、无缝地将基于 TDM 的现有联络中心移植到 IP 网络，从而为企业提供所需的灵活体系结构，以自己的步调部署支持其全球电子销售和电子服务计划的分布式呼叫中心基础设施。

参考资料：

1. 思科官网：http：//www. cisco. com。

2.《IP 的联络中心的商业优势》，思科 IP 呼叫中心商业价值。

3.《思科基于 IP 的联系管理系统（IPCC）落户中国人寿》，思科 IP 呼叫中心成功案例。

4.《思科呼叫中心智捷版——餐饮外送解决方案》，思科呼叫中心"易"计划。

润宝：开创残疾人大规模就业与
客户联络中心运营相融合的就业新模式

服务提供商：广州润宝信息科技有限公司

业务类型：信息技术外包（ITO）、业务流程外包（BPO），具体为客户关系管理（CRM）与呼叫中心外包服务。

亮点推荐：润宝开创残疾人大规模就业与客户联络中心运营相融合的就业新模式。抓住国内服务外包业务的发展和香港呼叫中心北迁的机遇，把广东省乃至全国的残疾人士数量庞大和助残政策倾斜作为有利条件，成功地引入专业的外包中心服务经验及培训优势，并为残疾人提供集中就业的基地，建立了一个能为客户提供专业外包服务的呼叫中心。

运营模式与特色：

与残联组织机构紧密合作；

较好发挥残疾人的比较优势；

丰富的技术资源和管理经营为项目成功提供基础；

政策扶持提供了强有力的支撑。

服务提供商

广州润宝信息科技有限公司（简称润宝）成立于 2009 年，是由香港易宝国际集团（ETS）和广州润衡软件连锁有限公司（RUNSOFT）合作建立的中外合资企业，专门从事以促进残疾人就业为主的客户联络中心服务外包。润宝主要面向中国内地、港澳地区和东南亚市场，服务范围涵盖呼叫中心服务外包业务、呼叫中心顾问及培训服务、行业软件系统的设计和开发、行业专用交换设备的设计和开发、提供呼叫中心建设和管理的整体解决方案等高端经营业务。在呼叫服务行业中，润宝的经营业务属高技术服务业务，现已开始申请"双软认证企业""高新技术企业"和"现代服务业企业"。

RUNSOFT	
成立于1992年	成立于1990年
IT综合经营为主业	提供全方位联络中心服务
提供行业信息化产品和服务：财务管理、ERP软件、互联网上网服务、增值电信业务（ICP/ISP）服务	联络服务外包、联络服务人员派遣、联络中心设备管理服务、联络中心顾问及培训服务及系统解决方案等
承接国内外大型管理信息系统开发和服务外包业务	在香港、广州等地已有总营运座席1 600个，提供7×24小时不间断、可靠的多媒体呼入及呼出服务
开展高等学历教育服务和软件人才培养培训服务等业务	联络中心顾问及培训服务遍及大陆各省市
具有软件企业双软认定资质、ISO9001：2000质量管理体系认证资质、增值电信业务经营许可（CP/IPS）资格、互联网上网服务（连锁经营总部）资格、普通商品进出口资格	获得2009年香港客户中心协会大奖、中国华南区最佳客户中心金奖及中港两地最佳外包客户中心（外呼）服务银奖等荣誉；获得2010年香港客户中心协会大奖最佳外包客户中心年度大奖（外呼）金奖荣誉
多次被评为"中国市场名牌电子产品竞争力十佳品牌"	

广州润宝背景介绍

　　润宝是广东省残疾人呼叫服务中心的承担单位，也是广东省残疾人信息产业园的管理单位，其积极履行社会责任，为残疾人员提供就业机会及服务，并将残疾人员工的培训列为未来发展的重要策略。润宝根据残疾人自身的特点，制订了相应的培训与管理计划，为残疾人提供了系统专业的呼叫中心岗前培训以及实习、就业的机会。目前润宝电话营销人员及客户服务代表人数已经超过150个，其中残疾人员工比例已超过四成，开展的项目主要包括电话营销、客户服务热线、电子商务在线客服、客户回访以及离岸外包服务，从项目策划、制订实施计划、营运管理、项目评估及结果跟进，到项目改进建议及修正，润宝均紧密配合客户进度需求，项目成效得到了客户的高度评价与认可。目前润宝服务的客户包括跨国企业、上市公司、本地企业等。

市场背景

　　随着国内服务外包业务的发展和香港呼叫中心的北迁，呼叫中心保持着大规模的人员需求量，而广东省内有超过540万残疾人士，全国更有超过8 500万残疾人士。如果能够用好具有适岗能力的人员，不仅可以为服务外包行业提供长期稳定的人员供给，解决行业人员短缺的问题，而且通过岗位助残，既可改变残疾人士自身的经济条件，又减轻了政府财政转移支付的压力。

　　广州润宝残疾人呼叫中心这个项目发端于香港易宝国际集团于2007年开始的一次试点。易宝在1990年成立于香港，从1998年开始为国内呼叫中心行业提供培训、顾问及呼叫中心系统集成等类型的服务，并凭借自身丰富的运营管理经验，于2005年在广州开设国内第一家服务外包中心。易宝在开拓国内市场的同时积极履行应尽的社会责任，长期为残疾人员提供就业机会及服务。另外，由于国内对服务外包行业的理解不深，使得呼叫中心在人才招聘方面存在一定困难，于是易宝于2007年开始在广州中心试点设立残疾人员工培训计划，取得了不错的效果，成功培训出优秀的残疾人才团队。

　　2009年，易宝了解到广东省残联有意成立残疾人信息产业园，而集团亦希望将为残疾人员提供就业作为推动企业社会责任的切入点，因而一拍即合，与广东省残联下属企业合作，成立了广州润宝信息科技有限公司，希望把易宝专业的外包中心服务经验及培训优势引入这个为残疾人提供集中就业的基地，建立一个能为客户提供专业外包服务的呼叫中心。

服务内容

　　1. 客户联络中心服务：外包服务、内包服务、设备管理服务

　　（1）外包服务。主要包括两大范畴：呼入客户服务/电话营销服务；呼出推广销售服务。

　　①呼入客户服务/电话营销服务：客户服务热线、市场推广/电话营销热线、电话订单及处理、申请书处理、电视销售热线、购票服务、活动注册、订单处理。

　　②呼出推广销售服务：顾客挖掘、顾客挽留、交叉/服务营销、账户管理、缴费通知、电话预约、销售促成、会员招募、活动注册、通知送达。

　　（2）内包服务。亦称人员派遣，即派遣训练有素的电话服务专员到客户的联络营运中心，以帮助客户应对联络中心不同时期的发展需要。

　　润宝提供人才猎头服务，根据客户要求，如人数、资历、技能、到岗上机服务时间等，为客户在最短时间内选聘最合适的客户服务代表、市场推广人员、后台支持人员、信息科技专业人员、保险代理员等直至客户现场投入工作。

　　具有较高成本效益的内包服务，特别适合需要定期或不定期增减联络中心服务人员以配合商业周期需要的企业，可以提高客户的经营灵活性，在节省自行招聘的营运成本之余，亦提高内部资源的有效运用。

　　（3）设备管理服务。目前，润宝管理约100个设备完善的多媒体服务座席，提供长期或短期的座席出租管理服务，配合不同行业、不同性质、不同规模的客户需要。除了为客户提供全套可用的客户联络中心配置外，润宝更准备了资源充足的硬件设施

及配套管理，为客户节省大量添置器材的成本及时间，客户可以实时享用配套完备的联络中心空间，无须额外租用场地。

2．培训及顾问服务：联络中心培训服务、联络中心顾问服务、培训场地租用服务

（1）联络中心培训服务。润宝应企业需求，提供量身定制的培训课程，以满足各行业客户的个性化需求。

客户服务管理培训系列：联络中心经理课程、联络中心主管管理课程、联络中心专业课程、联络中心运营管理课程、客户服务团队建设课程、联络中心专业培训导师课程、客户关系管理课程。

营销管理培训系列：电话营销主管管理课程、电话营销技能课程、电话营销项目管理课程、电话脚本设计课程。

竞争力提升训练系列：卓越顾客服务领导力课程、投诉处理和压力管理培训课程。

服务质量管理培训系列：联络中心服务质量管理培训、高效的监控与辅导培训。

（2）联络中心顾问服务。包括制定客户服务和电话营销管理战略，提供神秘来电和基准调查服务。在项目实施中，润宝与客户紧密合作，共同制订贴身、灵活、可操作的解决方案，以应对客户方在联络中心运营管理及客户体验方面所面临的挑战，巩固并持续提升联络中心的管理绩效。

（3）培训场地租用服务。润宝坐落于广东省残疾人信息产业园。园区占地总面积约 1 900 平方米，能为培训课程提供一个全面而良好的学习环境。目前润宝的培训场地已正式投入服务，并成为广东省首个残疾人培训实习基地。

3．联络中心系统解决方案

伟思（WISE - xb）多媒体联络中心系统，是目前市场上功能最完善的通信服务器之一。其以 Dialogic 的电话技术与电脑电话集成（CTI）技术为研发基础，全面融合语音、电子邮件、网络和传真等多样化的客户联络渠道与电脑系统。

运营模式与特色

1．与残联组织机构紧密合作

（1）与残联下属残疾人学校建立紧密联系，优先为对口学校残疾人学生提供培训、实习及就业机会。

（2）与各地市残联就业指导部门保持密切联系，组织广东省贫困地区符合条件的残疾人参加面试，初步面试合格的残疾人，可以参加润宝与残联联合举办的岗前培训班，润宝负责场地、培训师资并提供实训场所，残联在残疾人就业保障金中给予培训经费的支持。

（3）鼓励在职残疾员工参加学历教育，如华南师范大学网络教育学院的大专、本科学历教育，给予减免 50% 学费；广东狮子会（公益组织）为每名残疾人提供 2 000 元助学资金，剩余的 2 800 元学费，学生拿到毕业证书以后可以在当地残联报销。受过高等教育的残疾人将调整到管理岗位或交流到其他企业工作。

2. 较好发挥残疾人的比较优势

实践证明，客户联络中心的岗位非常适合残疾人就业，有利于发挥残疾人群体稳定性强的比较优势。客户联络中心人员的要求主要集中在语言表达、逻辑思维、理解能力等方面，残疾人士特别是肢残人士只要能够满足上述方面的要求，即可与其他健全人士一样在客户联络中心提供优质、高效的服务。在广东省残联的大力支持下，润宝公司大比例招聘残疾人员工，特别是招收了很多坐轮椅的重度肢体残疾人。目前残疾人员工占比已超过40%。

3. 丰富的技术资源和管理经营为项目成功提供基础

易宝集团有着超过20年的丰富运营经验，形成了完整规范的运营管理体系，该体系已在国内多次成功移植。从成立至今，润宝以该管理体系为依托，不断引入不同业务类型的服务，项目类型涵盖电话营销、客户服务、客户回访、离岸外包等不同形式，且其中90%以上为商业项目。这是润宝区别于其他福利企业的最大特征，也是将此种运营模式成功复制至国内其他省区的优势基础。

4. 政策扶持提供了强有力的支撑

为鼓励对残疾人服务外包项目的探索，政府主管部门在外包业务、人才培训和平台建设等方面给予了一定扶持。

（1）政府采购项目倾斜：残联系统的有关客户联络中心业务项目，以政府采购的模式，在同等竞争条件下优先外包给广州润宝。

（2）场地租金支持：地区残联在场地租用方面提供优先便利，并提供2年租金扶持优惠。

（3）享有残疾人政策优惠：由于润宝的残疾人员工占比较大，符合福利企业申报资格，所以目前享有福利企业免税优惠。

商业价值

润宝开创了残疾人大规模就业与客户联络中心运营相融合的就业新模式，此种模式具有借鉴意义。不同行业对从业人员的体格和技能要求不同，首先，要看行业特点是否适合残疾人员发展，而呼叫中心这个行业从工作环境以及工作要求等方面来看都很适合残疾人员工。其次，企业要有一个专业的管理平台，在培训和运营方面有成熟的经验是发展这个模式的必要条件。润宝正是通过专业的培训、运营机制，提升了残疾人的就业及服务能力，确保了整体项目运营成效的达成，也使得客户有信心并愿意不断提供各种不同类型的合作机会，从而达成员工、公司以及客户三方面共赢的局面。

参考资料：

1. 广州润宝信息科技有限公司提供的资料。
2. 润宝官网：http://www.eproinfo.com.cn。

品铎：以客户满意度决定市场标准

> **服务提供商：** 广州品铎信息技术服务有限公司
>
> **业务类型：** 信息技术外包（ITO）、业务流程外包（BPO），具体为客户关系管理（CRM）与呼叫中心外包服务。
>
> **亮点推荐：** 广州品铎作为全球领先的提供客户关系管理解决方案和客户联络服务的外包商，提出"以客户满意度决定市场标准"，为《财富》500强企业（粤港澳地区客户）提供系列化的客户关系管理解决方案。
>
> **核心优势：**
>
> 科学化服务：质量管理、人力资源、设施管理、危机管理、财务管理、员工管理、技术管理；
>
> 先进技术：基于 Avaya 电话交换机的 TServer 平台，开发了软电话和电话监控系统等。

服务提供商

广州品铎信息技术服务有限公司（简称广州品铎）是美国赛科斯信息技术有限公司在华设立的独资企业。作为全球领先的提供客户关系管理解决方案和客户联络服务的外包商，赛科斯致力于以专业的高品质服务为世界《财富》1 000强中的众多知名企业提供一整套的客户关系管理解决方案。通过整合的通信渠道，如电话、电邮、在线通信、传真等，赛科斯为客户提供本地和离岸的30多种语言外包服务。服务领域涉及通信技术、高科技、个人消费品、金融服务、医疗及娱乐休闲等行业，支持区域遍及全球五大洲24个国家，共设有80多家客户服务中心。

赛科斯于1999年进入中国，2000年在上海正式成立中国区总部，是第一家在中国市场提供客户呼叫中心服务的国际供应商，2006年成立广州站点，2012年成立常熟站点。目前赛科斯约有1 300座席，上海站点主要支持整个亚太地区，常熟站点主要做大规模的国内业务，广州站点主要支持香港和广东地区。赛科斯（中国）以整合亚太区多语种外包客户联络中心为发展目标，为跨国企业在中国、日本、韩国、澳大利亚、新西兰及东南亚等国家和地区拓展其产品服务。目前赛科斯（中国）在实施跨国项目中可提供近10种亚太区语言的客户关系管理支持，并且可以依托亚太区总部在菲律宾的资源支持将客户的服务项目转移到成本更低的国家，为跨国客户提供灵活的、低成本的客户关系管理解决方案。赛科斯（中国）提供的客户关系管理解决方案和服务主要是帮助客户建立、维护、巩固并发展客户关系，促使客户可以保持业务的可持续发展。

广州品铎成立于 2006 年 3 月 28 日，是美国在华独资企业赛科斯信息技术（上海）有限公司的兄弟企业，持有专业增值电信业务经营许可证，主要承担各国企业，特别是世界著名公司在亚洲区的客户关系管理外包服务。广州品铎秉承自我创新和开拓进取的精神，提供专业的商务流程外包、客户关系和呼叫中心管理以及市场服务。

项目案例经验

案例一：客户多语种服务

服务项目：客户服务（热线咨询、技术支持、售后服务、订单处理、电话销售等），客服代表培训及客服中心运营管理咨询。

服务类型：客户服务——客户忠诚度计划。

支持的国家和区域：中国内地、香港、澳门。

支持的语言和方言：目前支持普通话、粤语、英语。

支持的渠道：电话、电子邮件、即时消息、传真、邮件等。

席位总容量：200 + 。

客户概况：《财富》500 强企业及其全球分支机构。

成功经验：一是高效的流程管理。与客户紧密合作，结合实际运营经验建立和完善详尽的流程，使客户服务成为供应链中重要的沟通和衔接环节，并利用流程来管理渠道问题，有效促进供应链的整体效能，提高客户满意度。二是有效的质量监控和培训体系。不断提高员工的产品知识容量，进而促进客户满意度并最终提升客户对品牌的忠诚度和认可度。三是良好的人员管理。科学的工作分配、良好的沟通机制，以及公平的竞争和奖励体制等，提高了整体员工的满意度，有效避免了人员流失所带来的负面影响。

案例二：渠道管理服务

服务类型：渠道管理（电话呼出、电话呼入、短信、邮件等）。

支持语言：普通话、粤语、英语。

服务区域：中国内地、香港。

服务内容：代理商和渠道管理服务，帮助客户推进市场计划，专业提供产品及解决方案。

解决方案：

对客户进行渠道协调支持和管理。在与客户的日常沟通中，及时发现并解决问题，并将代理商的反馈信息收集和整理好后，定期提交给客户。

在市场调查过程中，及时发现销售和市场信息，并将所有信息汇总整理成各种适合客户需求的分析报表，提供给客户。

由专业的培训人员建立知识库并提供培训和测试，在上线前对每位客服人员进行横排测试和一对一指导，以帮助客服人员不断地提高沟通技巧和业务能力。

项目效益：通过电话、传真、邮件等形式，拓展并代管理客户下游的代理商，对代管理的代理商进行指标的设定，传达政策并收集相关的反馈信息等，以达到客户的市场目标。

案例三：技术支持服务

服务类型：技术支持（电话呼出、电话呼入、短信、邮件等）。

支持语言：中文。

服务区域：中国大陆、台湾、香港。

客户概况：位列《财富》500强的美国公司，专业生产IT硬件设备。

服务内容：家用电话及家用打印机的技术支持服务。

解决方案：

通过信息跟踪系统记录服务过程，计算出每个案例的录入率、延迟周期、电话时间以及派单准确率，以此来获得企业关键绩效指标（KPI）。

通过第三方的客户满意度调查、第三方首解率和整体解决率调查及客服投诉，来获取客户经验KPI。

为了在以上两个方面达到更好的绩效，广州品铎为每个级别的座席设计绩效打分表，对员工进行定期培训和一对一的指导，并且实行严格的质量监控和管理流程。根据公司的绩优化标准，对客户中心进行管理认证，对所有工作流程进行审核，对数据分析结果进行不断改进。

项目效益：

2006—2008年期间，客户的用户满意度在所有进口IT品牌中始终排名第一。在客户聘请的第三方调查中，赛科斯（母公司）获得了该客户公司"2007—2008年度全球最佳供应商"的荣誉。

商业价值

在日趋激烈的市场竞争环境中，当产品的差异越来越小的时候，服务就成了产品的附加值，让用户满意的客户服务，就成了企业保持和增加市场占有率的关键因素之一。有研究证明：当客户服务问题减少1%时，就可以为一家中等规模的企业在5年里带来3 000多万美元的利润。现在客户关系的维护，对于企业的可持续发展是至关重要的。广州品铎专业提供系列化的客户关系管理解决方案，在为企业建立其品牌忠诚度的同时，帮助企业缩减运营成本，提高效率和收益。

核心优势

1. 推行科学化服务

科学化服务是赛科斯（母公司）制定的一套服务技术知识和服务测试流程，由专家团队编制而成，这些专家中的每个人都专注于研究一个特定的服务领域，即分析、创新、适用、改善和差异化五个方面。科学化服务是确保广州品铎及其企业客户取得全面成功的指导性的战略化流程系统。

（1）质量管理。核心包括三个部分：绩优化标准、绩效激励程序、DMAIC 流程（Define 定义、Measure 测评、Analyze 分析、Improve 改善、Control 控制）。赛科斯的全球统一质量管理体系，使广州品铎能够很好地掌握客户的反馈信息、满意程度，并让服务过程中的实际操作更优化，确保其为客户提供持续可控的高品质服务。

（2）人力资源。赛科斯具有完善的人力资源管理系统，涉及招聘考核、培训激励、薪资福利等制度，确保每个工作岗位上的员工都拥有相应的资质，使个人、部门和公司都能够得以有序的发展。

（3）设施管理。赛科斯的战略化设施管理流程，包含站点的选择、设计及发展，使其可以成功地在全球范围内发现商机以拓展公司规模。

（4）危机管理。即使面对意外灾害，也必须保证持续运营。赛科斯制订了切实有效的灾害恢复方案，让其即使在意外情况下也能够马上找到解决方案，确保了数据安全以及客户接入的持续性。

（5）财务管理。严格的财务管理和增值计划，使公司任何支出都具有有效性和增值性，其使用精密的工具和系统，在满足简化业务流程需要的同时，也实现了安全和明晰的财政管理。

（6）员工管理。公司有着完善的员工管理系统，可以确保适合的员工在适合的岗位从事适合的工作。同时让有潜力的员工得以提升和发展。

（7）技术管理。不仅拥有自行开发的完善的联络中心技术，还拥有强大的软件技术开发能力，可以为其客户关系管理服务提供更专业的信息技术平台，也可以对其企业客户的技术环境做到无缝化的整体连接。同时，通过先进的技术管理，公司能够不断地优化技术和工具，使工作更有效。

2. 采用先进技术

（1）基于 Avaya 电话交换机的 TServer 平台，开发了软电话和电话监控系统。为提高项目组运用效率与客户满意度，广州品铎在 Avaya 电话交换机的 TServer 平台，通过 TSAPI 接口自行开发了 CTI 中间件作为呼叫中心应用系统的基础平台，有基于此，广州品铎又开发了软电话、电话状态监控系统等一系列软件。

（2）采用国内外比较先进的技术和设备。广州品铎采用的是 Avaya 提供的技术设备，而这家公司是目前 IP 通信以及面向企业的通信网络设计、建造、部署和管理领域的全球领袖。Avaya 的客户既包括小型企业、非营利组织，也包括 90% 以上的《财富》500 强企业以及广大美国政府机构。

发展战略

在未来的 2~3 年内，广州品铎将不仅关注境外的客户，也逐步深入中国大陆的客户市场。广州品铎的中国战略目标是，把握中国的大型企业纷纷迈向国际市场的机会，凭借公司的优质服务，致力于成为其最值得信赖的合作伙伴。广州品铎将通过其SYKES 公司在全球 19 个国家的经营网络帮助中国企业开拓海外市场，并进一步巩固和扩大自身的品牌效应。

参考资料：

广州品铎信息技术服务有限公司提供的资料。

汇丰环球客服：将技术平台与营运服务完美结合

服务提供商：汇丰环球客户服务（广东）有限公司

业务类型：信息技术外包（ITO）、业务流程外包（BPO），具体为客户关系管理（CRM）与呼叫中心外包服务。

亮点推荐：汇丰环球（广东）的离岸外包服务收入占公司收入的90%以上。该公司营运模式的杰出在于：在全球范围内把人、设备及网络用产业专业知识、流程处理技能和科技完美结合，实现商业价值最大化和客户体验最优化。

业务流程：业务需求提出—风险评估—订立协议—员工培训及业务试运行—业务正式运行—定期测试。

核心优势：降低人力资源和资金成本，实现效益最大化；利用规模效应，提供优质客户服务体验；注重提高流程效率和加强流程改造；执行严格的合规及安全管理制度，严格控制风险。

服务提供商

汇丰环球客户服务（广东）有限公司［简称汇丰环球（广东）］成立于1996年，是汇丰集团在全球成立的首个营运中心，规模为全球第二。截至2014年上半年，汇丰在广东设有三个环球营运中心，分别为广州第一营运服务中心、广州第二营运服务中心和佛山营运服务中心，由汇丰环球（广东）统一管理，共同为汇丰集团世界各地的分支机构提供营运支援服务。

汇丰环球（广东）的服务对象包括英国、美国、加拿大、日本、新加坡、中国以及亚太地区其他国家的汇丰集团成员，用粤语、普通话、英语、日语、韩语和泰语提供各类银行金融服务，包括数据分析、信用卡服务、合规及合法服务、信用服务、综合银行服务、按揭服务、人力资源营运、保险服务、付款及汇丰财资网服务、采购和收款服务、担保和欺诈风险、供应服务、贸易及供应链服务、印务及电子出版、环球银行及资本市场营运服务、汇丰证券服务等。公司外包业务收入稳步发展，2013年实现业务收入9.2亿元，其中离岸收入约8.7亿元，占总外包收入的95%以上。汇丰环球（广东）被评为广东最佳业务外包公司、广东省服务外包示范企业、技术先进企业、商务部重点联系企业、A级纳税人，并连续多年获得香港呼叫中心协会年度大奖——离岸业务金奖。

汇丰集团总部位于伦敦，是世界上规模最大的银行及金融服务机构之一，也是金融行业最有价值的品牌之一。汇丰环球营运作为汇丰集团的核心业务之一，在全球拥有 22 个环球营运中心，其通过将技术平台和营运服务进行完美的结合，致力于提供更好的客户体验并降低营运成本。汇丰环球营运在全球范围内把人、设备及网络用产业专业知识、流程处理技能和科技结合在一起，以提供最大化的商业价值，这让汇丰集团能快速地掌握市场变化，给客户带来更多利益，也使自己在行业里一直处于领先地位。

业务流程

1. 业务需求提出

汇丰集团的业务伙伴在集团内部提出业务需求，提供所需业务的具体内容、所需人力资源等信息，并对新业务进行业务影响分析，相关资料将上交给管理层进行复核和批准。

2. 风险评估

集团内部各部门，包括法务部、税务部、合规部及其他风险管理部门对新业务进行风险评估。

3. 订立协议

双方通过充分沟通和协调后，签订集团内部服务协议及集团内部服务标准等业务文件，对新业务进行业务规划，包括人员招聘计划、人员培训计划、试运行计划等。

4. 员工培训及业务试运行

一切准备就绪后，开始对员工进行培训及业务试运行，在试运行阶段进行紧急事故演练，为正式运行做好准备。

5. 业务正式运行

试运行达到预定目标后，业务按照集团内部服务标准正式运行。如有异常情况将及时与客户进行沟通。

6. 定期测试

公司风险管理部门将定期测试业务运行的有效性，并更新业务文件。如有异常情况将及时通知管理层及客户。

人才培训

截至 2014 年上半年，汇丰环球（广东）共有超过 7 000 名员工，其中超过 90% 是大专及本科以上人才。其人才培训学习框架主要包括 10% 课堂进修、20% 网上课程和 70% 在岗学习。培训主要包括如下四个阶段：

（1）入职培训阶段：掌握履行岗位工作的基本知识。

（2）核心工作阶段：掌握核心技能、知识和系统，学习个人和团队的绩效测量标准和成功要素。

（3）持续发展阶段：完全胜任工作，尝试更多发展，掌握更多技能。

（4）业务表率阶段：对该领域的工作有深入了解，被视作该领域的专家模范，给予其他同事指引。

核心优势

汇丰环球（广东）的离岸外包服务收入占公司收入的90%以上。核心优势包括如下几点：

1. 降低人力资源和资金成本，实现效益最大化

汇丰环球营运中心均设立于人力资源成本、租金成本等较低的国家和地区，包括中国、印度、马来西亚、菲律宾、斯里兰卡、波兰、埃及等发展中国家，有效降低了汇丰集团的整体运营成本。

2. 利用规模效应，提供优质客户服务体验

通过集中处理不同国家、地区类似流程的业务，培养了大批专业人才，以规模效应实现业务流程全球标准化、统一化，在提高处理效率的同时，通过专业营运服务提高服务质量，向汇丰集团客户提供优质的客户服务体验。

3. 注重提高流程效率和加强流程改造

集团内部设有专门的流程优化部门，与公司各个部门紧密合作，通过办公流程自动化、应用新技术等各种手段有效节约运营成本和提高营运效率。

4. 执行严格的合规及安全管理制度，严格控制风险

执行严格的合规及安全管理制度，以保障客户的利益不受侵扰。通过内部风险和合规部门的严格监管，规避营运风险，保证客户资料安全及业务流程符合地方法规及行业规范。主要措施包括清桌政策，保护顾客和内部信息不被盗窃、非授权使用、丢失、烧毁或损害；反清洗黑钱监控；警惕及监控诈骗活动；资料保护及科技资讯安全控制。应对重大、紧急事故时的主要措施包括构建三个营运中心相互有效支持的平台；独立联网以保障资讯、数据输送不间断；每年定期进行重大、紧急事故预案演练。

参考资料：
汇丰环球客户服务（广东）有限公司提供的资料。

第五章 供应链管理外包

引 言

在全球经济一体化的浪潮下，商贸流通业正由单个企业的物流管理发展到一体化的供应链管理，制造商、分销商、零售商、消费者和服务商环环相扣，物流、信息流、资金流、商流和价值流加速融合，极大地降低了全社会的交易成本，提高了供产销运行效率。当前，面对日益多样化、个性化和频繁化的市场变化，越来越多的企业倾向于外包非核心业务，利用高效的外部供应链服务平台，以整合资源、细化业务流程、加快响应市场和提升客户满意度。

供应链管理服务实质上是国际服务外包中的业务流程外包（BPO）业务，涵盖采购、销售、生产、仓库、库存、分销、零售、配送、财务、办公、市场推广等环节，主要包括三大类别：一是日常传统运营项目，如进出口通关及商检服务、仓储分拣与配送、国际及国内运输等；二是管理策略及信息技术服务，如采购执行与订单管理、存货管理、客户服务、信息系统及信息处理、电子商务等；三是增值服务，如供应链整体解决方案设计、供应链融资及风险控制规划、虚拟生产等。随着供应链管理服务的发展，外包合作模式逐渐从最初的单一服务、共同管理发展到外包管理、完全外包；合作方式也相应地从简单的临时合作关系、合同关系发展到现在广泛存在的伙伴关系及战略伙伴关系。

美国著名物流专家马丁·克里斯托弗曾预言："21世纪的竞争将是供应链与供应链之间的竞争。"供应链管理服务正在不断革新商业运作模式，重塑商业竞争格局。在顺应经济全球化、生产和采购全球化的趋势中，供应链管理外包服务呈现出一些典型的发展趋势。一是供应链管理服务从传统的以制造为中心转为以客户需求为中心，增值服务将成为供应链管理的主流，企业将更加注重创新商业模式，发掘外部资源，通过整合营销型供应链管理、解决方案型供应链管理、系统集成型供应链管理等新型服务，帮助客户实现价值增值。二是在云计算、大数据、移动互联网和物联网等新一代信息技术的发展驱动下，供应链管理服务将往信息化和智能化方向发展，服务将更加快速化和灵敏化。三是供应链金融服务不断扩大，银行、电商、第三方服务商、第三方支付公司等加快进军供应链金融服务领域，产业横向和纵向协作不断加强，互利共赢的网络化整合生态圈逐步形成。

　　由于具备毗邻港澳的优越区位、密集的制造业集群、发达的对外贸易以及逐步健全的政策体系和宽松的市场环境等优势，广东省尤其是深圳市集聚了全国八成以上的供应链管理公司，是全国供应链管理模式创新和业务转型的领军者。本章选取了五家标杆企业，其业务模式和发展路径在一定程度上代表了各自细分领域的最佳实践，如合捷把业务方向精准定位在国际大宗塑料原料供应链管理服务，架起国际塑料原料供应商、塑料加工企业、物流配送企业、相关配套服务企业以及终端用户之间信息流及物流的桥梁，建立起"大物流、大进口"的外包服务平台；朗华通过提供"虚拟生产"服务，高效整合企业联盟资源，快速响应市场需求；怡亚通通过整合各方资源，打造出集商流、物流、资金流、信息流"四流合一"的一站式供应链整合服务平台；年富在国内首创一体化财务供应链服务，帮助企业优化现金流转、提高资金利用率、降低整个供应链财务总成本，实现商业模式和服务价值的创新；联合利丰以创新机制和模式快速崛起，致力于金融技术、物流技术、供应链风险控制技术、供应链信息技术的研究与创新，将分销中心网络遍及珠三角、长三角及中西部区域，形成了覆盖全国的供应链服务网络；耐克凭借建立全球信息管理网络平台，创造出采购业务流程外包服务价值模式，在为集团优化资源配置的同时，也在促进国际先进技术的转化和应用、协助国内厂家整体产业升级等方面产生积极作用。

合捷：专注于国际大宗原材料供应链管理服务

> **服务提供商**：广东合捷国际供应链有限公司
> **业务类型**：业务流程外包（BPO），具体为物流及供应链管理服务。
> **亮点推荐**：近年来中国已成为世界上最大的塑料制品生产和消费国家，中东、俄罗斯等国际大型塑料原料供应商加速其进入中国市场的步伐。合捷觑准时机，把业务方向精准定位在国际大宗塑料原料供应链管理服务，架起国际塑料原料供应商、塑料加工企业、物流配送企业、相关配套服务企业以及终端用户之间信息流及物流的桥梁，建立起"大物流、大进口"的外包服务平台。
> **服务内容**：为塑料生产制造业上下游客户提供供应链设计、运营及数据信息管理外包服务，服务外包类型为技术性业务流程外包服务。

服务提供商

广东合捷国际供应链有限公司（简称合捷）成立于 2007 年 7 月，由广东省广新控股集团有限公司和永捷（香港）有限公司合资组建，注册资本为 7 000 万元，位于广州南沙保税港物流园区内。目前合捷为华南地区最大的 PE、PP 塑料原料专业保税物流服务商，业务量占南沙保税港区保税物流业务市场份额的一半以上，是国内承接国际物流服务外包的领先企业。2012 年公司实现营业收入 15 312 万元，上缴税收 1 445 万元。

合捷总占地 17.2 万平方米，总计划投资 10 亿元，已完成一期投资 3.5 亿元。一期占地面积约为 9 万平方米，于 2008 年 9 月开工建设，2009 年底基本完工，2010 年 5 月全面投产运营。一期总建筑面积 52 500 平方米，其中仓库 32 500 平方米、车间 15 700 平方米、设备用房 1 600 平方米。公司已配置的软硬件设施有：WMS 仓储信息化平台仓储 RF 模块、ezOFFICE 协同办公平台、金蝶财务软件、仓储视频监控系统、配套服务器等硬件、16 座总容积为 4 800 立方米的原料筒仓、4 套集装箱自动卸料平台、4 条物料风送线、3 条自动化包装流水线、1 套集装箱散料装箱设备，另外还配备大型集装箱装卸转运堆场、自动过磅计量系统、14 辆拖车、16 辆挂车、集装箱装卸等相关设备。

近年来，合捷被认定为"广东省服务外包重点培育企业""技术先进型服务企业""广州市重点物流企业"，荣获"广州市 2012 年度安全生产先进集体""2013 年度中国质量诚信企业""广州市南沙区 2012 年度安全生产先进单位""2010—2011 年度纳税信用等级 A 级纳税人""海关 A 类企业"等荣誉称号。

市场背景

目前中国已成为世界上最大的塑料制品生产和消费国家,塑料制品加工业成为我国轻工业第一大行业;广东塑料工业连续 20 年在国内居领先地位,广东省是中国塑料制造业第一大省,2012 年塑料制品总产量占全国比重的 15.9%,总产值接近 4 000 亿元,出口更占全国总量的 1/3。珠三角是中国塑料原料最主要的需求地区之一,对高档塑料原料的进口需求呈稳步增长趋势,对塑料原料的品质要求也日益提升,据统计,广东初级形状的塑料进口量超过 800 万吨/年。

中东、俄罗斯等地区和国家凭借石油、天然气低成本的巨大优势,近年来其塑料原料产能迅猛扩张,远超当地消费能力,大部分都将出口,主要出口目标国就是中国。

国内的制造业发展需要大量高品质的塑料原料,而国外的塑料原料供应商更希望搭上中国经济迅速发展的顺风车,将其产品以顺畅快捷的方式推向中国市场。合捷优先把握发展契机,精准定位业务方向,锁定国内外市场供应链外包服务,精心打造供应链服务平台,赢取国际知名化工企业在华供应链管理及物流配送业务,架起国际塑料原料供应商、塑料加工企业、物流配送企业、相关配套服务企业以及终端用户之间信息流及物流的桥梁,从而加速中东、俄罗斯等地区和国家的高档原料进入中国市场,帮助华南地区塑料生产企业获得最佳性价比的高档原材料。

服务内容

合捷专门为塑料生产制造业上下游客户提供供应链设计、运营及数据信息管理外包服务,服务外包类型为技术性业务流程外包服务,业务主要分为两大部分:

(1)为国外大型化工企业设计整套供应链服务外包系统,提供接货、报关、技术性分包包装、质量控制、存储、保税、配送及再出口等服务,并提供整体物流设计以及物流、仓储等方面的数据库管理维护外包服务。

(2)为华南地区规模企业提供塑料原料进口、报关、报检、保税、包装、仓储、物流配送、国内运输等服务。

通过信息流及物流的"桥梁"服务,合捷站在了国际大宗塑料原料供应链管理服务的最前沿。供应链管理增值性服务,一方面有助于国外原料供应商降低运营成本,另一方面有利于国内原料用户节省制造成本,合捷自身也通过服务获得丰厚的收益和回报。

项目案例

2008 年,中东阿联酋最大的石化企业博禄公司(Borouge)的中国珠三角南沙塑料粒子（聚乙烯 PE、聚丙烯 PP 等）物流配送中心项目在华招标。凭借精心设计的供应链管理方案、稳健可靠的运营模式、可信赖的企业背景等优势，合捷在与全球顶级物流公司如智傲物流（Agility Logistics）等的激烈竞争中脱颖而出，一举中标，并在接下来的一年多的期限内，充分调动各方面资源，高效率、高质量地完成了一期项目建设，于 2010 年 5 月开始正式运营。这是阿联酋博禄公司第一次发包的国际服务外包项目，也是广州市乃至全国第一个国内企业承包国际化工领先企业的增值物流服务外包项目。合捷博禄塑料粒子配送中心业务运作流程如下图所示。

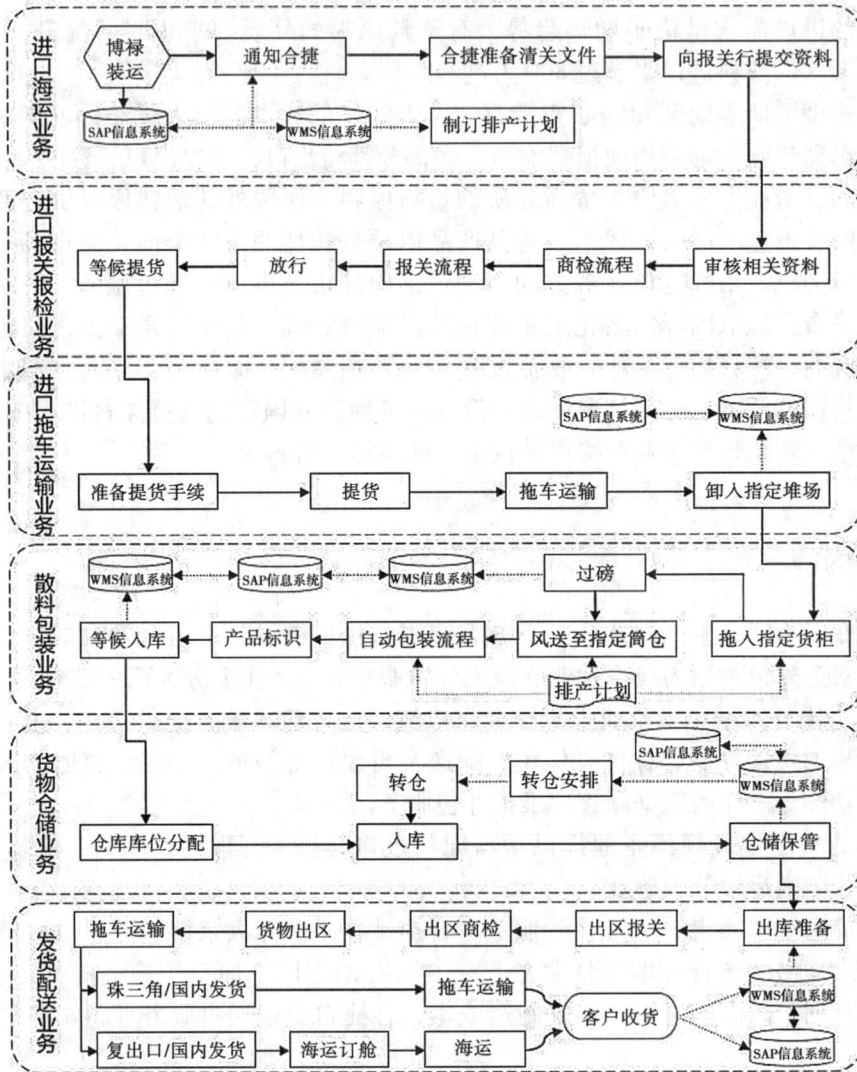

合捷博禄塑料粒子配送中心业务运作流程

合捷与博禄签订了为期 10 年的长期服务合同，从 2010 年 8 月至 2013 年 8 月底，商务部"服务外包业务管理和统计系统"已登记的合同执行金额达到 4 228 万美元。

相关业务发展：2010 年 5 月开始正式运营，当年服务外包执行金额为 579 万美元；2011 年登记的全年服务外包执行金额为 1 293 万美元，较上年增长 123.3%；2012 年登记的全年服务外包执行金额为 1 487 万美元，较上年增长 15.0%；截至 2013 年 8 月底，服务外包执行金额为 868 万美元。

目前合捷所提供的外包服务在国内同行中独树一帜，在国际上仅有智傲物流等少数顶级物流公司涉足。合捷凭借新颖的供应链运作模式、卓越的管理理念、先进的信息技术、丰富的行业经验淀积和最优质的服务水准，获得阿联酋博禄等公司的高度评价。据反馈，在博禄于中国及新加坡设立的 3 个亚洲物流中心中，合捷的服务质量、准确率、操作效率等指标均超过包括智傲物流在内的服务承包商。

核心优势

合捷坚持将种类稳定、大流量商品的国际物流和国际供应链管理服务外包作为核心业务，以赢取长期性"契约型"服务合同为策略，致力于与全球知名采购商、供应商以及下游原料用户建立全面新型的合作关系，以承接国际知名项目为突破口，打造原料进口高端服务品牌。核心优势有如下几点：

1. 注重认证体系建设，夯实运营管理能力

自成立之初，合捷就迅速建立起 ISO9001：2008 质量管理体系、ISO14001：2004 环境管理体系和 OHSAS18001：2007 职业健康安全管理体系，并严格规范运营。2013 年 5 月，合捷成为全国首家通过国家安全生产标准化一级企业认证审核的物流企业。目前，合捷已形成以安全生产标准化为主轴的，包括环境保护、职业健康、质量管理和风险控制的企业标准化体系和科学的现代管理制度。在设立于中国及新加坡的 3 个博禄塑料原料配送中心中，博禄对合捷的运营管理认可度最高，近年来给予合捷越来越大的塑料处理配送量，并考虑将博禄公司未来的亚洲塑料原料转口贸易中心设在广州市南沙区。

2. 加强软硬设备研发，提升运营效率和准确率

合捷十分注重对包装生产装备的自主研发，并充分发挥现代 IT 技术功效。目前，合捷自行研发了整套散装塑料粒子分包包装生产工艺及系统，自主设计集成定制全部硬件设施，包括自动卸料平台、全自动风送线（并线输送能力 140 吨/小时）、国内独家旋风分离器（粉尘＜40 ppm，水分＜100 ppm）、专利技术制造的全自动包装流水线（单线运行 1 600 袋/小时，具独有复式套膜技术）、国内首台散料装箱设备等，并自主完成喷码码垛及控制系统、大袋包装线、散料装箱设备等的研发攻关。同时采用 WMS 仓储信息化平台（与金蝶财务、海关元亨、博禄 SAP 数据库等系统对接与即时数据交换）及 ezOFFICE 协同办公平台等，通过信息数据服务为公司自身运营及客户有效节约成本，创造价值。

3. 打造专业人才队伍，保障外包服务质量

合捷拥有一支专业的供应链管理服务团队。在培训工作中，公司采用以内部培训

为主、外部培训为辅的双层培训体系，培训内容涉及供应链知识及业务、ISO 管理体系、安全生产等各个方面，同时强化对严谨思维、团队合作及奉献精神、组织管理和协调能力、异常事故处理能力等方面的培养。

发展战略

未来几年，合捷将进一步扩建配套仓储设施及物流配送中心，形成规模化运营，建成国内有较大影响力的重要原材料进口平台，以及基于 IT 技术的、具有国际竞争力的供应链管理公共技术平台和 BPO 平台，并将其打造成南沙区的"大进口平台"和"进出口物流主通道"，通过专业服务平台向客户提供功能丰富的物流服务外包整体或功能化组合的各类服务方案。同时，通过构建"广州南沙（本地）＋天津宁波（全国）＋迪拜（沙特阿拉伯、新加坡）"的国际物流网络，发展成国际型物流服务外包企业。

参考资料：
广东合捷国际供应链有限公司提供的资料。

朗华：以"虚拟生产"快速响应市场需求

服务提供商：深圳市朗华供应链服务有限公司

业务类型：业务流程外包（BPO），具体为物流及供应链管理外包服务。

亮点推荐：朗华利用七年时间创新了物流、资金流、信息流、商流和增值流"五流合一"的经营模式，又从"五流合一"蜕变到"五大平台"运作模式，即资金平台、物流平台、电商平台、供应链平台和外贸平台，率先成为与国际接轨的综合型供应链服务提供商，并通过提供"虚拟生产"服务，高效整合企业联盟资源，快速响应市场需求，打造出全球供应链服务核心价值优势。

服务商核心策略：利用虚拟化生产模式，构筑企业联盟资源优势，有效整合全球各种优势资源，包括能源资源、设备资源、人力资源、资本资源、政策资源等，帮助客户弥补资源失衡所导致的高成本、低效率的劣势，从而提升客户的综合竞争力。

服务提供商

深圳市朗华供应链服务有限公司（简称朗华）成立于2006年2月，注册资金1亿元，其利用七年时间实现了物流、资金流、信息流、商流和增值流"五流合一"的创新经营模式，率先成为与国际接轨的综合型供应链服务提供商。

朗华的服务类型为业务流程外包，目前为电子消费品、机械、医疗设备、汽车电子等领域的国内外3 000多家知名企业提供全球采购及采购执行、虚拟生产、供应链金融、进出口通关、供应商管理库存、仓储分拣与配送、国际及国内物流、设备供应链等一体化供应链外包服务。其通过虚拟生产、精益采购、敏捷执行等创新性的业务模式，依托自身优越的信息化系统、设计完善的供应链解决方案，有效降低客户的营运成本，提高营运效率，加强其自身的市场竞争力。

经过多年的卓越运营，朗华现已开始集团化运作，辖下全资子公司8家，控股公司1家，事业部3个，业务布局以深圳、上海、北京、成都四大城市，以及香港自有仓库、虚拟仓库为集散中心，辐射全国200多个大中城市及北美洲、南美洲、南亚、非洲等区域的国家和地区。公司现有员工800余人，平均年龄28岁；大专以上学历732人，占90%，其中硕士以上学历86人，本科398人，大专248人。

纵观供应链行业，朗华的服务模式在深圳市1.48万家物流与货代公司、300余家供应链公司中是产品与服务功能最健全、业务拓展最具有竞争优势的综合服务商。2012 年，朗华实现全年业务量 400 多亿元，创造利税 11.5 亿元，为繁荣当地经济贸易、促进产业转型升级、推动产业优化集聚、培育行业总部经济等作出了贡献。当前，朗华正全力推进二五（2012—2016）战略规划，通过整合企业内外资源，创新服务价值，完善企业风险控制体系等治理，致力于成为中国最顶尖的供应链服务商。

业务运作模式

于 2006 年成立之初，朗华就明确了战略发展目标，即通过物流、资金流、信息流、商流和增值流"五流合一"的创新经营，为流通环节各节点上的企业创造能专注其核心力量的价值空间，打造一个实现多方共赢、全新的商品流通世界，真正降低中国物流成本。

朗华不断追求精益和敏捷的运营效果，随着"平台运作模式"的孕育而生，朗华成功完成从"五流合一"到"五大平台"的蜕变，逐步实现企业发展新跨越。

1. 资金平台

朗华致力于打造成中国的"物流银行"，以产业链融资的模式，将上下游企业集聚在一起，为客户提供供应链全球金融解决方案。目前规划运作的项目主要有供应链金融服务、信贷（朗华小贷）、PE（私募基金）、典当、信托、股权投资、担保等。

2. 物流平台

为适应国内企业经营规模扩大和国际化经营的需要，朗华通过采购、生产、营销进行全球化资源配置，充分发挥规模效益。同时，在内地与香港两地建立运输平台，采取创新业务捆绑模式，高效整合并配置内地与香港的车辆资源，打造国内首家规模型内地与香港的运输平台。

3. 电商平台

2013 年 2 月，朗华开通"天下良仓"网上交易平台，以服务上下游企业为出发点，为客户及供应商提供仓储信息发布和查询平台及租赁服务，这一方面可有效地提高仓库利用率，增加收益；另一方面可减少企业寻找仓储资源的时间及成本（见图1）。

图1 朗华"天下良仓"网上交易平台

4．供应链平台

出口方面，朗华在虚拟生产中融合创新设计环节，建立从产品设计、原料采购、生产加工、物流运输，到仓储服务、资金服务、信息服务等一体化的供应链操作模式，最大限度地缩短了产品生产周期，降低了客户运作成本。进口方面，朗华通过引入国外高端技术及产品，如婴儿食品、用品、农产品、洋酒等带动国内消费需求（见图2）。

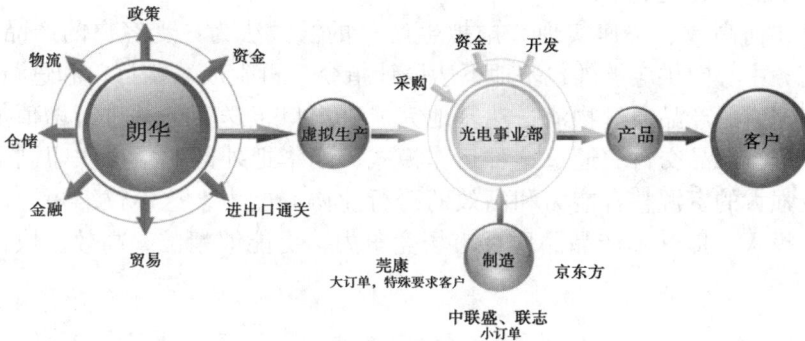

图2　朗华一体化供应链操作模式

5．外贸平台

朗华为全球各大电商平台企业提供专业的线下支持与服务，通过资源整合协助全球 B2B（阿里巴巴、慧聪网）、B2C（京东商城、走秀网、115 网盘）模式的电商平台实现更快速的点对点服务。

市场新趋势

随着信息化技术的不断进步，以"管理扁平化、竞争与合作相结合的动态生产联盟"为特征的"虚拟生产"，逐渐成为当今全球市场主流贸易模式。例如，一个来自巴西的数百万元的手机生产订单，若按传统的产品市场生产流程，从产品原材料采购到最终海外市场的交付，需要四至五个月，但利用"虚拟生产"模式，一个月之内即可完成订单交付。朗华通过提供"虚拟生产"服务，高效整合企业联盟资源，快速响应市场需求，打造出全球供应链服务核心价值优势。

核心策略

朗华认为，"供应链事业的商业价值体现在：有效整合全球各种优势资源，包括能源资源、设备资源、人力资源、资本资源、政策资源等，帮助客户弥补资源失衡所导致的高成本、低效率的劣势，从而提升客户的综合竞争力。"朗华的实践证明，虚拟生产将成为未来企业最有力的竞争方式，也是未来供应链管理发展的必然趋势。

朗华的"虚拟生产"模式集成了设计环节（见图3），力图推动"中国制造"转型为"中国设计"，使得供应链中的核心企业不再是传统的组装企业或分销企业，而是供应链服务企业。一方面，"虚拟生产"服务，让客户企业明确自身的核心竞争力，并把企业内部的资源集中在核心竞争优势的活动上，从而降低运作成本、改善运营质量并提升市场竞争力；另一方面，通过产品创新和强调执行效率，实现全球化经营。以规范的经营管理、客户资源集成、供应链信息管理等优势，朗华在价值链上为自身赢得了更大的竞争优势和利润空间。

朗华是如何高效、快速实现"虚拟生产"的？做法为：受客户的产品订单驱动，先由香港商务中心向供应链外包基地下达设计指令，再生成采购订单和进行委托加工，继而工厂将完成的产品通过物流送达基地完成进出口报送业务并进行增值加工，最后向海外客户进行产品交付。通过这种运作模式，朗华把外部的生产联盟制造优势为我所用，形成强大的资源整合能力和高效的跨行业协调能力，这不仅缩短了产品生产周期，降低了投入，提升了产品品质及市场竞争力，更能够精准、高效、快速地响应市场需求。

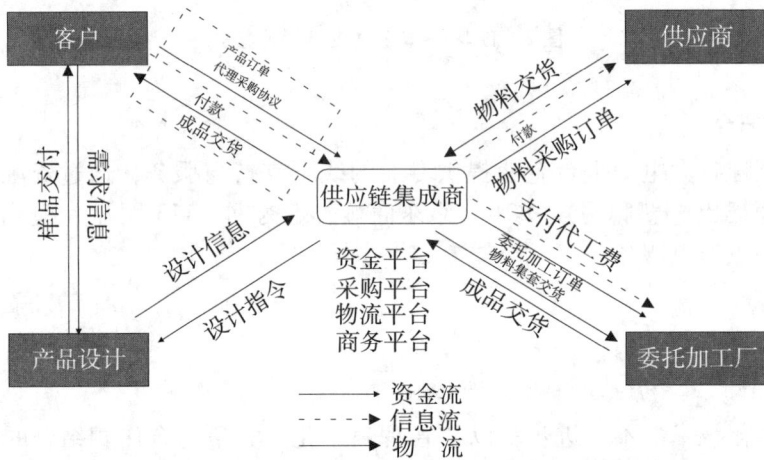

图3　朗华"虚拟生产"模式集成设计环节

技术优势

1. 完善的供应链网络服务

朗华在全国各一线城市建立供应链服务平台，覆盖全国主要的二三线城市，为全国客户提供全国区域联动、深度分销及分销执行服务。香港运作平台为客户进行国际采购执行、国际分销执行、全球分拨配送等提供便利。朗华供应链平台运作模式如图4所示。

2．先进的信息系统

朗华契合供应链行业特点，自主研发 CB – SCMC 系统，以满足多种业务模式的多样化需求，可提供便捷、安全的数据信息处理服务，保障业务顺畅进行。

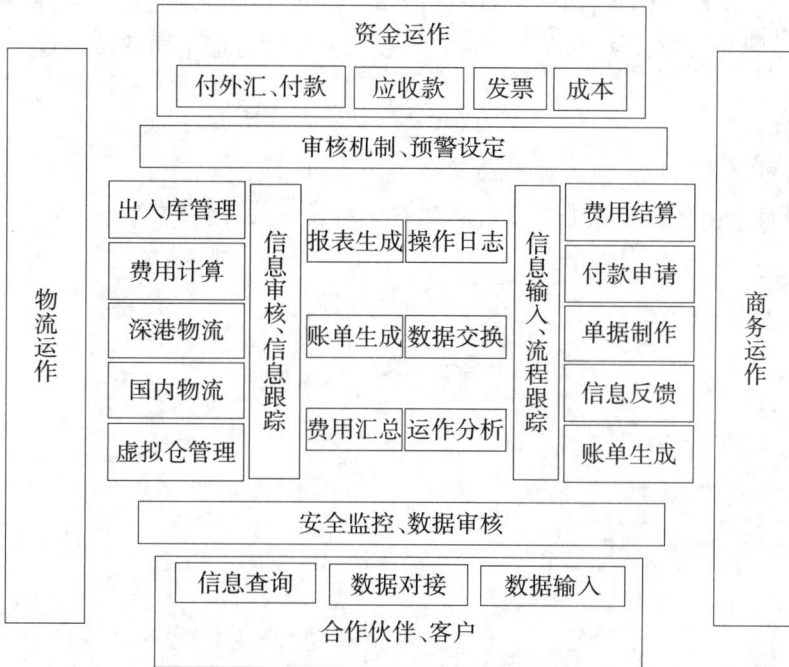

图 4　朗华供应链平台运作模式

3．高效的服务团队

汇集了 IT、通信、平板、金融等专业人员，能根据企业需求量身定制最适合的服务解决方案，具备快速的订单处理和商务运作能力，以及对异常情况的紧急处理能力。

4．先进的仓储设施

拥有专业的 VMI 中心及先进的仓储设备，并建立了完善的仓库安保系统，利用专人实时监控和网络视频监控相结合的方式，最大限度地保证货品安全。

5．现代化产业基地

借助现代化的服务设施及国际先进的管理水平，朗华将供应链地产优势与一站式供应链服务优势相结合，目前正规划逐步建成覆盖全国的 VMI 专业物流操作中心，全面实现空运、海运、陆运一体化物流网络。

发展战略

未来几年，朗华将全面提升服务文化，打造中国第二个"利丰"模式，实现业务量 1 000 亿元的目标，完成供应链基地及虚拟生产中心、境内外电子料件分拣中心、全球知名品牌展售服务中心、离岸空运操作中心等硬件设施的投资建设，同时完善空运地勤服务技术、仓库及 VMI 管理技术、空运打板技术、安全控制技术、运输控制技术、协作协调控制技术等软实力建设。

在公司治理层面，朗华推行持续改进措施，以优秀的管理团队、先进的信息技术、知名的服务品牌为支撑，从产品、行业、区域三个维度打造全面的核心业务体系。

参考资料：

1. 深圳市朗华供应链服务有限公司提供的资料。
2. 深圳市朗华供应链服务有限公司通过网络发布的资料。

怡亚通：打造一站式供应链整合服务平台

服务提供商：深圳市怡亚通供应链股份有限公司

业务类型：业务流程外包（BPO），具体为物流及供应链管理外包服务。

亮点推荐：怡亚通把握中国生产企业迫切需要转变供应链模式来改善生存环境的商机，通过整合各方资源，打造出一个商流、物流、资金流、信息流"四流合一"的一站式供应链整合服务平台。

核心优势：

拥有丰富的服务网络，海内外运作平台覆盖面广；

通过高性能、多用途的计算机信息管理系统共享竞争信息；

供应链地产优势与一站式供应链优势有效结合。

服务提供商

深圳市怡亚通供应链股份有限公司（简称怡亚通）成立于1997年，总部设在深圳，是中国第一家上市供应链企业（股票代码：002183），旗下现有150余家分支机构，全球员工3 000余人。作为国内领先的供应链服务商，怡亚通通过整合各方资源，打造出一个商流、物流、资金流、信息流"四流合一"的一站式供应链整合服务平台，专业承接企业的非核心业务外包，根据企业的个性化需求，量身定制适合的供应链服务方案，帮助企业提高供应链效益，推动供应链创新，增强核心竞争力。怡亚通的主营业务涵盖客户供应链上核心业务以外的所有其他业务，包括生产型服务供应链、流通消费型服务供应链、产品整合虚拟生产供应链、供应链金融、供应链咨询、供应链基地等，创造性地实现了物流外包、商务外包、结算外包、信息系统及信息处理外包等一站式供应链管理外包服务。

怡亚通是国家高新技术企业、中国进出口百强、全国双业联动示范企业、2012年中国最佳雇主、《财富》2012年中国500强、广东省服务业百强。此外，公司还是中国唯一一家全面入驻中国保税物流园区的企业，连续6年进入深圳海关纳税大户前10名。

截至2012年底，怡亚通服务平台遍布全国200多个主要城市（包括香港）和东南亚、欧美、澳大利亚等主要地区和国家，为400多家国内外知名企业提供服务，为国家缴纳综合税款逾百亿元。

自2001年起，怡亚通的市场业绩一直保持高速增长的势头，2012年业务量达360亿元，比2011年同期增长4.42%；实现营业总收入75.55亿元，比2011年同期增长7.54%。

市场背景

美国著名管理学家德鲁克曾经预言："在 10～15 年之内，任何企业中仅做后台支持而不创造营业额的工作都应该外包出去。"在 2008 年全球经济危机中，美国、印度最早复苏并快速成长的几乎都是业务外包最彻底的企业。据调查，当前长三角、珠三角陷入困境的企业中，有70%的企业是受困于供应链管理，中国企业目前迫切需要转变供应链模式来改善生存环境。在经济全球化的今天，非核心业务外包成为供应链的一部分，整合供应链资源是自由经济时代想提高全球生产效率的企业的必然选择。

2011 年 7 月，怡亚通提出倡议，并联合深圳、广州、义乌等地的 10 多个企业协会和 20 余家企业一道发起"非核心业务外包中国行动"。为落实行动、有效整合全球资源、做大做强产业链，怡亚通特别推出"非核心业务外包中国行动·全球联盟计划"，与优秀企业、团队、项目紧密合作，打造高效、专业的中国供应链整合平台，帮助中国企业实现可持续、高效能的发展。

核心优势

1. 服务网络

（1）境内外网络：拥有中国香港、中国台湾、新加坡、美国纽约、美国亚特兰大、德国等运作平台。境外通过香港平台，与国外供应商进行结算处理。境内设立深圳、上海、北京、大连四大运营平台以及遍布全国的200多个配送中心，在全国超过200多个主要城市建立 BTOX 连锁加盟供应链服务平台（B to B，B to C），形成覆盖全国的服务网络，为客户提供全国区域联动、深度分销及分销执行服务。

（2）通关网络：在北京、上海、深圳、大连设置四大关务平台，其通关范围覆盖中国绝大多数的海陆空口岸。

（3）通关实力：深圳皇岗口岸：中国最大的综合性公路及汽车口岸，连续 8 年进出口量排名前十。深圳福田保税区口岸：2008 年仓储型企业一般贸易进口量排名第一。北京机场口岸：2006 年至 2007 年，非生产型企业进出口量排名第一，2008 年非生产型企业进出口量排名第二。

2. 信息化系统

怡亚通的优势在于通过高性能、多用途的计算机信息管理系统使企业能够共享信息。通过共享竞争信息，使供应链上的企业（制造商、供应商、分销商）及时调整生产策略，以便在市场上占据主动。

怡亚通一直重视技术创新，为配合日益增长的业务需求和客户的响应速度，不断完善信息化系统，信息技术开发人员百余人，年均投入超过1 000万元，现有客户关系管理系统 CRM、业务运作系统 P2、办公管理系统 OA、深度分销系统 SD、金融系统和门户系统 Portal、物流网站等。通过这些系统，一方面可以实现公司从客户导入，到业务运作，再到售后管理的一条龙作业和内部管理；另一方面可以为外部客户提供更多的增值和便捷服务。

3. 供应链基地

怡亚通借助现代的服务设施及国际先进的管理水平，将供应链地产优势与一站式供应链优势结合，目前上海、大连供应链基地已落成启用，深圳、长沙、上海基地正在建设中，总面积超过 30 万平方米。供应链基地全部建成投入使用后，将辐射华南、华北、华东等区域，配合区域配送中心，进行国内分销执行服务。

服务项目案例

1. 生产型服务供应链（广度供应链）

生产型企业的供应链涉及原材料采购、物料供应、生产管理、仓储及物流管理、产品销售管理等多个领域，采购模式与结算方式多样，供应链环节较多，流程较长，供应商及料件体系庞大，统筹管理工作量大。怡亚通的生产型供应链服务，可将原有的多家供应商对企业，以及企业对多家下游客户的"多对一""一对多"复杂模式转变为企业对怡亚通的"一对一"运作模式，即为生产型企业搭建采购与采购执行、销售与销售执行服务平台，提供贯穿整个供应链的交易服务、国内物流、国际物流、通关、供应商库存管理（VMI）、分拨配送、资金配套及信息处理等服务。

案例一：采购执行 + VMI

H 客户，成立于 1994 年，注册资金 16 亿元，员工人数 5 500 人，是一家集研制、生产和销售数字视频、音频、信息产品整机及关键件于一体的综合性公司。本案例中怡亚通采购执行流程以及采购执行解决方案与服务价值分别见图 1、图 2。

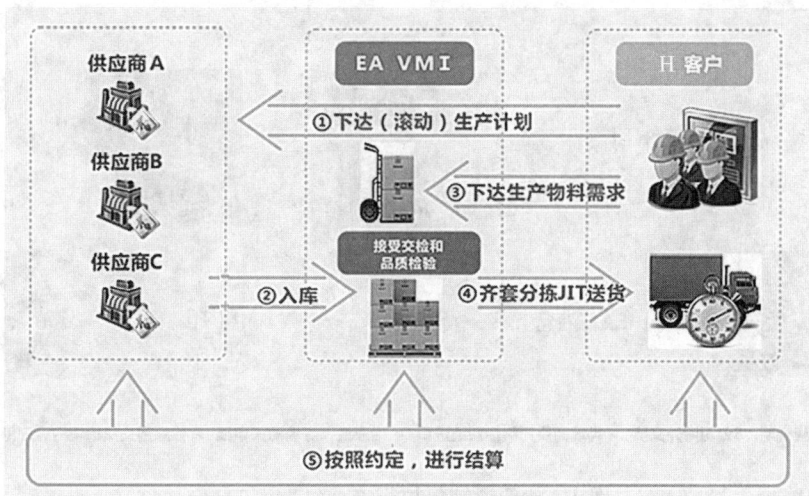

图 1　怡亚通采购执行流程（案例一）

127

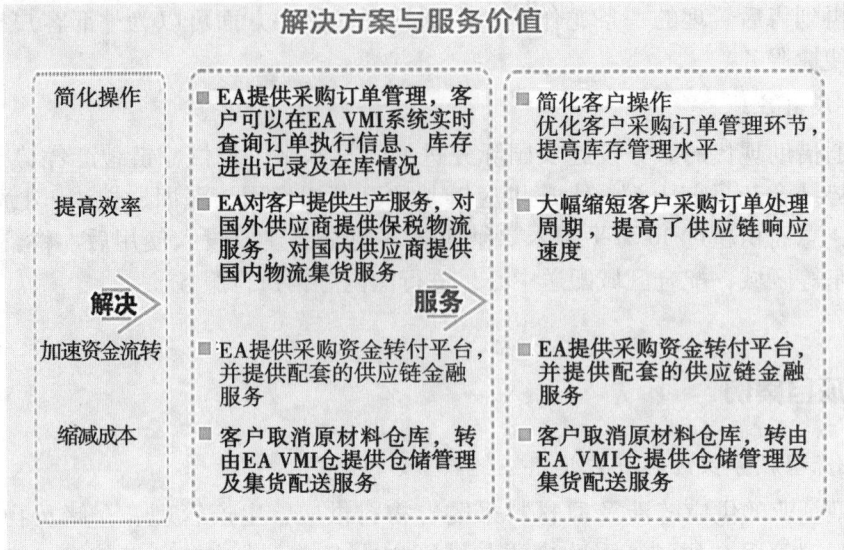

图 2 怡亚通采购执行解决方案与服务价值（案例一）

案例二：销售执行 + DC

S 公司是全球知名的网络解决方案供应商，在中国实行代理制，此前，由其代理商各自在 S 公司海外出货点提货，办理国际运输、通关、付汇等手续。如此，S 公司较难掌控出货后的供应链时效、成本及运输信息，难以监管代理商的业务运作以及产品的市场价格。此外，S 公司还需面对庞大的代理商体系的货物交付、结算，营运管理繁复。本案例中怡亚通销售执行流程以及销售执行解决方案与服务价值分别见图 3、图 4。

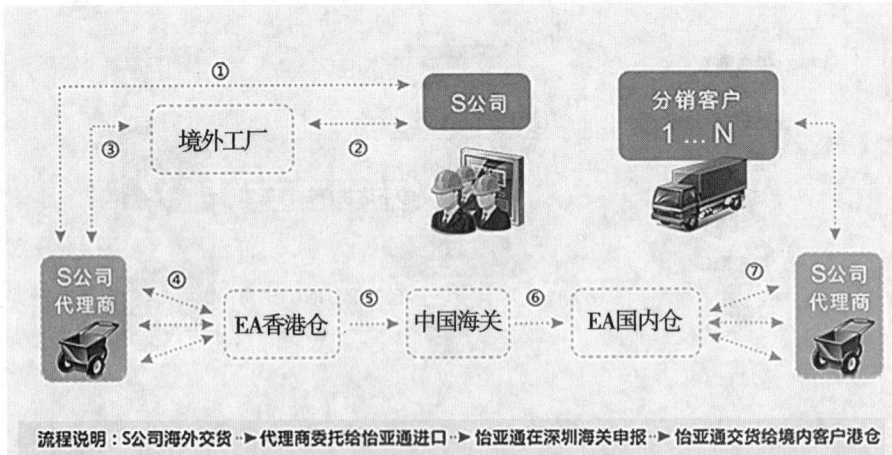

图 3 怡亚通销售执行流程（案例二）

解决方案与服务价值

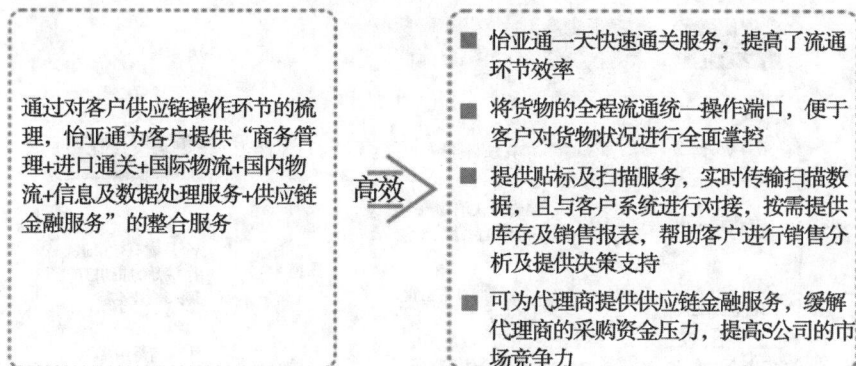

通过对客户供应链操作环节的梳理，怡亚通为客户提供"商务管理+进口通关+国际物流+国内物流+信息及数据处理服务+供应链金融服务"的整合服务

高效 →

■ 怡亚通一天快速通关服务，提高了流通环节效率

■ 将货物的全程流通统一操作端口，便于客户对货物状况进行全面掌控

■ 提供贴标及扫描服务，实时传输扫描数据，且与客户系统进行对接，按需提供库存及销售报表，帮助客户进行销售分析及提供决策支持

■ 可为代理商提供供应链金融服务，缓解代理商的采购资金压力，提高S公司的市场竞争力

图4 怡亚通销售执行解决方案与服务价值（案例二）

2. 深度供应链（流通消费型服务供应链）

流通消费型服务供应链是生产型服务供应链的自然延伸，是公司创新型业务，主要为客户搭建高效畅达的产品销售平台，目前主要面向快速消费品、IT、家电等行业。

随着市场竞争的日益激烈及消费需求的逐步提高，品牌厂商与消费者的距离被逐步拉近。原有的多层级经销渠道模式正在面临新的市场挑战。快速消费品具有产品更替快，品类管理繁杂，销售网点覆盖面广、密度大等特点，怡亚通以市场需求为导向，建立了完善的深度供应链服务平台，可帮助企业实现全国范围内的深度分销与分销执行服务。深度供应链服务平台可以为参与方带来三大价值创新：一是实现渠道扁平化，提高流通效率；二是整合营销，提升市场规模，共同做大做强。三是通过共享平台，实现总成本领先，提高产品竞争力。

案例三

D客户，是全球著名奶粉品牌。在进入广州番禺市场初期，由于原经销商在人才、物流、金融、服务等方面的限制，市场表现不尽如人意。2010年选择与怡亚通合作后，在渠道渗透、销售额及占有率等方面有较大突破。本案例中怡亚通流通消费型服务供应链解决方案与服务价值见图5。

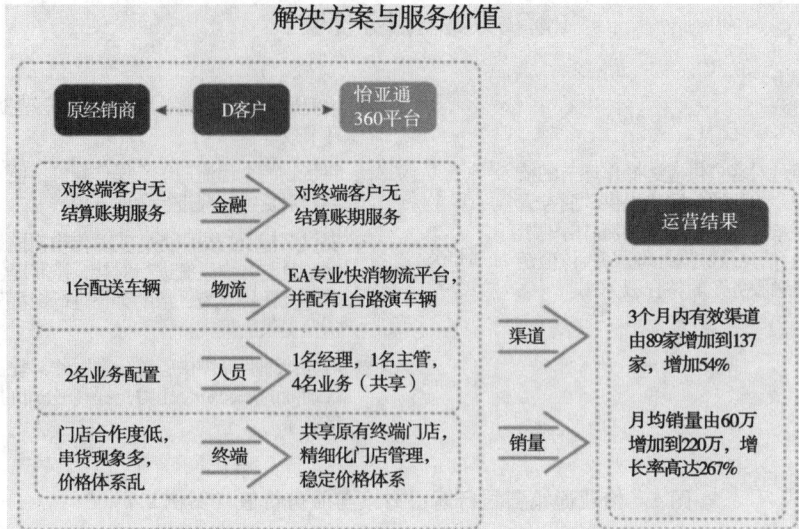

图 5　怡亚通流通消费型服务供应链解决方案与服务价值（案例三）

案例四：

P 客户，是全球日化巨头。2010 年将贵州遵义市场交由怡亚通运营，希望怡亚通能帮助它快速、有效、低成本地深度渗透，实现市场长足增长。本案例中怡亚通流通消费型服务供应链解决方案与服务价值见图 6。

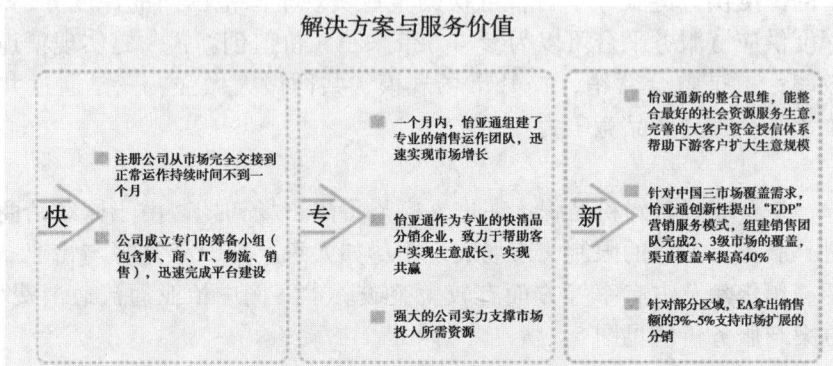

图 6　怡亚通流通消费型服务供应链解决方案与服务价值（案例四）

外包业务风险控制

1. 管理风险

怡亚通较早建立了内部规范的管理体系，但随着业务规模不断扩大，业务领域不断拓展，子公司和分支机构不断增加，公司内部的资源分配、协调、整合、激励、监控的管理需求越来越重要，在管理能力与水平方面面临新的挑战。公司针对客户业务量大、类型复杂、业务灵活，存在风险不能有效识别，内控体系不能及时、充分揭示并控制的问题，将内部控制制度的完善作为一个持续的过程，根据业务发展的情况，定期梳理规程，加大执行监督、评价力度，及时纠正内控制度可能存在的缺陷。

2. 外汇风险

怡亚通大部分收入业务以人民币进行交易，而人民币不能完全兑换为外币。所有外币交易需按中国人民银行公布的汇率，通过获授权买卖外币的银行进行。中国人民银行自 2005 年 7 月 21 日起，开始实行以市场供求为基础、参考一篮子货币进行调节和管理的浮动汇率制度。公司需要面对供应链管理业务的外汇风险，在提供金融供应链服务时，替若干客户向外地出口商以美元购货。一方面，以贷款方式向银行借取美元；另一方面，根据未来一年的预计付汇需求，在中国大陆签订远期美元购汇合约。同时由联怡国际（怡亚通旗下全资子公司）在香港签订金额相等、期限相同、到期日期相同的无本金远期人民币购汇合约，以管理其外汇风险。对于不是以记账本位币计价应收和应付账款且出现短期失衡情况，会在必要时按市场汇率买卖外币，以确保将净风险敞口维持在可接受的水平。

发展规划

1. 开源节流，全力推行精细化管理

扩大业务规模，提高人力资源和管理效率，优化资源配置，精简组织结构，有效控制运营成本。

2. 加快信息化建设

怡亚通把推动信息化发展作为公司业务的灵魂，将针对各业务模式加快完成系统建设，用 IT 技术手段降低差错率、提高运营效率，实现上下游客户互联互通，逐步实现全方位信息化管理，以确保业务运作的及时性、规范性和安全性。

3. 加深客户关系管理

一切要以客户为中心，抓住客户，培养和创造客户。继续稳步发展广度供应链业务（公司基础业务），在深挖现有客户潜在业务的同时，积极开发优质新客户，加强业务网点和团队建设，优化客户结构，不断拓宽业务行业领域，整合外部优良团队，加快提升公司业绩步伐。

4. 完善和加强公司内控管理

全方位树立全员风险内控意识，加强业务管控和审批流程，警惕经营过程中的各种风险性隐患。

5. 加大力度拓宽深度供应链业务

在保持原有业务增长的同时，不断努力开发新项目，快速占据市场份额，树立良好的行业口碑。包括与世界 500 强客户和行业前三名品牌客户建立战略合作关系；加大终端覆盖并与所有终端建立战略合作关系；加强整合业务增长，深化原有业务渠道拓展等。

6. 发展供应链金融服务

扩大信贷资金来源，寻找业务新的增长点，做好贷款项目储备，实现持续、均衡发展。

7. 拓展增值服务供应链

增值服务供应链，即以客户需求为中心，通过资源整合帮助客户实现价值增值。怡亚通"深度380整合分销模式"是增值服务供应链的一种成功转型。目前，怡亚通的"380计划"开始全面发力，已经在全国建立了200余个平台，并与数十家500强企业达成战略合作伙伴关系，以搭建覆盖全中国的直供平台为目标，推动整个供应链上下游企业共同成长、实现共赢。

参考资料：

1. 深圳市怡亚通供应链股份有限公司提供的资料。
2. 从怡亚通供应链网站收集的资讯。

年富：首创一体化财务供应链服务

服务提供商： 深圳市年富实业发展有限公司

业务类型： 业务流程外包（BPO），具体为物流及供应链管理外包服务。

亮点推荐： 供应链金融作为一个金融创新业务在我国发展迅速，已成为银行和企业拓展发展空间、增强竞争力的一个重要领域，也为供应链成员中的核心企业与中小型企业提供了新的融资渠道。年富在国内首创一体化财务供应链服务，帮助企业优化现金流转、提高资金利用率、降低整个供应链财务总成本，从而实现商业模式和服务价值的创新。

服务模式：

供应链运作模式： 通过年富供应链服务平台，衔接原材料供应商、分销商、制造商、研发设计公司、采购贸易商、代理分销商、运营商、消费者各个环节，实现整个过程中的商流、资金流、物流和信息流高效畅顺。

基本服务模式： 外包业务贯穿采购、生产、销售和消费环节，涵盖融资、结算、保理、汇总、评估、保险、税务、票证、供应链规划、采购执行、独立分销、虚拟生产、信息服务、商务处理、物流、海关、商检等。

服务提供商

深圳市年富实业发展有限公司（简称年富）成立于 2000 年 8 月，注册资金 1.45 亿元，是一家以投资兴办实业、提供物流与供应链服务为主的综合性民营企业。年富旗下拥有深圳市年富供应链股份有限公司、深圳市年富物流有限公司两家子公司。目前，年富在深圳和香港设立了运营中心，在北京、上海、广州、武汉等全国多个一线城市和二线城市建立了分支机构，并在香港和福田保税区拥有自己的仓储配送基地，形成了覆盖全国、辐射全球的供应链服务外包网络。年富连续多年获评中国外贸 500 强企业、中国民营外贸 100 强企业，是深圳市技术先进型服务企业、福田区总部经济企业、深圳市服务外包骨干企业、广东省服务外包重点培育企业。

年富的服务外包业务涵盖设计、生产、流通环节的国内外采购、贸易代理/执行、分销代理/执行、进出口代理、保税与非保税物流、供应商管理库存（VMI）、虚拟生产等领域；服务行业涉及 IT、通信、汽车、能源、环保、棉花、化工、矿产、钢铁、有色金属、基础工业原材料、医疗、精密设备、重型装备、通用设备零部件、高/中档电器、消费品、奢侈品、新媒体渠道等。经过多年发展，年富与众多全球顶尖企业如IBM、DELL、SAMSUNG、朗讯、惠普等，以及国内品牌企业如海尔、长虹、TCL、中国电信等，达成长期战略合作伙伴关系，以高效的服务能力和完善的服务设施为数百家国内外知名企业提供一站式供应链外包服务。

在服务贸易全球化趋势下，企业所面对的市场竞争日趋激烈，巨大的竞争压力迫使企业将有限的资源用于加强自身的核心竞争力，而把非核心业务外包给更专业的公司或供应商。近三年来年富的服务外包业务取得了飞速发展（见表1）。

表1   2010—2012年年富公司服务外包收入情况

年份	2010	2011	2012
服务外包收入（万美元）	857.22	1 498.61	1 651.26
离岸服务外包收入（万美元）	600.06	1 079.00	1 344.10
所占比率（%）	70	72	81.4

截至2012年底，年富共有员工225人，其中从事服务外包且具有大学专科以上学历者有198名，占2012年全部职工总人数的88%。同时，为了适应服务外包业务的需求，年富通过各种形式组织员工进行服务外包业务培训以提高员工的业务能力和服务水平，为服务外包业务的发展提供了强大的动力。

年富非常重视商业模式创新和服务价值创新，认为创新是一个企业快速、健康发展的强大动力，是企业竞争取胜的关键因素。年富在国内首创一体化财务供应链服务，通过为客户提供专业的一体化供应链运作和增值服务，有效地帮助客户优化企业价值活动、提高获利能力和抗风险能力。

市场背景

供应链金融作为一个金融创新业务在我国发展迅速，已成为银行和企业拓展发展空间、增强竞争力的一个重要领域，这也为供应链成员中的核心企业与中小型企业提供了新的融资渠道。

目前，中小企业由于融资抵押物和担保的匮乏，陷入融资困境，生存发展难以为继，同时国内有90%以上的中小制造企业不接受当前国际贸易中已成为惯例的"赊销"方式，仍坚持"款到发货"的模式，由此影响了国内中小企业的市场竞争力。

年富根据客户的上下游价值链状况、业务模式和资信特点，依托自身丰富的财务供应链管理运作经验和风险控制经验，整合银行、保险、担保公司等金融机构的资源，创新性地提出财务供应链服务模式。财务供应链是指供应链活动中因商品交易而产生的资金流和单据流转所形成的企业外部财务业务网链，其涵盖了企业对外融资、结算、汇兑以及相关的税务、票据、保险等处理活动。年富的财务供应链服务有利于优化现金流转、提高资金利用率，最终降低整个供应链财务总成本。

服务内容

1. 服务内容

年富财务供应链服务情况如表 2 所示。

表 2　年富财务供应链服务概览

服务范围	服务内容
一体化财务供应链解决方案	企业一体化财务供应链外包规划
	供应链融资及风险控制规划
	业务、项目、单证、债权等融资方案设计
	商务、关务、商检、物流等配套服务方案设计
	企业供应链融资成本、效率分析与优化
	其他个性化财务供应链服务外包方案设计
供应链财务/金融服务	融资：包括贸易、票据、项目融资、项目打包融资、应收款融资、租赁融资、抵押、担保融资、预付货款
	税务处理：税务规划、设计、代垫进口税款、代垫出口退税
	贸易结算：收汇/结汇/付汇、代理结算、代理开/收 L/C、进/出口托收
	其他供应链财务服务：贸易票证规划、运作、代理保险、保理业务运作等
财务供应链配套服务	商务服务
	进出口通关及商检服务
	物流服务
虚拟生产	制造商委托虚拟生产
	全流程供应链外包/委托服务
一体化财务供应链电子商务	全面的线上线下财务供应链服务

2. 业务流程与服务价值

（1）一体化财务供应链解决方案。年富依托自身的金融、供应链、市场营销、计划采购、生产制造、国际贸易、现代物流、关务商检、法务风控、税务保险、信息技术，以及各相关行业的资深专家和专业团队，针对客户的个性化需求和供应链中存在的问题，重构企业的供应链并优化设计出科学、严谨、可操作性强的全面解决方案。年富一体化财务供应链解决方案业务流程如图1所示。

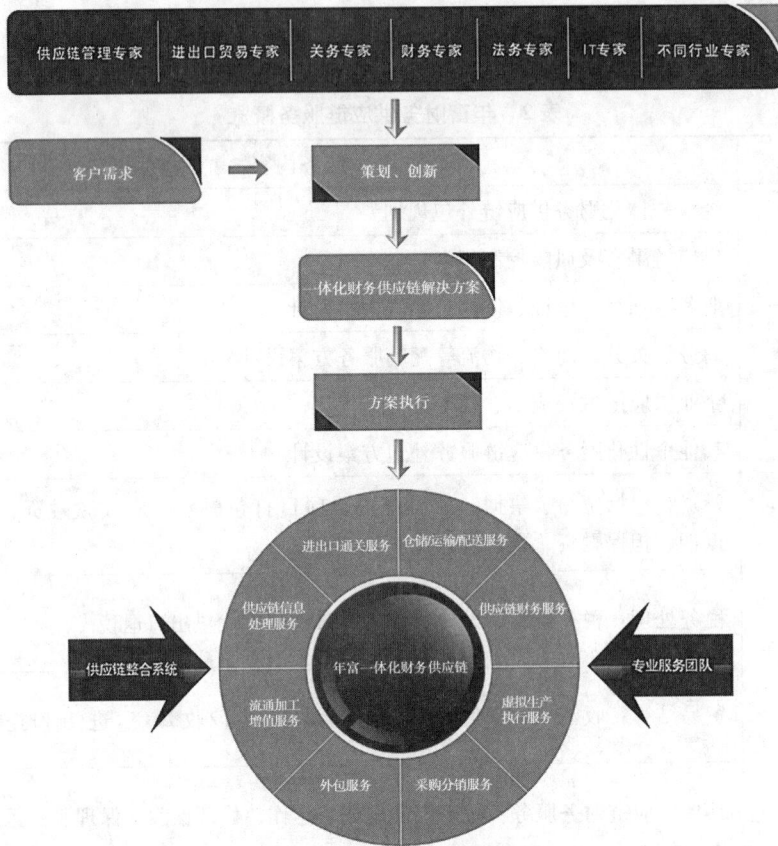

图1　年富一体化财务供应链解决方案业务流程

（2）供应链财务/金融服务。年富根据客户的上下游价值链状况、业务模式和资信特点，整合银行、保险、担保公司等金融机构的资源，为客户提供量身定制的供应链金融服务方案和融资操作。其服务价值体现在：帮助企业拓宽融资途径，解决客户自有资金不足的问题，快速发展业务；减少客户供应链过程的资金占用情况，改善现金流状况；帮助企业扩大产能和规模，提升接单能力；帮助企业稳定供销渠道、降低供应成本；帮助供应商快速回款，提高销售能力；确保客户外部交易过程和供应链过程安全，为客户化解融资风险；协助客户解决税、证、票、汇兑、结算、保险等企业外部财务业务问题。

（3）财务供应链配套服务。年富在为客户提供进出口贸易（一般进出口贸易、加工贸易）和国内贸易融资的过程中，提供代理批文、申办手册、订单处理、开证收证、收汇结汇、报关商检以及保险、税务等交易过程的商务配套服务，从而使客户的贸易过程更加快捷顺畅，更好地控制交易成本和风险；进出口通关及商检服务能有效提高通关、商检效率，快速交付，减少货物在途时间，并采用预归类、审价、预申报和节点控制，为快速通关提供保障；物流服务能优化仓库与在途管理，库存管理清晰化，优化运输旅程，缩短货物运输时间，实现"门到门"配送，保证货物安全、准时交货，零库存、快速响应、即时配送，降低物流与供应链成本。

（4）虚拟生产。年富凭借供应链金融的有效驱动，整合行业内上下游的各项资源，合理规划原材料供应联盟和生产联盟之间的精益配置和优选组合，构建包括国内外原材料采购、配套分拣集成、外包加工制造、品质监控、成品交付等环节的协同生产价值链。服务价值体现在：有效利用生产制造设备，节省固定资产投资费用；发挥专业制造商的制造技术和品质管控优势；实现生产人力在不同生产周期的弹性配置；推动原材料供应资源的最佳配置；实现生产联盟资源的最优组合和有效协同；使客户可以更专注于产品研发、品牌建设和渠道建设。

（5）一体化财务供应链电子商务。

年富一体化财务供应链电子商务业务流程如图2所示。

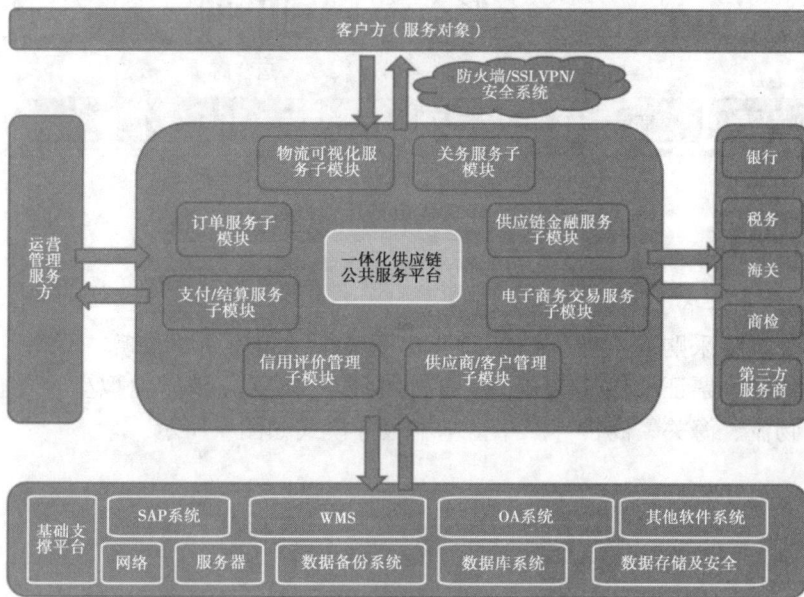

图2　年富一体化财务供应链电子商务业务流程

服务模式

1. 供应链运作模式

通过年富供应链服务平台，衔接原材料供应商、原材料分销商、制造商、研发设计公司、采购贸易商、代理分销商、运营商，以及消费者各个环节，实现整个过程中的商流、资金流、物流和信息流高效畅顺。年富供应链运作模式如图3所示。

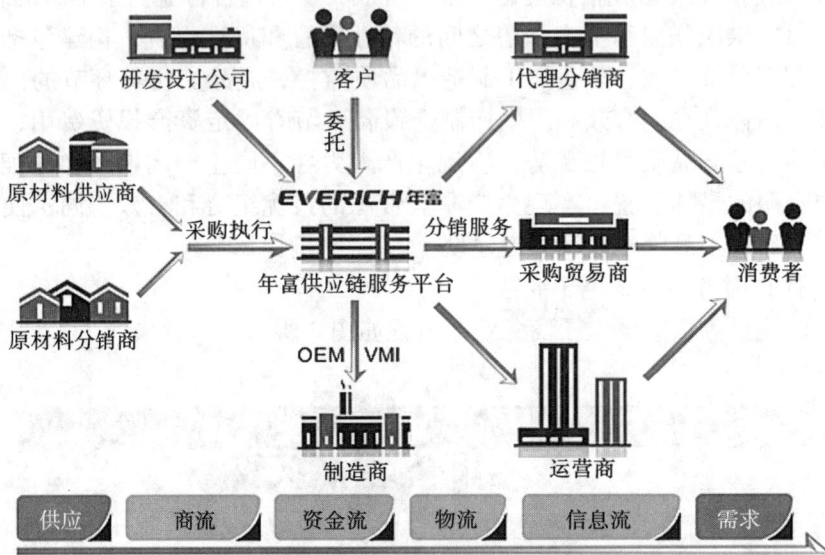

图3　年富供应链运作模式

2. 基本服务模式

外包业务贯穿采购、生产、销售和消费环节，涵盖融资、结算、保理、汇兑、评估、保险、税务、票证、供应链规划、采购执行、独立分销、虚拟生产、信息服务、商务处理、物流、海关、商检等。年富基本服务模式如图4所示。

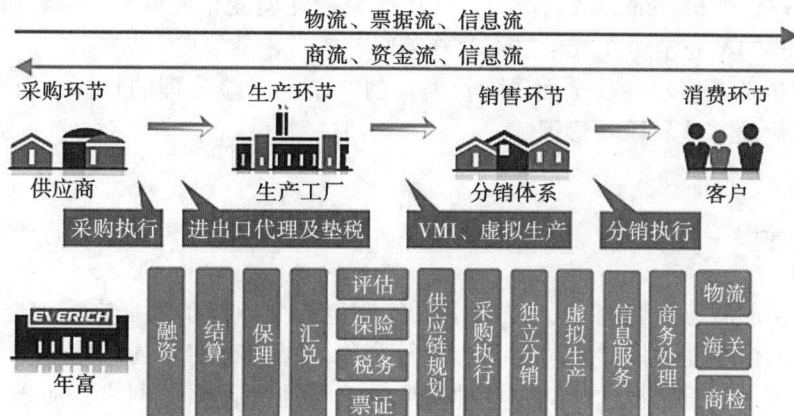

图 4　年富基本服务模式

商业价值

年富的服务外包业务能够帮助企业拓宽融资途径，解决客户自有资金不足的难题，实现用最小的成本获得最大化企业运营资本的目的；为企业提供专业的一体化财务供应链服务，满足企业非核心业务外包需求；帮助客户规避交易和经营风险，提高企业供应链运作的安全性；协助客户提升供应链管理水平，稳定供销渠道，提升企业经营规模和效益。

同时，年富的专业性高端供应链外包服务有利于改善中小企业的经营环境，通过引进供应链管理的成功经验和先进理念，促进传统产业发展模式的创新和观念转变，重新整合产业生态链，以提升区域产业的竞争力。

核心竞争力

年富从事服务外包业务的核心竞争力在于高效的服务团队、专业的管理和运作、良好的服务口碑、高效的信息系统平台、独特的商业模式和服务功能、丰富的资源优势、先进的风险控制技术等。

年富在服务外包风险控制上建立了成熟的管理体系。由于供应链管理与服务常常涉及复杂的多节点、全流程业务运作，或大量的资金和高值的货物运作，并且供应链融资还涉及权利转让和资产支持的法律问题，因此企业面临着各种风险。年富的主要做法是：

（1）公司设立风险管理委员会，通过整个前端审核，事中、事后监控及改善等，来达到加强全面风险管理的目的。

（2）结合不同行业及产品的特点和可能的风险特征，建立自己的风险管理和控制体系，及时评估分析外部经济、政策、法律、金融环境变化或调整等因素导致的影响，以及企业之间的不完全协作或信息不对称等问题所带来的风险。

（3）根据业务需求构建全面风险管理机制，设定风险管理的目标，引入"全员风险意识"文化及零差异风险管理。

发展战略

未来年富的服务外包将仍然以离岸服务外包为主，逐步发展在岸服务外包市场；与更多优秀的供应商、设计公司、制造商等合作，寻找有实力的战略合作伙伴，强强联合；运用先进的信息技术，整合各种资源，不断地完善服务网络，加强区域性运营中心建设，实现持续发展。

参考资料：

1. 深圳市年富实业发展有限公司提供的资料。
2. 年富官网：http：//www．erscs．com。

联合利丰：以自主研发创新打造核心优势

> **服务提供商**：深圳市联合利丰供应链管理有限公司
> **业务类型**：业务流程外包（BPO），具体为物流及供应链管理外包服务。
> **亮点推荐**：联合利丰是一家以创新机制和模式崛起的新兴企业，致力于金融技术、物流技术、供应链风险控制技术、供应链信息技术的研究与创新，将分销中心网络遍及珠三角、长三角及中西部区域，形成了覆盖全国的供应链服务网络，为客户提供集商流、物流、资金流、信息流、工作流为一体的供应链外包方案与运营。
> **业务运作模式**：联合利丰所提供的服务主要包括财务供应链服务及一体化供应链服务。从客户完成产品设计开始，联合利丰就能够介入客户的供应链运作体系，并贯穿采购、生产、物流、仓储、分销、结算整个流程。
> **核心技术优势**：联合利丰自主研发了具有行业领先水平的信息系统，契合供应链行业特点，满足多种业务模式的多样化需求，将商务、采购、计划、生产、交付连成一体，通过信息流实时反映物流和资金流，对业务过程进行有效控制，实现了信息流、物流、资金流等多流整合。

服务提供商

深圳市联合利丰供应链管理有限公司（简称联合利丰）成立于 2010 年，是一家以创新机制和模式崛起的新兴企业。一直以来，联合利丰作为专业的一站式供应链管理服务商，致力于金融技术、物流技术、供应链风险控制技术、供应链信息技术的研究与创新，坚持"让生意变得更简单"的服务理念，通过不断强化和提升供应链技术与运作能力，为客户提供集商流、物流、资金流、信息流、工作流为一体的供应链外包方案与运营。

联合利丰的业务主要分为两大部分——物流供应链服务和财务供应链服务。一方面，联合利丰在上海、广州、福建、江西、深圳、香港建有子公司，分销中心网络遍及珠三角、长三角及中西部区域，形成了覆盖全国的供应链服务网络。另一方面，联合利丰积极与金融机构开展深入合作，进行资源整合，构建了一个集信息集成技术、风险控制技术、物流整合技术于一体的供应链服务平台，为客户提供财务供应链解决方案，有效提升了资金周转率，目前中兴、联想、海信、优派等知名企业均为其客户。

联合利丰注重标准化流程改造，导入并通过了 ISO9001 质量管理体系认证、ISO14001 环境保护体系认证。2013 年，联合利丰被深圳海关认定为 AA 类企业，并被评为"客户协调员制度企业"，大大提升了在通关方面的运作效率。公司先后获得"广东省现代服务业十大最具影响力企业""广东省现代服务业十大品牌""广东省 500 强企业""广东省诚信示范企业""深圳物流业十大领军企业""深圳物流业十大创新奖"等荣誉。

市场背景

供应链管理是迄今企业物流发展的高级形式。虽然供应链管理非常复杂且动态、多变，但众多企业已经在供应链管理的实践中取得了显著的成效。当前供应链管理的发展正呈现出一些明显的趋势。

首先，越来越多的公司认识到时间与速度是影响市场竞争力的关键因素。在供应链环境下，时间与速度已被看作提高企业竞争优势的主要来源，一个环节的拖沓往往会影响整个供应链的运转。供应链中的各个企业通过各种手段实现它们之间物流、信息流的紧密连接，以达到快速响应客户要求、减少存货成本、提高供应链整体竞争水平的目的。

其次，供应链管理涉及许多环节，需要环环紧扣并确保每一个环节的质量。任一环节的质量好坏都将直接影响到供应商备货的数量、分销商仓储的数量，进而最终影响到用户对产品质量、时效性以及价格等方面的评价。另外，制造商越来越关心资产生产率。改进资产生产率不仅是减少企业内部的存货，更重要的是减少供应链渠道中的存货。供应链管理的发展趋势要求企业开展合作与数据共享以减少在整个供应链渠道中的存货。

再次，供应链成员的类型及数量是引发供应链管理复杂性的直接因素。在当前的供应链发展趋势下，越来越多的企业开始考虑减少物流供应商的数量，并且趋势非常明显。

业务运作模式

联合利丰所提供的服务主要包括财务供应链服务及一体化供应链服务。从客户完成产品设计开始，联合利丰就能够介入客户的供应链运作体系，并贯穿采购、生产、物流、仓储、分销、结算整个流程，为客户提供商流、物流、资金流、信息流"四流合一"的供应链服务，帮助客户有效降低供应链运作成本，缩短产品生产周期，提升效率，提高资金利用率。

1. 财务供应链服务

（1）集中采购服务。

　　提供代理采购服务，为客户在供应商、生产商、分销商之间迅速建立起紧密的战略供应链联盟，降低采购成本，提高采购执行效率，帮助客户提升产能和经营业绩。联合利丰集中采购供应链服务模式见图1。

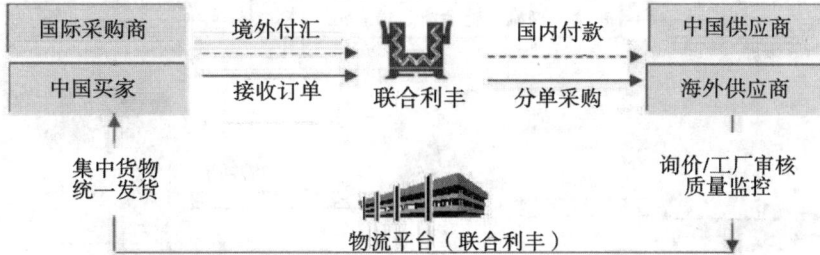

图1　联合利丰集中采购供应链服务模式

　　（2）分销执行服务。

　　以整合商流、物流、资金流和信息流为基础，协助构建最适合的分销模式。为客户提供可靠、便捷、高性能的分销执行平台，减少分销层面，优化渠道库存，降低运营成本，扩大市场占有率。

　　（3）虚拟生产服务。

　　提供产品设计、材料采购、加工制造、产品交付、物流管理等一体化服务，帮助客户实现管理扁平化，提升核心竞争力。联合利丰虚拟生产服务见图2。

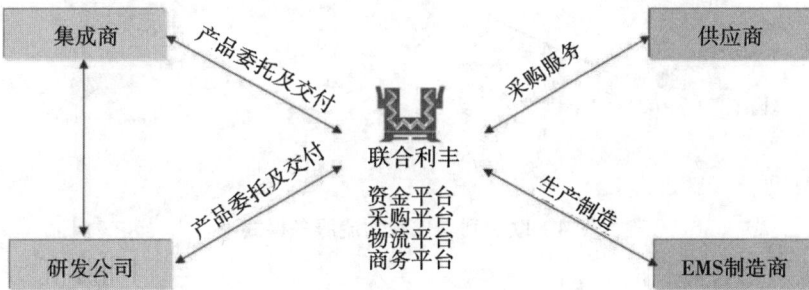

图2　联合利丰虚拟生产服务

　　（4）合同能源管理服务。

　　提供能源审计、项目设计、设备采购与安装、人员培训等一整套节能服务。

2．一体化供应链服务

（1）基本通关服务。

包含全国各口岸代理清关、代办进口批文、办理进出口检验检疫、代办3C认证、全程保险、代客租船订仓、CO 及 FORM A 证书办理。

（2）物流服务。

提供国内和国际物流服务（见图3），以及保税物流服务（见图4）。

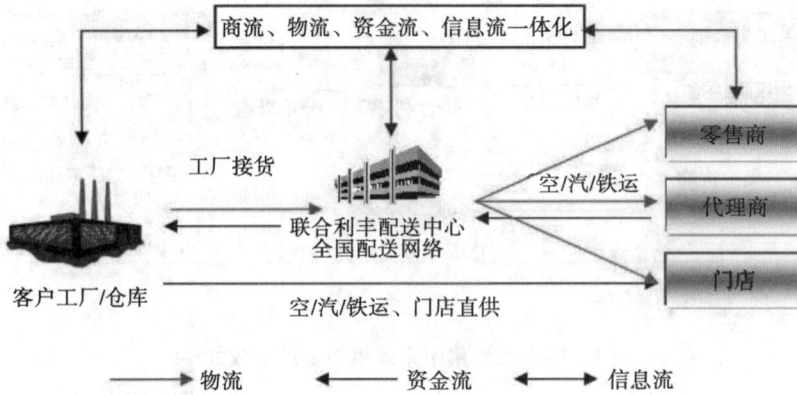

图3 联合利丰国内物流服务模式

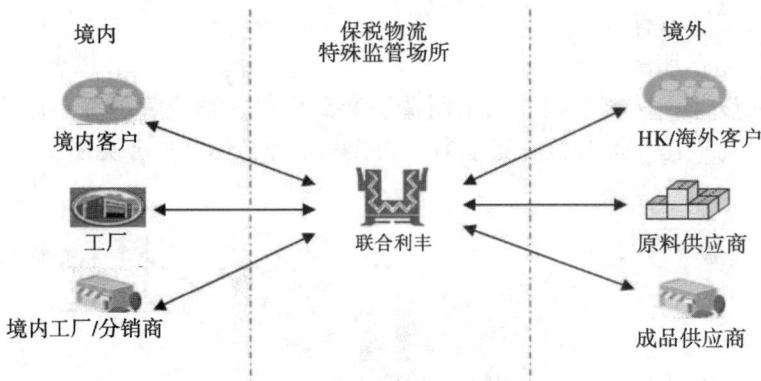

图4 联合利丰保税物流服务模式

（3）VMI 服务。

提供 VMI 精益化物流服务，即由供应商按照预期需求以及事先达成的最高和最低库存水平，代表买方组织对库存进行监督、规划和管理。通过实施 VMI 供应链战略，能够同时改善库存成本和服务水平（见图5）。

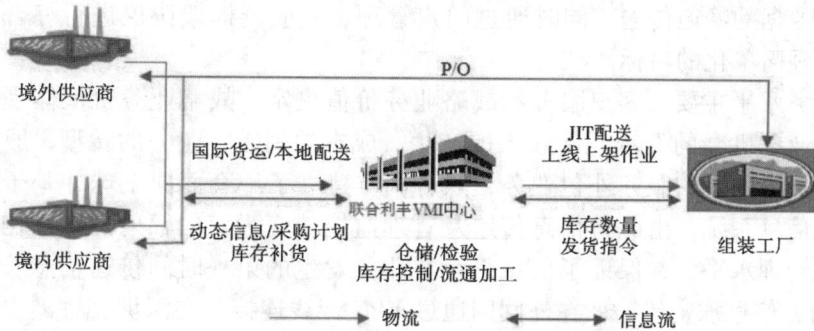

图 5 联合利丰供应商管理库存服务模式

（4）JIT 服务。

使用物联网、信息技术等国际先进方法，为客户提供最佳的城市配送、区域配送以及国际配送服务。

（5）商务外包。

提供贸易单证处理、贸易流程规划、贸易条款洽谈、贸易合同制作、贸易结算方式设计、供应商 QC 等服务。

（6）信息服务。

提供在线下单、订单管理等信息服务，包括订单跟踪、信息查询及分析等综合信息服务。

（7）供应链咨询服务。

为企业客户提供供应链的设计、规划、建设等咨询服务。

核心技术优势

作为不同于传统企业的供应链服务提供商，联合利丰非常重视供应链管理系统及相关技术的研发，针对不同客户的多样化需求，提供具有联合利丰核心技术的个性化服务。一直以来，联合利丰致力于信息技术、金融技术、物流技术以及风险控制技术的研究和创新，并把这四大技术的研究成果应用到供应链管理服务当中，使公司在供应链技术上始终保持着竞争优势。

联合利丰紧跟业界先进技术理念，率先在供应链中应用物联网概念，采用 RFID 技术进行信息自动采集，提高了业务运行效率，保持了系统的先进性。供应链管理服务涵盖了订单执行、回款的全过程，提供业务执行、业务管控、业务决策三层金字塔结构的完整解决方案，满足不同管理层面的信息化需求。

联合利丰所采用的供应链软件信息平台均为自主开发，目前已获得七项软件著作权，分别是 E－ORDR 门户管理软件 v1.0、财务结算管理软件、订单管理软件 v1.0、供应链框架协议管理软件 v1.0、进出口报关管理软件 v1.0、库存管理软件 v1.0、运输管理软件 v1.0。将财务、结算、订单、报关、库存、运输等整个供应链流程信息化，实现了数据的畅通传输，同时通过门户管理、供应链框架协议进行综合管理，达到供应链管理简单化的目标。

BPO 服务水平主要由客户服务和战略业务价值决定。战略业务价值体现在生产率的提供、新业务机会的发现、新收入的产生、成本的削减、业务的转型、股东价值的提高上。为支撑高效的服务外包业务，联合利丰建立了一套面向全球并基于互联网的集中式管理信息系统，由此将信息传递及管理监控转变为双向辐射网状结构，提升了管理效率和管理水平，并保证了信息系统在业务发生的第一时间传递信息。该系统采用 B/S 架构，信息加密传输，在外网则通过 VPN 专线连接，在深圳、香港等地设立了专用数据处理服务器和数据运作管理中心，并通过自主开发的各项信息管理系统进行数据的高效传输。

此外，在运营管理方面，联合利丰采用了先进的 SAP 信息系统，对公司运营进行统一管理，降低管理成本，提高管理效率。

发展战略

目前，越来越多的供应链成员开始真正地重视客户服务与客户满意度。联合利丰通过供应链模式创新所提供的个性化服务获得了广阔的发展前景。根据联合利丰的业务战略规划，其紧紧围绕 VMI 业务、国内和国际采购分销业务、金融与资金管理业务、贸易通关业务、仓储管理业务、物流运输管理业务，打造全流程整体供应链解决方案的平台，满足不同行业、不同领域的客户和供应商对供应链服务的要求。联合利丰还将打造第三方金融辅助平台和电子商务平台，持续创新供应链服务模式。

参考资料：

深圳市联合利丰供应链管理有限公司提供的资料。

耐克：通过采购外包成就卓越绩效

> **服务提供商：** 耐克采购服务（广州）有限公司
>
> **业务类型：** 业务流程外包（BPO），具体为物流及供应链管理服务。
>
> **亮点推荐：** 耐克广州公司立足集团中国供应商市场，凭借建立全球信息管理网络平台和提供专业化的采购业务流程外包服务，在为集团优化资源配置的同时，也对促进国际先进技术的转化和应用，协助国内厂家整体产业升级等方面产生了积极作用，而尤为值得借鉴的是其创造的采购业务流程外包服务模式。
>
> **信息化策略：** 充分运用快速反应信息管理网络平台和数据库资源，使供应链有效转化为价值链。主要信息系统包括 Pegasus System 订单管理系统、Delivery Dashboard 物流供应链管理系统、Mercury System 收支管理系统。

服务提供商

耐克集团是一家全球体育产品的品牌商，业务遍及世界 100 多个国家，其产品被定位为高端品牌，包括运动鞋、服饰、器材及其附属产品等。耐克集团总部专注于创新设计开发与市场营销，生产和采购则进行全球外包分工，是"虚拟生产"的典范。

耐克集团于 1985 年首次进入中国市场，凭借其专有技术和品牌优势，在中国市场获得飞速发展。耐克集团的部分关键供应商位于中国，为了进一步发展中国市场，耐克集团于 2010 年 8 月在广州设立了外商独资企业——耐克采购服务（广州）有限公司（简称耐克广州公司），以作为其在中国的总部，并在上海、青岛、福州、东莞设立了分支机构。

耐克广州公司主要为 NIKE 360 HOLDING B. V.（"耐克 360"）提供体育产品及相关产品的开发、采购、物流等专业技术咨询和业务运作流程设计及相关管理服务。具体服务内容包括产品的改造与开发、协助寻找制造商与原材料供应商、对选定的制造商进行监督管理、协助取得并管理模型和样品、与原材料供应商进行沟通、进行生产调查和监督、进行质量监控、协助物流配送等。

服务内容与业务流程

耐克广州公司作为耐克集团的采购外包服务提供商，主要承担以下服务内容：

1. 接受"耐克360"订单

耐克广州公司通过集团统一的网络系统 PEGASUS 获得所需要开发及生产的产品样式、质量及数量等要求。根据生产要求以及耐克广州公司对国内供应商和生产商的了解，协助"耐克360"制定一套生产和物流的内部管理和业务运作流程可行性方案。

2. 进行产品、业务管理及内部运作等流程的改良与开发

根据生产要求，耐克广州公司将协助"耐克360"对原材料及其生产技术进行改造和研发。在改良与开发的过程中，产品的设计、选料、选色等步骤可通过一个三维立体平台进行共享，使"耐克360"及生产厂商能够及时获得产品研发测试的结果，从而对产品的设计、生产等决策作出及时相应的调整。除此之外，耐克广州公司协助"耐克360"获取合作厂家的新产品模型及样品，并对其耐磨性、黏合性和耐热性等方面进行测试，并将测试结果及时反馈给"耐克360"。

3. 进行生产厂家、原料供应商等内部业务管理与相关数据处理、分析和整合，协助寻找合适的供应商

耐克广州公司承担着"耐克360"的专业数据分析和调研供应商及生产厂家的生产水平、技术运用水平等任务，以筛选出符合标准的高端供应商及生产厂家。同时，耐克广州公司也会收集本地供应商和生产商的信息，以协助"耐克360"发展新的供应商和生产厂家。此外，耐克广州公司还与生产厂家及供应商沟通，明确技术及设备要求、生产计划、物流安排等细节，以确保其达到"耐克360"的生产要求。

4. 进行产品质量监督，提供技术支持

耐克广州公司通过 Delivery Dashboard 系统及时更新生产的进度及状态，以便"耐克360"及时了解生产信息。同时，耐克广州公司在产品生产过程中与厂家保持良好的沟通，对产品生产、产成品质量检测以及售后服务等方面给予有效的支持、监控与管理。

5. 提供物流供应链管理、配送方案设计、数据库服务及相关技术的研发

根据生产进度和"耐克360"的生产要求，耐克广州公司将全程跟踪后续出货和全球物流动态等内部管理。同时，耐克广州公司将协助"耐克360"对这一过程中遇到的问题进行沟通，并将最新动态及数据反馈给"耐克360"，以供其更好地监控整个供应过程。

"耐克360"业务流程详见下图。

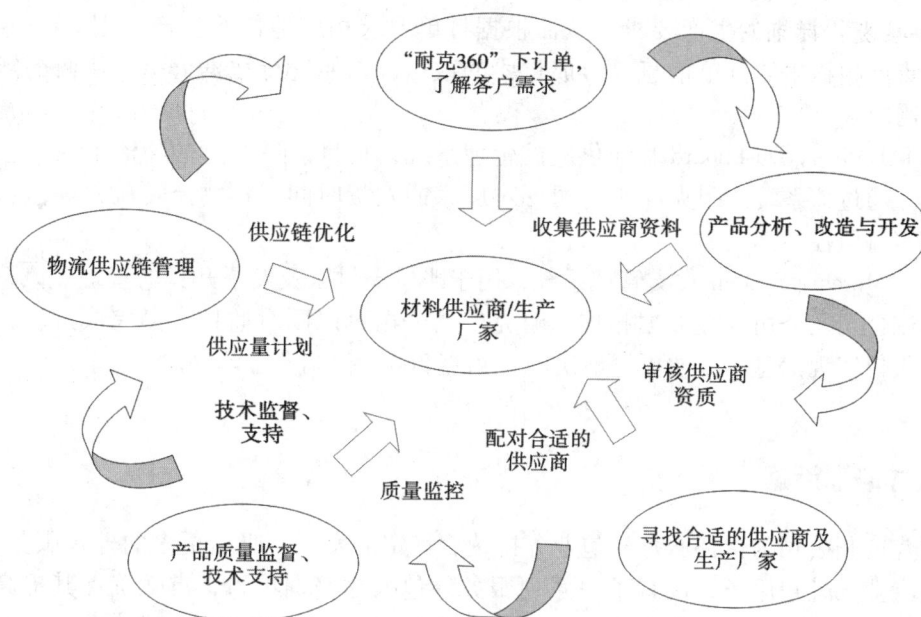

"耐克360"业务流程

外包业务效果

耐克广州公司承接的采购外包服务主要取得了两方面的成效：

一方面，有利于国际先进技术的转化和应用，协助国内厂家整体产业的升级。根据生产要求，耐克广州公司对合作厂商提供技术指引支持，对于一些需要第三方认证的产品，会协调国内厂家与国外认证机构之间的沟通合作，使国内厂家能够准确了解并达到第三方认证要求及国家市场法规要求。

另一方面，有利于优化跨国集团的全球资源配置。耐克广州公司协助"耐克360"根据现有合作厂家的技术特点、路网以及港口所处地理位置、便利程度和日新月异的发展，结合客户的产量需求，调整全球物流的整体规划。同时，耐克广州公司还协助"耐克360"进行物流方案的设计与管理制定，以优化资源，确保快速、准确、及时地把生产的产品运送到全球各地。

信息化策略

耐克集团构建了完备的快速反应信息管理网络平台，创造出巨大的附加价值，其供应链在日积月累的系统构建和不断增值中逐步转化为价值链。

耐克广州公司在承接耐克总部的采购外包过程中，充分运用了先进的技术软件系统和量身定做的数据库资源，这些均由耐克集团海外公司或第三方开发和拥有。

（1）Pegasus System 订单管理系统，直接与境外客户的网络平台相连。广州公司通过 Pegasus 获得详细的生产要求，从而根据订单要求相应地修改生产计划。Pegasus 还可以归集前期积累的订单信息，形成重要的数据，以便进行数据分析，从而更好地预测生产需求。

（2）Delivery Dashboard 物流供应链管理系统，是目前最先进的物流供应链管理系统之一。通过该系统，耐克广州公司可对厂家的发货时间、货物流转流程等信息作出动态的实时监控。

（3）Mercury System 收支管理系统，用于账单支付以及发票开具的管理。该系统与外部物流公司及公司内部数据相连，耐克广州公司可以同时监控产品完成进度、货运情况、收付实现信息，以便更好地协助"耐克360"控制资金流动。

人才培训策略

耐克广州公司为保持服务外包业务持续、稳定的发展，吸引更多的外包服务人才，提供更专业的外包服务，设置了一系列服务外包人才培训项目，有效确保其提高服务外包的业务水平和企业的竞争力。相关培训内容包括工艺及生产、成本分析、开发工艺、跨部门技术、技术工艺、流程与项目管理、价值流程图应用及项目管理、微软 Access 系统、微软 Excel 系统、精益生产管理、正向影响力、产品开发流程、标准工作及项目管理、供应链管理、驻足思考、模具制造等。

采购业务流程外包价值分析

在激烈的市场竞争中，企业承受的压力主要来自三个方面：改善现金流、快速可持续地节约成本和如何为未来增长做好准备。因此，把握核心价值制高点（如研究开发和市场营销）、外包非核心业务是经营的实用战略。

采购业务是一项极费时间、精力、经费和人员的工作，在帮助企业有效地削减采购预算、加强成本节约上，专业的采购业务流程外包服务供应商将发挥重要的作用。先进的实践经验、创新的工具和全球信息管理网络支持的采购业务流程外包服务，不仅能够帮助企业节省成本、提升管控能力、降低风险，还能为企业迅速创造竞争优势和可衡量的股东价值，使企业获得生存并蓬勃发展。

参考资料：

1. 耐克采购服务（广州）有限公司提供的资料。
2. 埃森哲官网：http：//www. accenture. cn。

第六章　生物医药外包

引　言

　　生物医药外包产业是现代服务业的新兴产业。近年来，受生物医药市场竞争加剧、研发成本持续上升以及新兴市场需求旺盛等因素影响，欧美跨国公司加快将生物医药研究转移到印度、中国、巴西等发展中国家，以求大幅降低研发成本、缩短研发周期、开拓新兴市场，从而推动了 CRO，即生物医药研发合同外包服务机构的迅速发展。

　　当前国际生物医药外包主要有三种方式：一是欧美 CRO 企业以开办分支机构或合资企业的形式，积极向海外拓展研发外包业务；二是生物医药跨国公司直接将研发业务转移至海外研发中心或当地 CRO 企业，从而带动产品进入新兴市场国家；三是大型跨国公司通过资本运作方式，投资并购当地极具潜力的、业务优秀的 CRO 企业，以获取人才资源、市场资源和标本资源等。

　　随着全球生物医药研发价值链的不断分解和延伸，CRO 服务模式呈多元化发展，包括合作开发、技术秘密转让、委托开发、生物医药新品种权转让、一般性技术服务等类型。CRO 服务范围和服务功能也在快速拓展，从最初的临床外包，即临床检验、数据分析服务等，逐渐过渡到与药物有关的各种专业服务。目前，生物医药外包已形成完整的产业链：早期服务，包括调研、创新化合物和药物中间体的合成及工艺；中期服务，包括药代动力学、药理毒理学、动物模型和 I 期临床研究；后期服务，包括 Ⅱ ~ Ⅳ 期临床研究、临床样本检测、上市申报、市场推广以及上市后药物安全监测等。

　　受政策推动、内需扩大和技术水平提升的影响，跨国企业的投资力度不断加大，广东生物医药外包产业发展势头强劲，广州、深圳、中山等地涌现出一批自主创新能力强、市场潜力优越的龙头企业。特别是近年来不少在欧美留学的生物医药博士、跨国企业资深管理者回国创业，纷纷加入 CRO 行列，进一步带动了生物医药本土企业的快速崛起。但是，广东省生物医药外包产业的整体国际竞争力仍偏低，企业普遍存在订单较小、技术含量低、规模不大、资金缺口大等问题，特别是高端人才严重缺乏，加之市场创新机制不完善、知识产权保护不足等，制约了产业的可持续发展。因此，在国际生物医药外包向亚太地区转移的大趋势下，广东应加快形成与国际接轨的专业服务能力，做大做强生物医药研发外包产业。

　　本章选取了三家标杆企业，其业务模式和发展路径在一定程度上代表了各自细分领域的最佳实践。如金域通过业态创新，由原广州医学院校办企业，转型为独立的第三方医学检验中心，快速发展成为全国规模最大、服务网络最广、营业额最多、通过国际认证最多的第三方医学实验室连锁集团；康方生物紧跟国际先进技术趋势，综合利用欧美成熟商业模式，在创新性抗体药物研发上卓有成效，是连接基础研究与抗体新药生产上市的桥梁；万孚通过自主创新、产学研合作及国外技术引进等多种创新路径，发展成为集研发、生产、服务、咨询为一体的专业体外诊断试剂领域的生物医药企业。

金域：致力于成为国内领先第三方检测机构

服务提供商：广州金域医学检验中心有限公司

业务类型：知识流程外包（KPO），具体为生物医药外包服务。

亮点推荐：金域通过业态创新，由原广州医学院校办企业，转型为独立的第三方医学检验中心，快速发展成为全国规模最大、服务网络最广、营业额最多、通过国际认证最多的第三方医学实验室连锁集团。现任国务院副总理、时任广东省委书记汪洋同志曾批示："金域医学检验中心为我们发展高端服务业打开了思路，类似的分工在许多领域都可以探索，并形成优势。"

创新型服务模式：借鉴国外成熟外包模式，承接高等院校研究机构和大中型医院的国家973、863项目，国家省市各类科研以及技术项目，以技术创新推动服务外包业务发展。

发展战略：

搭建跨界平台，促进第三方医学检测服务外包业务发展；

以香港实验室作为国际业务的桥头堡，积极进入国际医疗服务外包业务的产业链；

抓住大数据机遇，利用信息化手段创新服务外包模式，带动产业升级。

服务提供商

广州金域医学检验中心有限公司（简称金域）1994年成立于广州，是我国最早获得《医疗机构执业许可证》的独立实验室和最早进入第三方医学实验室行业的企业，现已发展为全国规模最大、服务网络最广、营业额最多、通过国际认证最多的第三方医学实验室连锁集团，主要开展医学检验、临床试验、卫生检验、科研服务四大业务。

金域在成立之初只是广州医学院的一家负责成果转让、科技开发的校办企业，其在1995年12月承接了第一份检验服务协议，开创了医学检验服务在中国以市场经济模式运作的先河。自成立以来，金域做过试剂等多种业务，但在发展过程中遇到了重重困难。至1997年，金域由原来的校办企业果断改制为独立的金域医学检验中心，通过业态创新，转型专攻第三方医学检验服务。1998年，金域开始筹组首个实验室。2002年12月，金域迎来ISO17025质量管理标准的第一次现场评审，也是全国对医学实验室进行的第一次现场评审。2004年，第三方医学检验第一次作为一个行业被国人认识。

目前，金域在全国的 22 个省会城市（包括香港特别行政区）设有省级中心实验室，可检测 1 600 余项检验项目，服务网络覆盖全国 26 个省区 90% 的人口，为全国 13 000 多家医疗机构提供标准化、高质量的医疗检测外包服务。在医学检验基础之上，金域以全国网络为依托进行服务出口外包，大力开展卫生检验、新药临床实验和科研服务等现代化生物技术服务。从 2005 年至 2012 年，金域的营业额自 7 563 万元一路攀升到 10 多亿元，连续六年实现年增长率超 50%，2013 年收入达 14 亿元，到 2018 年集团收入预计将超百亿元。

金域现已成为中国领先的临检与病理整体解决方案服务提供商，曾先后获得"中国医疗健康产业最具投资价值企业 TOP10""21 未来之星——中国最具成长性的新兴企业""福布斯中国潜力企业"等多项殊荣，并获批成立了国家级博士后科研工作站。

市场背景

2013 年，国务院公布的《关于促进健康服务业发展的若干意见》（简称《意见》）提出：到 2020 年，基本建立覆盖全生命周期的健康服务业体系，健康服务业总规模达到 8 万亿元以上。《意见》针对健康服务中所需产品供应短板，特别提出要大力发展第三方检验、检测、评价等服务。

相比美国和日本，第三方检测在我国是新兴行业，发展空间很大。对于中小医院、诊所和社区门诊来说，其诊断设备简陋，通过第三方医学实验室能有效地规避医院在实验室设备、软件、人员等方面的高额投资，同时又极大地提高了对病症的诊断精准度；对于大医院来说，有些检验项目对设备、人员要求高，投入大，单家医院由于样本量有限，投入巨资装备齐全的实验室又浪费了大量的医疗资源，第三方医学检验机构则可以集中承接和外包这些项目，节省了投入，还能提高专业化水平和规模效益。

据专业机构研究报告，目前中国只有 0.7% 的医学检验在独立实验室完成，2010 年第三方医学检测机构在整个中国的市场份额为 13 亿元。这个市场每年以 40% 的增速发展，至 2015 年市场容量增加至 68 亿元。在所有独立医学实验室中，国内排名前四位的金域、迪安、艾迪康和达安基因已获得较为明显的领先优势。

经典项目

1. 广东省优生优育医学检验中心

目前，我国的医疗资源主要集中在大中城市，而广大基层医院和偏远地区则相对供给不足，优生优育工作者的理念、知识和技能亟须提高。为了更好地推动广东省优生优育相关工作的开展，广东优生优育协会将目光锁定广州金域医学检验中心，于 2009 年与金域共同成立"广东省优生优育医学检验中心"。

自成立以来，广东省优生优育医学检验中心协助广东优生优育协会举办了多场省级优生优育学术会议和培训班，培训总数超 3 750 人次，并且开设了专项"技术进步

"奖"和"优秀论文奖"，以鼓励不断创新、用心钻研的优生优育工作者。同时，该中心还积极发展了 9 大技术平台，打造了 5 大学科中心，建设了优生优育医学遗传中心，不断增设与完善检验项目，帮助基层医院开展相关的优生优育医学检验项目，加强学术交流，助力广大优生优育工作者诊疗水平的提升。

广东省优生优育医学检验中心通过金域第三方规模化的运营，可以充分发挥医疗投资效益，减少基层医疗机构的重复投入建设，多、快、好、省地开展医疗卫生服务，在很大程度上完善了优生优育检验的服务体系，为优生优育事业的发展提供了一定的保障。

2. 金域—罗氏战略合作

当今，全球第三方实验室已进入高速发展的时代，中国服务机构积极探索开展国际合作，这对于其快速拓展和提升自身的服务能力尤为重要。2007 年，金域与罗氏（即罗氏诊断）确立战略合作伙伴关系。从 2007 年到 2012 年，罗氏与金域在彼此的合作中创造了很多个"第一"：在国内，金域是第一家与罗氏建立战略合作伙伴关系的第三方医学独立实验室；罗氏的第一台样本前处理分析仪落户金域广州实验室；金域成为第一家实现实验室自动化的罗氏用户。金域和罗氏共同打造最全面的内科疾病项目检测平台，为广东省乃至全国的内科临床医生提供优质的检测服务。自金域和罗氏建立战略合作伙伴关系以来，大胆的尝试巩固了金域在独立实验室领域的领先地位，并树立了金域良好的国际化企业形象。

金域成为国内市场份额最大的第三方医学实验室离不开罗氏的支持与帮助，而金域自身的迅猛发展也加快了罗氏基层医疗市场业务的覆盖。金域是罗氏非常重要的合作伙伴与终端用户，罗氏则是金域高品质医疗产品的支持者，双方优势互补，在推动我国检验诊断国际化进程中实现了共同的良性发展。

金域全面的国际化发展，促进了国内医学独立实验室行业的标准化发展；与罗氏的战略合作，将有益于加快国内第三方医学检测机构在检验标准化和实验室管理等方面与国际接轨，对医学独立实验室的发展具有深远的影响。

经营策略

1. 紧跟医学前沿，建立服务外包国际对接平台

金域密切关注国际科技发展新趋势，陆续建立了淋巴造血系统肿瘤诊断、分子诊断检测、恶性肿瘤病理鉴别诊断等一系列高技术平台，并建设实验室诊断转化医学中心推进个性化医学诊断技术在各个临床学科的应用。另外，金域还与美国排名第四的克利夫兰医学中心建立战略合作伙伴关系，与国际顶级医疗机构匹兹堡大学医疗中心共建国际化中美远程病理会诊中心，旨在把国际诊疗先进技术和病理服务引入国内市场，高效承接全国各级医疗机构的检验检测技术服务。

2. 实施人才战略，组建一流团队

金域从海外引进学科带头人 13 人（美籍 7 人），目前有高级专家教授 41 人，其中

博士 25 人，硕士 180 多人，常年海内外顾问 70 多人，创新人才团队初具规模，老中青结合人才梯队合理。

3. 校企深度合作，推动良性发展

由于高新技术和高新平台建设启动早，金域在行业中的龙头地位越发明显。广州医科大学利用金域这一优势，特别成立了广州医科大学金域检验学院，是国家教育部倡导成立的首批试点学院之一。广州医科大学和金域的目标是将金域检验学院建设成国内一流、国际领先的检验学院，这对广州医科大学和金域的科研和教学设定了更高的标准和要求，机制的创新必将发挥强强联合的优势，对大学和企业的技术创新会有极大的促进作用。

创新型服务模式

金域致力于以技术创新推动服务外包业务发展，通过建立 R&D、科研开发部及科研服务部，构建生物医药检测技术国际化服务平台等方式，积极创新生态链的产学研合作模式，承揽对接大型服务外包项目，这是目前国外医学检验检测行业发展得非常好的一种服务外包模式。

金域设立科研服务部专职服务高等院校研究机构和大中型医院，承接它们获得的国家 973、863 项目，以及国家省市各类科研以及技术创新项目，现已承担了来自上海、北京、天津和沈阳等城市的 973 中药新药创新大平台项目和国家自然基金等项目，正在建设更高水平的广州市市级企业技术中心、广州市转化医学重点实验室、广东省医药检测工程技术研究开发中心和广东省第三方医学检测技术服务工程实验室，企业也获批广东省创新型企业。

金域于 2013 年获批国家人保部和教育部博士后科研工作站，先后与广州医科大学等十余所高校建立产学研合作关系。近年来，金域得到了国家、省、市、区各级政府的支持，承担了超过 50 项的科研项目，其中国家级项目 5 项，省级项目 23 项。

发展战略

1. 搭建跨界平台，促进第三方医学检测服务外包业务发展

以广东省第三方医学检测技术服务工程实验室和广东省医药检测工程技术研究开发中心为核心，金域基于已建立的多学科技术平台，正在向综合生物技术外包服务进行转变，开展食品卫生检验检测，为国内外众多大药厂提供新药临床实验，也为科研机构提供科研外包服务。

金域将以对人类健康影响最大的心脑血管疾病、恶性肿瘤、血液病和遗传病等的早期预警、准确诊断、靶向治疗和疾病监测等为主要研究方向，重点加强基因组学、蛋白质组学和代谢组学三大技术平台，以及实体肿瘤、血液病、遗传病和心脑血管疾病四大个性化检测中心的建设，为第三方医学检测技术服务示范工程和未来产业化发

展直接提供关键技术服务与解决方案，促进第三方医学检测服务外包产业高速发展。

2.　以香港实验室作为国际业务的桥头堡，积极进入国际医疗服务外包业务的产业链

金域通过对香港实验室的建设，建立了新药临床试验合同研发（CRO）技术服务平台，并将其建设成一个符合国际标准的医药临床试验平台，为国内外生物医药企业新药研发提供 CRO 服务，拓展东南亚医疗服务外包市场，打造国际检验检测标本进出大陆的快速便捷通道。目前，金域已与香港基因公司等医疗机构建立了紧密合作伙伴关系。

3.　抓住大数据机遇，利用信息化手段创新服务外包模式，带动产业升级

金域将依托信息技术和生物技术的融合，推进项目平台、结算平台、数据平台和知识平台四大平台的建设，将第三方服务外包模式与过程完全实现数字化，将医院、医生、个人、社会多方整合为无缝链接，推动信息化技术在临床检验、诊断及数据存储管理的应用。

随着各类检测样本的不断累积，金域正着手建设自己的大型数据库，远期目标是"卖数据"，计划将数据更广泛地用于新药研发、疾病预防等领域。金域已与 IBM 合作，基于 IBM 系统，共建生物信息学大数据。

参考资料：

1.　广州金域医学检验中心有限公司提供的资料。

2.　金域官网：http：//www.kingmed.com.cn。

康方生物：致力于打造国际创新性抗体药物研发平台

服务提供商：中山康方生物医药有限公司

业务类型：知识流程外包（KPO），具体为生物医药外包服务。

亮点推荐：抗体药全球市场潜力巨大，企业内部自主一条龙式新药开发模式面临挑战。

由于国内药企新药研发能力不足，仿制药市场竞争激烈，创新成为提升核心竞争力的重要途径。康方生物紧跟国际先进技术趋势，综合利用欧美成熟商业模式，通过自主创新、战略合作等途径，发展成为集抗体药物研发、服务于一体的生物医药企业，是连接基础研究与抗体新药生产上市的桥梁。

商业价值：康方生物创新型抗体新药全程开发服务平台，有利于打破抗体制药核心关键技术被国外制药公司垄断的局面，推动国内自主知识产权抗体新药开发。

通过为国内外药企提供外包服务或与其战略合作共同开发新药，康方生物开拓出抗体新药创制国产化的新模式和新途径，提升了行业的整体创新技术水平，缩短了新药创制时间。

经营模式：阶段性产品转让或联合开发新药模式：与国内外药企强强联合，利用各自在不同领域的优势，完成抗体药物研发全过程，加快研发速度，共享成果，推进药物尽快上市；

新药开发技术服务模式：利用搭建好的全程抗体药物研发平台，为国内外药企提供高质量的外包服务。

服务提供商

中山康方生物医药有限公司（简称康方生物）是由四名在国外知名大企业的药物研发和生产部门有多年工作经验的海归博士、资深行业带头人及企业领导者于2012年创立的生物科技企业，总部位于广东省中山国家健康基地，在美国旧金山硅谷设有分公司。康方生物致力于创建高效的从实验室到临床试验的生物制药（特别是抗体药物）整合研发平台，通过战略合作与高端技术服务，引领抗体新药创制国产化潮流，其拥有的多个平台核心技术竞争力及科技含量均处于世界领先水平。

目前，康方生物主要为国内外药企提供全面高质的外包服务。2012年到2013年，康方生物的外包服务收入由0.4万元增至604万元，客户由6家增至40家，其中覆盖了国际前20名药企中的6名，如Pfizer、EMD等。同时与国内药企建立了战略性合作关系，共同进行新药研发合作，合作客户包括中美华世通、山西亚宝及四川科伦等，目前已经拥有 1 项发明专利和 17 项实用新型专利。

凭借领先的核心技术，康方生物于 2013 年获得"中山市 2012 年度创新科研团队""广东省第四批工程实验室""广东省第四批博士后创新实践基地"等荣誉，并荣获国家科技型中小企业技术创新基金、广东省科技型中小企业技术创新基金，公司首席执行官夏瑜博士获得"国家科技部 2013 年创新领军人才"称号。

市场背景

1. 全球行业背景

世界制药工业自 19 世纪中叶萌芽至今，已发展成为具有广阔市场前景和增长潜力的"朝阳产业"，被世界许多国家和地区列为重点发展的战略产业。自 20 世纪 80 年代开始，制药行业进入了黄金发展时期。跨国制药企业通过高额的自主研发投入，开发了多种重量级药品，获取了高额的利润回报。例如抗体药，由于其特异性高、药效好、副作用低，是当前全球医药市场的热点。近十年来，抗体行业在欧美得到飞速发展，上市了十多个平均年销售 10 亿美元的重磅抗体药物，用于治疗癌症、免疫病、糖尿病、心脑血管疾病等。据相关部门估算，至 2020 年世界上销售额前 10 名的药将有 8 个是抗体药。

企业内部自主一条龙式的新药开发模式在国外大型制药公司早期发展中比较常见。然而随着时间的推移，进入 21 世纪初，具备重要市场潜力的新药候选物越来越少，而之前重要药品的专利保护也逐渐到期。由于大型制药企业内部运营机构庞大，研发成本不断攀升，研发效率却不高，产品线青黄不接，投资回报率不升反跌，使得制药企业内部新药开发模式受到极大挑战。

2. 国内行业现状

我国医药产业起步于 20 世纪初期，到 21 世纪市场规模不断增长，进入了机遇与挑战并存的转型期。一直以来，中国药企并不重视新药的研究发现和关键创新技术的开发，而是更注重生产及销售，研发投入仅占销售收入的 1% ~ 2%（跨国制药公司的投入为 15% ~ 20%），生产的药品中具有自主知识产权的不到 3%，97% 以上为仿制药。目前，仿制药市场竞争逐年激烈，生产营销成本增加，价格压力增加，利润下滑。创新能力不足、缺乏独家品种、市场增长后继乏力的局面迫使中国药企在未来的发展中必须通过走创新之路来提高核心竞争力。

商业价值

目前，国内抗体药整体研发水平及产业化水平较低，市场主要被欧美产品垄断。由于市场潜力大，近年来各地企业加快了抗体项目的开发，建立生产线进行抗体仿制药的生产，但由于缺乏资金，抗体新药研发技术平台建设严重滞后，大多仅集中在抗体仿制药生产上，创新药物研发能力较低。因此，具有自主知识产权的创新型抗体药物成果逐渐获得市场青睐，越来越多的国内制药企业希望通过联合开发或委托技术服务的方式来开发新药，走向与欧美制药行业相似的多元化新药开发模式。

康方生物现拥有四项抗体研发关键环节的专有技术，建成了创新型抗体新药全程开发服务平台，这将有利于打破抗体制药核心关键技术被国外制药公司垄断的局面，推动国内自主知识产权抗体新药的开发。此外，通过为国内外药企提供外包服务或战略合作共同开发新药，康方生物开拓出抗体新药创制国产化的新模式和新途径，提升了行业的整体创新技术水平，缩短了新药创制时间。康方生物成为连接基础研究与抗体新药生产上市的桥梁。

经营模式

康方生物综合运用欧美市场较为典型的两种发展模式，创立抗体研发的共性平台，应用于针对各种适应证的抗体药物的开发及产业化，同时，以技术为支撑的公共服务可广泛辐射到每一家制药企业创新型抗体的研发需求和产品线供给，填补我国在抗体关键技术服务领域的空白。

1. 阶段性产品转让或联合开发新药模式

两个或多个制药或生物技术公司发挥各自优势，强强联合开发新药。这种合作开发新药的模式在欧美制药领域出现的越来越多，成功的案例也有很多。制药企业通过从生物技术公司收购阶段性产品或采用战略合作的方式，减小了自身的固定投资从而增加了经营的灵活性，将实验室成果成功转化到产品线，并迅速推进到临床及上市阶段。此类模式发挥了双方各自的特长优势，平衡和利用了各自的资源，为双方都产生了良好的经济效益，形成了双赢的局面。据统计，目前各大制药公司都有 20% ~ 30% 的产品来源于生物技术公司研发平台或战略合作的阶段性产品，而且该比例正处于上升趋势。

2. 新药开发技术服务模式

此类模式也是欧美制药企业流行的新药开发模式。药品市场竞争逐年加剧，要求新药的功能技术指标更好、研发周期更短、上市时间更快。要达到这些目的，就需要从技术和研发平台上实现创新突破。大型制药企业充分认识到了生物技术公司的高效创新能力，通过与生物技术公司签订技术及平台合作协议，将外部的先进技术和平台直接嫁接到自己内部的多个产品开发中，以提高产品的安全性、新颖性和成药性。顺应制药工业对生物技术的需求，近 10 年来涌现了多个专注于创新技术平台开发的欧美科技公司，这些公司的特点就是集中精力开发一个或几个制药关键环节中的创新技术或平台。因其独特的专有性和广泛的应用性，这些技术平台具有强大的产业辐射功能，可以同时为多家制药企业的产品线提供技术服务。也正是因为其专有性（价值更多地体现在了专有技术的使用权上）和延展性（可广泛服务多个企业），此类技术服务也为技术拥有者带来了巨大的经济收益，包括技术及平台使用的前期使用费、里程碑付费、以及新药上市后的专利使用收入。这一现象在抗体制药领域尤为突出，在欧美已发展成为一个成熟的抗体新药开发和商业运营模式。

发展战略

康方生物将依托已有核心技术，继续开拓国内外抗体药物研发外包市场，并不断创新发展抗体研究中的关键技术，提升完善所有技术平台，通过与药企合作开发新药，建立在抗体产业中的领先地位。具体发展规划为：

1. 建立符合国际标准的 GLP 抗体工艺开发中试平台

康方生物已建立从摇瓶到生物反应器的抗体工艺开发平台，并购买了生物反应器，计划通过不断完善操作规程和实验室软硬件，完善中试平台。

2. 启动 GMP 抗体临床药品生产线建设

计划进行新一轮融资，建立 GMP 抗体临床药品生产线。通过与战略合作伙伴的共同努力，短时间内实现生产能力，为所开发新药的生产打下基础。

3. 扩大和深化产品定制平台

不断完善康方生物抗体药物全程研发的技术平台。在已有核心技术平台的基础上开发更多的具有自主知识产权的高端技术。通过为国内外企业提供技术服务及开展自主创新候选抗体药物（主要针对肿瘤、免疫疾病等）的研发与技术转让或产业化，实现企业良性发展。从 2013 年起，预计公司年技术服务或产品转让收入每年增长约 50%。

4. 促进华南地区乃至中国生物大分子抗体药物全程研发水平与能力的提升

华南地区尚未有专门针对创新抗体药物的全程研发技术与服务平台，康方生物通过打造国内抗体临床前研究技术完备、水平领先的创新抗体全程研发公共技术服务平台，促进我国抗体药物研发特别是创新抗体药物研发与产业化水平的迅速提升。

参考资料：
1. 中山康方生物医药有限公司提供的资料。
2. 康方生物官网：http：//www.akesobio.com。

万孚：积极参与国际快速诊断市场竞争

服务提供商： 广州万孚生物技术股份有限公司

业务类型： 知识流程外包（KPO），具体为生物医药外包服务。

亮点推荐： 定位小众市场，紧跟国际先进技术趋势，通过自主创新、产学研合作及国外技术引进等多种创新路径，发展成集研发、生产、服务、咨询于一体的专业体外诊断试剂领域的生物医药企业。

采购模式： 按生产计划定时、定量地采购，制定"定点采购供应方"名单。

生产模式： 以销定产、适量备货。

销售模式： 以经销商销售为主，对于部分特殊渠道，如政府公安禁毒系统采购、联合国集中采购等，采取直接销售的模式。

发展战略：

依托已有核心技术，全面拓展POCT产品线；

依托技术升级，发展定量检测产品；

丰富仪器产品线，实现仪器带动试剂的销售模式；

建设全球多渠道融合营销模式，夯实国内基础医疗。

服务提供商

广州万孚生物技术股份有限公司（简称万孚）成立于1992年，是一家集研发、生产、服务、咨询于一体的专业体外诊断（in vitro diagnosis，IVD）试剂领域的生物医药企业，也是国内首家"零缺陷"通过美国食品与药物管理局现场考核的体外诊断试剂企业。

万孚长期专注于快速诊断（point-of-care testing，POCT）试剂、快速检测仪器等POCT相关产品的研发、生产与销售，形成了覆盖妊娠检测、传染病检测、毒品（药物滥用）检测、慢性病检测等领域的丰富产品线，产品广泛应用于床旁检测、临床检测、现场检测及个人健康管理等领域。

凭借领先的综合竞争实力，万孚于2011年获国家发改委批准建设"自检型快速诊断国家地方联合工程实验室"，这是当前我国快速诊断领域唯一的国家工程实验室。同时，万孚先后被认定为国家火炬计划重点高新技术企业、商务部重点核心层联系企业、广东省创新型企业、广东省知识产权示范企业、广东省首批科技服务业百强企业、广东省民营科技企业、广东省服务外包重点培育企业、广州市国际服务外包重点企业、广州市技术先进型服务企业、广州市服务外包行业最具潜力企业之一、广东省医药工业综合实力 50 强企业等。

万孚自 2004 年开始进入国际市场，离岸服务外包业务属于知识流程外包，主要为客户提供优生优育（HCG、LH 等）、重大传染病（疟疾、艾滋、乙肝、梅毒等）、滥用药物（毒品、农兽药残留等）、心脏标志物和炎症等疾病检测产品解决方案和技术培训服务。

近年来，万孚离岸服务外包收入快速增长，2010—2012 年平均增长率为 54.69%。2010 年离岸服务外包收入 618 万美元，同比增长 23.6%；2011 年离岸服务外包收入 719.7 万美元，同比增长 16.46%；2012 年离岸服务外包收入 1 639 万美元，同比增长 127.73%。根据中国海关总署对"附于衬背上的诊断或实验用试剂及配制试剂"的统计，2012 年万孚的产品出口量排名第二，成为国内体外诊断领域最大的服务外包企业之一。

市场背景

1. 行业竞争情况

欧美等发达国家在快速检测行业发展较早，依靠产品质量稳定、技术含量高以及高效、精确的配套仪器，目前在全球市场上占据着主导地位，主要代表企业有美国的 Alere、雅培、BD 以及瑞士的罗氏等。

国内体外诊断试剂市场起步较晚，业内领先的企业以外商投资或外商独资为主，市场集中度较低，企业规模普遍偏小，年销售额超过 1 亿元的体外诊断试剂生产企业也不多，前 10 名企业在国内的市场占有率为 20% 左右。尤其在 POCT 行业，国内企业规模普遍偏小，研发能力和市场竞争力较弱，并没有出现强势的品牌领导者，对于终端医院和消费者的使用倾向的影响力也较为薄弱。目前国内公司的主要竞争对手有科华生物、艾康、英科新创、润和等公司。

2. 市场商机

随着生活节奏的加快、健康理念的逐渐转变及人均收入的增长，医疗工作从医院内的治疗扩大到医院外的早期诊断和预防。POCT 产品的出现改变了中心实验室以"标本"为中心的检验模式，真正实现了以"病人"为中心，让患者"实时"了解到自己的身体健康状态，减少大量未知的因素，真正做到对疾病的早发现、早诊断和早治疗。这不仅可以减轻患者在病情后期医疗过程中的疼痛，同时可以大大降低医疗费用，是一种科学、健康、人性化的检测方式。

此外，随着老龄化社会的到来，患慢性病（糖尿病、高血压、心脑血管疾病、肝肾病）的人越来越多，他们不仅希望能够得到医院的系统诊治，更需要进行长期的跟踪检查，因此操作简单、容易掌握的 POCT 产品将更受青睐。

3. 国家政策

党的十七大报告指出：建设覆盖城乡居民的公共卫生服务体系、医疗服务体系、医疗保障体系和药品保障体系,加强农村三级卫生服务网络和城市社区卫生服务体系建设。国家医疗改革还提出了"战略前移和重点下移"及"治未病"政策。这些方针、政策和措施要求大的医疗中心除了拥有大型的设备、更先进的检验项目之外,还应该走出医院,面向社区,走进家庭,面向农村,这也就要求其在检验设备和方法上有所改进,以更适合基层的需要。

POCT产品以"小型便携、操作简单、使用方便、即时报告"的特点,最适合用于城市和农村社区医疗服务,在使民众享受必要的检验服务的同时降低政府投入,符合新医疗体制改革的要求。

经营运作模式

1. 采购模式

万孚原材料采用按生产计划定时、定量采购的模式,即按照生产控制部制定的物料采购清单,结合生产实际情况及物料采购单价进行采购,并严格控制采购数量。

为了从源头保证产品质量的稳定,公司制定了供货品种目录以及"定点采购供应方"名单,禁止从上述范围之外的供应商采购。对能够提供符合物料质量标准、产品质量稳定、信誉良好的生产厂家,在经审查并鉴定连续三批所供物料合格后,方可作为公司"定点采购供应方",由质量部下发批准文件,交采购部执行。

2. 生产模式

万孚主要采取以销定产、适量备货的生产模式。生产控制部或生产车间根据月销售计划及库存情况,结合公司的生产能力,于月底制订月生产计划。月生产计划为滚动计划,将随着销售、生产等实际情况变动,实时修改。

在生产过程中,公司严格按照医疗器械及体外诊断试剂生产相关标准进行管理,对物料、中间产品、成品等,按照质量标准、生产工艺规程、质量管理规程,根据生产指令及包装指令在生产过程的各个环节进行检测和控制,从而确保产品质量的稳定。

3. 销售模式

万孚的销售模式以经销商销售为主,一般在每年年初与客户确定总的年销售价格,客户根据需要分批次下单,确定具体的采购品项、数量、型号,公司通过第三方物流配送给经销商,并提供推广支持。终端用户可以通过客户服务点或者客户支持组寻求支持。主要销售流程如下图所示。

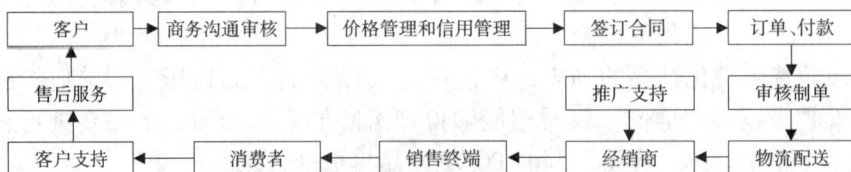

万孚销售模式

对于部分特殊渠道，比如政府公安禁毒系统采购、联合国集中采购等，公司采取直接销售的模式。

核心优势

1. 强大的科研与开发能力

万孚在广州科学城拥有 5 000 平方米研发开发场地，装备有国际先进水平的仪器设备。在立足自主培养的基础上，公司不断引进国内外优秀人才。截至 2013 年底，公司共有研发人员 115 名，占员工总人数的 15.97%，均是拥有生物化学、临床医学、微电子技术等方面知识的专业人士。其研发中心积极与高校等进行产学研合作，致力于将国际前沿的生物技术科技成果转变为生产力，先后被认定为国家地方联合工程实验室、广东省省级企业技术中心、广东省科技计划企业研发院、广州市即时检测技术及产品工程技术研究开发中心、广州市企业重点实验室、广州市级企业技术中心、广州市博士后创新实践基地。

特别是 2011 年获批建设的"自检型快速诊断国家地方联合工程实验室"，标志着万孚在 POCT 领域的技术水平已处于国内领先位置。"自检型快速诊断国家地方联合工程实验室"的建设将充分发挥万孚多年来在免疫快速诊断方面的优势，促进彩色微球、诊断用单克隆抗体及基因工程重组抗原技术在快速检测方面的应用，开发一系列具有灵敏度高、特异性强、定量准确、操作方便快速的诊断产品，应用于各类重大传染病、心脑血管疾病、人畜共患疾病、生物安全及食品安全等众多领域。

2. 先进的技术平台和自主知识产权

万孚拥有 5 大技术平台：免疫定性快速检测技术平台（包括胶体金/彩色胶乳技术）、免疫定量快速检测技术平台（包括磁颗粒/荧光颗粒定量检测技术）、电化学技术平台、干化学技术平台和生物原材料制备技术平台（包括基因工程技术、重组抗原技术、单克隆抗体筛选制备技术和小分子改性抗原技术）。其中磁颗粒和荧光颗粒定量检测技术弥补了国内该技术领域的空白，实现了体外快速检测从定性到定量的转变；同时，公司正在开发纳米技术、生物传感器和微流控技术，以进一步提高公司产品的科技含量和竞争力，争取为更多的企业和用户提供高质量、前沿性的研发服务。各个技术平台都具有自主知识产权，累计申请专利 95 项（PCT 专利 6 项、美国专利 2 项、欧洲专利 1 项），其中授权专利 55 项。

3. 开拓海外市场的先发优势

美国、欧洲等发达国家和地区是世界 POCT 产品的主要消费市场，其市场监管也最为严格，不仅对产品质量有较高的要求，还需要较长的市场准入资质申请周期。

万孚自 2004 年开始开拓海外市场，现已获得 FDA 认证 53 项、CE 认证 70 项、加拿大 MDALL 认证 3 项，产品销往 140 多个国家和地区，形成了较为明显的先发优势。

在长期开拓海外市场的过程中，万孚公司的产品研发思路越发清晰和成熟，企业管理水平、质量管理体系、市场分析能力也取得了较大程度的提高。在国内 POCT 市场快速发展的背景下，这些经验的积累将在国内市场的开拓过程中发挥重要作用。

4. 坚实的服务外包能力

万孚拥有一支技术过硬、人员稳定的技术队伍，并拥有全球快速诊断试剂行业生产规模最大的生产线之一，日生产能力达 100 万人份。严格把关，训练有素，封闭式管理的高素质的质量控制人员，精心设计的工艺规程，合理的生产过程，从根本上保证了产品的高质量、高稳定性和高敏感度，满足了发包商的巨大业务需求。同时，公司还通过了 ISO9001：2008 和 ISO13485 质量管理体系认证，质量管理的强化，增强了客户对公司接包能力的信心。2011 年，万孚中标印度 RITES 机构 210 万美元，为其提供疟疾检测试剂的解决方案和技术服务。

5. 覆盖全球的服务网络

万孚的服务网络覆盖国内 31 个省、市、自治区以及海外多个国家和地区，并设立了国际营销中心、国内营销中心、美国分公司、德国办事处、肯尼亚办事处。整个营销队伍分为产品服务、策划、公关、市场分析等多个职能小组，不断向新的业务、地区拓展，从省内到国内再到全球，为公司近年来销售业绩的持续增长和市场份额的不断扩大提供了强大动力。

发展战略

万孚一直致力于 POCT 产品的研发、生产、销售与服务，秉承"精益求精、追求卓越"的企业精神，以市场为导向，通过自主创新、产学研合作及国外技术引进等多种创新路径，紧跟国际先进技术和趋势，不断创新和发展新技术的应用研究，逐步稳定和提升技术平台，拓展并丰富产品线，优化产品结构，开发适用于多领域、多功能的诊断试剂和诊断仪器，努力将公司打造成快速诊断领域内技术领先、产品一流、营销创新、具有一定国际竞争力的 POCT 产品和服务提供商。

未来三年，万孚公司将以现有技术和 POCT 产品线为基础，加大对定性、定量试剂以及诊断仪器的开发、生产与销售，同时加强全球营销网络的建设，创新营销模式，不断扩大公司 POCT 产品在国内和国际市场的份额。公司将打造一个电子商务销售平台、一个健康管理信息平台，掌控终端资源，为终端客户提供优质、全面的服务，实现万孚健康管理的生态系统。

1. 依托已有核心技术，全面拓展 POCT 产品线

通过多年的自主创新，万孚掌握了具有可持续发展前景的 POCT 产品核心技术平台，并建立了完善的研发管理体系及创新机制，拥有较强大的研发人才队伍，形成妊娠类、传染病类、毒品（药物滥用）类、慢性病类四大主要系列产品，产品销往北美、欧洲、亚洲、非洲、中东和南美等区域的 140 多个国家和地区。随着"个体医疗"及 POCT 相关技术的升级，POCT 产品"即时、现场、准确"的优势得以体现，应用范围不断扩大。公司将依托现有成熟的技术平台，不断开发健康及生物安全领域中的 POCT 产品，不断延伸 POCT 产品线。

2. 依托技术升级，发展定量检测产品

POCT产业正向着"自动化、集成化、家用化（小型化）"的方向发展，基于定量诊断的仪器、试剂一体化系统是必然的发展趋势。万孚已成立了专门的仪器研发部，加大了定量检测产品的研发力度。

3. 丰富仪器产品线，实现仪器带动试剂的销售模式

未来万孚的定量检测仪器将重点瞄准国内二级医院的广大市场，并逐步向三级医院市场拓展，持续加大诊断仪器方面的投入，优化提升现有产品，使诊断仪器与诊断试剂相互促进、共同发展，不断扩大"诊断仪器＋配套专用检测试剂"的销售模式，并借由此商业模式不断巩固与加强万孚在POCT行业领先的市场定位。

4. 建设全球多渠道融合营销模式，夯实国内基础医疗

营销渠道及模式的建设是企业发展"双轮驱动"的关键之一。面对国内外市场不同的市场机会及竞争态势，公司将进一步加强现有营销渠道和营销模式的深化建设，并针对不同国际市场建立行之有效的渠道管理模式。基于国内医疗改革迫切需要建立"符合国情、比较完整、覆盖城乡、可持续"的基本医疗服务体系的情况，万孚将进一步加大基础医疗渠道的开拓建设力度，并将营销渠道建设逐步细化，进行精细化管理。

参考资料：

1. 广州万孚生物技术股份有限公司提供的资料。
2. 万孚官网：http：//www.wondfo.com.cn。

第七章　动漫制作外包

引　言

　　近年来，国际服务外包对于动漫产业的快速成长与可持续发展起到了重要的支撑作用。由于动漫行业具有高投入、高利润、高风险性及高科技含量、高人才需求等典型特征，将动漫产品的中低档制作和衍生品设计生产等项目外包，已成为国际动漫产业链分工的重要趋势，这既能最大限度地降低发包方成本、实现利润最大化，也有利于接包方获取资金、技术和人才，奠定下一步原创发展的基础。

　　在国际动漫市场中，美国无疑处于领头羊地位，出口量世界第一，产值2 000多亿美元，其动漫以电影制作为主，质量和效益均非常高。紧随美国的是日本、韩国、法国等国家。早在20世纪70年代，日本、韩国就开始承接美国的动漫加工外包，从而也促进了其国内动漫产业的快速发展。目前，国际动漫产业链分工模式一般为，日韩、中国台湾等承接美国第一手外包项目，然后经过转包或分包，中国等新兴经济体接到第二手外包，技术含量较低，利润空间较小。

　　我国现已成为世界上最大的动漫市场，2013年制作了2万多分钟的原创动漫，数量居世界第一。承接动漫外包业务在我国起步虽晚，但发展势头迅猛。当前，国内动漫外包业务主要有三种模式：一是离岸接包模式。国内动漫制作企业特别是台资和港资企业专门承接欧美动漫公司的业务外包项目，欧美发包方一般在国内设置了执行导演、原画、修型等职位，涵盖动画中期制作的所有环节，形成了一套完整的产业链组织系统。二是共享服务中心。选择此模式的主要为日本动漫企业，其直接在中国建立独资企业，负责承接母公司加工制作业务，一般仅为技术含量较低的制作环节。三是在岸接包模式。近年来国内原创动漫制作数量快速增加，国内代工业务也随之发展起来，但技术水平、加工质量和代工收益明显低于离岸接包项目。

广东省动漫企业的原创制作在全国处于领先地位，很多著名动漫品牌均产于此，如"喜洋洋""熊出没"等。但承接的国际动漫外包项目少于杭州、北京、青岛等地。广东省动漫企业将如何加快运用现代高科技手段来创作、借鉴国外经验以加强创新文化资源，快速提升接发包业务运作能力，是广东省动漫设计生产制作产业亟待应对的问题。

本章选取了两家标杆企业，其业务模式和发展路径在一定程度上代表了各自细分领域的最佳实践。如华强文化首创"文化＋科技"新型文化产业发展模式，将商业外包合作融入其特有的"创研产销"产业链环节中，实现外部资源共赢，自身更专注于自主品牌创意；达力以代工促原创，以原创强外包，现成为国内承接"剧本、设定、分镜、原画、动画、后期、营运"全程动画加工方案的领先企业。

华强文化：首创"文化＋科技"新型文化产业发展模式

服务发包商：深圳华强文化科技集团股份有限公司

发包业务类型：信息技术外包（ITO）与知识流程外包（KPO），具体为动漫设计与制作外包服务。

亮点推荐：华强文化首创"文化＋科技"新型文化产业发展模式，成功实现产业转型升级，将商业外包合作融入其特有的"创研产销"一体化产业链环节，实现外部资源共赢，自身更专注于自主品牌创意，打造出无可比拟的核心竞争力。

经营策略：

专注前期创作，集中资源建立企业内部独立业务单元，打造动漫创作中心；

外包中期制作，建立影视动漫外包业务合作管理机制；

把控后期市场营销环节。

发包模式：

通过举办影视动漫制作外包业务合作洽谈会、实地考察、深度洽谈、试做样片等方式，吸引并筛选优质的合作单位；

通过远程电话会议系统、远程在线交流平台、FTP 文件传输、紧急联络人机制等方式，建立紧密外包合作模式；

通过制定统一项目模板和标准、分享模型库、培训指导、建立核查机制等方式，严格把控技术质量。

服务提供商

深圳华强文化科技集团股份有限公司（简称华强文化）是华强集团旗下的大型文化科技集团公司，下辖华强数码电影、华强数字动漫、华强智能、方特投资等 30 余个专业子公司，业务涵盖主题公园、网络游戏、动漫产品、动漫衍生品、主题演艺、影视出品、影视制作等文化产业相关领域。华强文化连续多年获得"中国文化企业 30 强""全国文化体制改革工作先进单位""十大最具影响力国家文化产业示范基地""国家文化出口重点企业"、世界知识产权组织"版权金奖"等荣誉。

深圳华强集团早在 1998 年就开始了产业转型，由特种电影、影视技术起步，逐步过渡到数字动漫、主题公园等领域。2007 年整合资源成立华强文化科技集团，依托文化与科技融合的发展模式，成功实现转型升级。华强文化以文化为核心，以科技为支撑手段，使产品更具附加值和竞争力，同时打造了集"创研产销"为一体的全产业链，以创意设计为龙头，硬件软件相结合，进行规模化生产，打通了国内和国际两个市场，使上下游产业链互为支撑，实现共赢。目前，华强文化拥有相关产业领域的关键技术，形成了文化主题公园、数字动漫、特种电影等颇具国际竞争力的拳头产品，在国际市场上已建立起强势的中国文化科技品牌。

国际市场开拓情况

华强文化积极推行国际化发展策略，大力开拓国际市场与对外交流合作，其主题公园、特种电影成套设备、原创动漫产品、环幕4D影院等国际市场竞争拳头产品不断规模化出口海外，已形成华强文化科技产业百花齐放的出口格局。

1. 中国首个自主品牌的主题公园整体输出海外，开创中国文化科技主题公园"走出去"先河

作为目前国内唯一具有成套设计、制造、出口大型文化科技主题公园的企业，华强文化不仅在国内成功研发、运营了"方特欢乐世界""方特梦幻王国"两个主题公园品牌，而且对外提供主题公园、主题项目的创意设计服务以及主题公园成套设备的出口。此外，华强文化完成了乌克兰克里木半岛主题公园的总体设计，为伊朗的主题公园提供前期的概念设计、总体规划、建筑设计等全套服务，出口销售主题公园的全套设备和影片，并在主题公园开业后提供品牌输出、培训和运营管理服务。目前华强文化还在进行和韩国、匈牙利等国主题公园整体输出的合作洽谈。

2. 特种电影持续出口，进入全球40多个国家和地区

华强文化拥有中国目前最大、设备最齐全、技术研发最强大、种类最齐全的数码电影专业机构，技术水平国际领先，已成功研制出环幕4D电影、悬挂式球幕电影、巨幕4D电影等十多类特种电影形式，应用到华强文化自有品牌主题公园。其中"环幕4D影院"系统还出口到美国、加拿大、意大利、科威特等40多个国家和地区，每年有20余部配套电影租赁出口。

3. 动漫作品累计出口15万分钟，进入迪斯尼、尼克等国际主流媒体频道

华强文化原创动漫作品风靡海内外，累计出口15万分钟，覆盖至美国、意大利、俄罗斯等100多个国家，部分作品还登陆尼克、迪斯尼儿童频道等国际主流媒体。其中，"熊出没"系列电视片出口已覆盖全球50多个国家和地区，译制了英、意、俄等多种语种与观众见面。首部院线动画电影《熊出没之夺宝熊兵》凭借其卓越的品质赢得了国内外瞩目，不仅获得"金猴奖"动画电影金奖，还被广电总局推荐为2014年夏纳电影节中国动画的代表性展映影片，入围法国昂西国际动画电影节"昂西水晶最佳动画长片奖"；目前已与中东、菲律宾多国签订播出协议，与美国、加拿大、墨西哥、意大利、韩国以及CIS独联体地区等多个国家和地区就该影片进行签约洽谈。

经营策略

随着业务范围的不断扩大和项目的不断增多，华强文化的特种电影、动画作品的

年需求量不断上升。华强文化在多年的影视作品创作过程中认识到前期的创意和创作是最具难度同时也是附加值最高的领域，为了满足产量提升的需求，同时也为了不断优化产业结构布局，华强文化将资源不断向前期集中，同时把控好后期的市场营销环节。

华强文化首先将企业内部的前期创作和中期制作切分开，建立动漫创作中心、影视创意中心，打造企业内部的独立业务单元。对于中期制作，可以通过企业内部流程流转到公司内部制作部门，也可以通过商业合作外包给影视动漫制作企业。目前华强文化已建立了较为完善的影视动漫外包业务合作管理机制，不断优化产业分工布局。2014年，华强文化特种电影和数字动漫外包量达数千分钟。

发包模式

1. 筛选优质合作单位

华强文化通过举办影视动漫制作外包业务合作洽谈会等方式，吸引国内多家具有丰富制作经验的影视动漫制作单位前来洽谈合作，并通过实地考察、深度洽谈、试做样片等方式从中筛选出制作质量好、与华强文化合作默契的合作单位，并设立定期考核评价体系，筛选出优质的合作单位。

2. 建立紧密合作模式

制作外包单位与华强文化签订合作协议后，根据合作协议具体要求，采取导演监督制，有序开展各环节的制作。制作过程中，华强文化与接包单位建立远程电话会议系统、远程在线交流平台、FTP文件传输等多种沟通方式，还设立了紧急联络人机制，确保合作的无缝衔接，及时解决合作中的各类问题。

3. 严格把控技术质量

为了有效把控项目效果，华强文化不仅在前期提供详细的质量要求，还将企业多年来积累的模型库、动作库同合作伙伴进行分享，并配备专业的指导团队对合作伙伴进行培训和指导。在项目的具体执行过程中，执行导演在项目的每个检查节点对效果进行严格把控，及时反馈修改意见，建立完备的核查机制。此外，华强文化还制定了统一的项目模板和标准，确保多家制作外包单位能够遵循统一的标准，保证了项目效果的质量与一致性。

核心竞争力

华强文化在国内率先提出"文化＋科技"的新型文化产业发展模式。文化与科技的结合不仅使科技有了更宽广的应用领域，加快科技向现实生产力的转化，也使文化创新与创意的实现有了技术上的保障，创新了文化生产方式，培育了新的文化业态和文化消费热点，使文化产业的发展具备了技术和市场保障，形成前所未有的竞争优势。

华强文化特有的"创研产销"一体化产业链，整合现代文化产业中的"创意设计""研究开发""规模化生产""市场营销"四大环节，形成一个从源头到末端市场良性循环的文化产业链，不仅极大地提高了文化产业的生存能力，而且使其具有强大的核心竞争力。

商业合作外包作为华强文化产业链的重要一环，不仅有利于其更专注于创意核心业务，也有助于实现与外部资源的共赢。如今，华强文化打造的产业链环环相扣，互为上下游，互相依靠和支持，实现不同产业的衔接、优势互补、资源共享，使过去文化产业发展过程中非常棘手的创意、关键技术、自主产权、资金、市场、人才等诸多问题得到了很好的解决，为文化产业加快创新发展探索出一条新的道路。

参考资料：

1. 深圳华强文化科技集团股份有限公司提供的资料。

2. 华强文化官网：http：//www. fantawild. com。

3. 《卖完主题公园还卖动画 华强集团"熊兄弟"闯进迪斯尼》，http：//www. sznews. com/news/content/2014 –01/09/conten t_8982241. htm.

达力：原创设计与海外代工相互促进提升

> **服务提供商：**广州市达力传媒有限公司
>
> **业务类型：**知识流程外包（KPO），具体为动漫设计与制作外包服务。
>
> **亮点推荐：**达力以代工促原创、以原创强外包，采取以短期养长期、海内外市场并行发展的策略，现成为国内能承接"剧本、设定、分镜、原画、动画、后期、营运"全程动画加工方案的领先企业。
>
> **接包经验分享：**
>
> 加强人才培训力度，积极开发和引进国际动漫服务外包培训课程；
>
> 与小型工作室合作，实施项目分包；
>
> 开展多元化业务，增强资金实力。
>
> **发展战略：**打造达力动画产业基地，致力于成为华南地区乃至全国动画项目的策划中心、动画衍生产品研发中心、卡通形象授权中心、动画人才培育中心，实现动画"产学研"一条龙服务。

服务提供商

广州市达力传媒有限公司（简称达力）是一家覆盖节目制作、发行、广告经营、网站运营及手机新媒体等业务的综合性媒体公司，制作技术集互联网技术、多媒体技术及通信技术于一体，动漫制作业务涉及原创投资、外单代工、电视发行、衍生产品、人才培养等方面。达力是国家动画产业基地、广州开发区软件和动漫人才培养培训基地、广东省影视节目制作行业协会副会长单位、广州动漫行业协会常务副会长单位、北京大学深圳研究生院实习基地等，于2009年入选《2009—2010年度国家文化出口重点企业目录》，2010年相继通过国家动漫企业认定和广州市重点动漫企业认定。

达力成立于1998年，初期以电视栏目、电视剧制作和广告制作为主，累积了不少海内外的发行渠道资源。2005年，国内动漫市场由欧美、日韩的作品主导，达力捕捉到原创动画市场空间较大，国内竞争对手不多，开始涉足动漫产业，拍摄了第一部动漫《智谋家族》。该片以中国传统的三十六计为原型，获得"2005年国家广电总局推荐优秀作品""广东省广电局2001—2005年度电视动画片优秀节目奖"的荣誉。公司于2006年被国家广电总局评为广东省第一个"国家动画产业基地"。

但是，由于当时国内电视台大多不愿向国内原创动漫支付购片费用，动漫制作的高成本压力令达力在经营方面遇到巨大困难。于是，达力把眼光投到具有高额回报的海外市场，利用之前曾经运作电视剧及电视栏目海外发行的经验，专门组织业务精英成立动漫发行小组，采取海内外双线并行的发行模式。通过海外参展、同行推荐等方式，达力原创动漫快速打入了东南亚及欧美市场，大大缩短了投资回收期。从 2006 年到 2009 年，达力制作的《超级方程式》《赤剑传奇》等作品在非洲、欧洲、北美洲及东南亚等区域的电视台播出，创造了广东国产动画片出口的最佳成绩。在美国纽约电视节、韩国首尔动画节、日本东京国际动画节、渥太华动画节、亚洲影视展览（新加坡）、香港动漫节等国际重要影视和动画展览，都曾经留下这个团队的拓展身影。达力通过开拓海外市场受益而反哺国内业务，4 年间开发制作的原创动画片超过 5 000 分钟，产量位居全国第九，是广东省原创动画年产量最高的公司之一。

为了进一步提高团队技术力量、学习国际领先动画技术和管理技术，达力积极承接来自日本、新加坡、韩国、法国、加拿大、马来西亚等地的动漫外包项目。在动漫外包经历的不断打磨中，达力的动漫创造能力不断加强，其精品《数学荒岛历险记》被选为广东省 17 个重点文艺项目之一，日本、中东、马来西亚甚至美国迪斯尼频道的订单纷至沓来。原创设计制作的海外口碑也为达力带来了更多的动漫外包项目，使其成为国内能承接"剧本、设定、分镜、原画、动画、后期、营运"全程动画加工方案的领先企业。

至今，达力开发创作出优秀的国产原创动漫十余部，动漫片年产量始终位居全国前列。动漫年产量 7 000 分钟左右，原创与代工各占 50%，其中原创产量位列全国动漫公司前列，动漫代工年均产量 1 500 ~ 3 000 分钟；动漫国内发行方面具有全面覆盖电视发行的能力；海外发行方面既有自有的发行渠道也有长期的战略合作渠道，实现了多个影视节目在全球华人地区落地的成绩。

接包项目展示

1. 日本《Apple Seed》《Zero》《Rise》

2009 年与日本知名的吉尼斯 CG 动画工作室合作全三维 CG 电影，采用 "3D Live Anime" 技术制作。达力参与了部分前期及中期制作，包括角色设定、模型、绑骨、贴图、场景、渲染，项目大获成功。之后在 2011 年继续合作该项目和另外两部新的项目《Zero》《Rise》。其中《Rise》由日本著名游戏机开发公司 EPX 委托制作，着重表现场面真实性的三维游戏动画，风格写实，主题强烈，确保给玩家带来震撼的游戏感受。

2. 马来西亚《风下英雄传》

与马来西亚文化部合作，参与制作无纸动画电影。采用基于 CG 艺术图形处理的传统手绘，以及三维动画技术，呈现一群盘踞在马来西亚婆罗洲原始森林的原住民的故事。

接包经验分享

1. 加强人才培训力度，积极开发和引进国际动漫服务外包培训课程

达力针对服务外包人才匮乏的情况和相关文化出口动漫企业的人才需求，通过总结一直以来的服务外包经验，积极开发和引进国际动漫服务外包培训课程，培养出一批批优秀人才。目前培训生主要来自企业内部和社会招生。达力还与广东北达经贸专修学院联合办学，共同申报了广州市国际服务外包人才培训机构，积极与其他服务外包企业共同发起成立广州市服务外包行业协会，以促进产业发展。

2. 与小型工作室合作，实施项目分包

达力在开拓海内外动漫外包市场中，经常与其他小型的本地工作室合作，分包部分业务，并无偿派管理人员对他们进行技能再提升培训，实现资源共享，互帮互助，带动行业企业共同提高。

3. 开展多元化业务，增强资金实力

达力集团拥有影视、陶瓷喷涂加工、汽保产业等业务，雄厚的经济实力对其动漫制作培育起到了强大的支撑作用。

发展战略

达力走的是一条以代工促原创、以原创强外包的发展路径，动漫制作采取以短期养长期、海内外市场并行发展的策略。未来，达力在巩固发展自身现有的管理平台、制作平台、原创平台、营销平台、人力资源平台和公共关系六大平台的基础上，重点打造达力动画产业基地，提高制作能力，获取制作利润；加大原创投入力度，增加版权内容；加快营销渠道建设，实现投资利润回收；同时着手建设直接融资平台，为公司跳跃式发展找到支点。达力既注重基地强大的生产能力，更致力于把基地打造成华南地区乃至全国动画项目的策划中心、动画衍生产品研发中心、卡通形象授权中心、动画人才培育中心，实现动画"产学研"一条龙服务。

参考资料：

1. 广州市达力传媒有限公司提供的资料。

2. 福布斯中文版《掘金科普动画》，http：//www. forbeschina. com/review/201104/0008807. shtml。

3. 达力官网：http：//www. daleygroup. com. cn。

第八章　服务外包示范园区

引　言

　　服务外包园区是推动城市宏观经济体系升级优化及重点特色产业培育聚集的载体，是服务外包经济活动价值链中特殊的一环。一般而言，服务外包产业园区的建设包含三大步骤：一是制订规划，对园区产业整体发展进行宏观指导和统筹布局，务求战略定位科学化和精准化；二是构建环境，完善基础设施配置、优先制定招商引资政策和优惠措施、建立人才供给体系和公共服务平台，保障园区的功能性和服务性；三是对接产业，明确核心产业方向和重点，聚焦龙头型企业招商，与行业协会、行业组织、行业专家等建立联系，快速搭建招商渠道，并加强园区的品牌推广体系建设。

　　园区的发展与成长大致分为四个阶段：产业导入期、起步期、成长期和成熟期，各个阶段呈现不同的发展特征，且目标及核心工作各异。目前，广东的服务外包产业园区大都处于产业"导入期"或"起步期"，呈规划建设速度快、基础设施规格高、政策扶持力度大等特征。但在建设进程中仍存在一些制约问题，例如，较严重的同质化竞争；主导产业定位不清；在传统龙头企业招商与本地创新型企业培育上有所失衡；忽视高端人才的引进；园区服务主要为基础型和行政性，专业化管理和服务水平有待提高等。

　　近年来，新一轮科技革命及全球产业转型升级热浪涌来，广东服务外包产业园区在未来的建设中应当顺应潮流，契合整体经济变革的需求，运用国际产业经营理念和新兴科技手段，打造专业化、智能化和标准化的现代服务产业品牌园区。本章特别针对"广东服务外包示范园区"各类载体，分别就如何为本地区服务外包产业及园区的发展制定总体战略和路径；如何完善园区基础要素环境，快速实现园区融入产业，吸引和引进龙头型企业实现与产业核心要素的对接与联系；如何构建支撑后期发展的体制机制等问题进行了梳理总结，着重选取了各具特色的园区案例：广州经济开发区充分利用现代制造业集聚的优势，主动承接国际服务业深层次转移；深圳软件园积极构建高新软件现代产业体系，致力于成为国内高端服务外包发展引领区、粤港服务外包合作先行区；珠海南方软件园精心打造中小企业创新援助的服务外包综合公共服务平台；广东省（佛山）软件产业园利用当地优势产业和特色资源，跨越式发展软件服务外包、嵌入式软件、物联网和云计算等产业；东莞松山湖高新技术产业园围绕发展生产性服务业主线，推进产品技术研发服务、金融外包服务、电子商务服务等平台建设；华南智慧城以工业设计研发和外包服务为主导带动产业转型升级；广东金融高新技术服务区建设以辐射亚太地区为目标的现代金融产业后援服务基地等，以资借鉴。

广州开发区：充分利用现代制造业 集聚优势迅速发展服务外包产业

园区名称：广州开发区

发展领域：软件设计服务、研究与创意设计、金融创新服务、工业设计、咨询管理服务、现代物流、动漫创意等。

亮点推荐：广州开发区经过近30年的建设发展，形成了电子信息、汽车、金属冶炼、生物、精细化工、食品饮料等支柱产业集群。近年来，广州开发区主动承接国际服务业的深层次转移，在鼓励扶持区内的服务外包企业承接跨国公司的高端领域的离岸服务外包业务的同时，积极引导区内的生产性企业采取业务外包方式，释放大量的生产性服务需求（物流、工程装备配套服务、研发与技术服务、采购、咨询管理等），以多元化的服务外包发展格局为园区现代服务业发展提供了有利的产业基础条件。

基本情况

广州开发区是1984年12月经国务院批准设立的首批国家级开发区，位于广州市东部，由广州经济技术开发区、广州高新技术产业开发区、广州出口加工区和广州保税区组成，实行"四区合一"的管理体制，规划面积达78.92平方千米。

近年来，广州开发区积极顺应国际服务外包成为全球新一轮产业转移的发展潮流，依托广州市珠三角区域中心城市和毗邻港澳的有利区位，按照"突出重点、多元发展"的思路，主动承接国际服务业的深层次转移。服务外包业务发展具有以下特点：

1. 服务外包重点发展领域清晰

广州开发区依托"两城一岛"，重点发展以承接客户信息系统的设计、开发、运营和维护为主的信息技术外包服务；为客户提供技术研发、金融后台服务、人力资源管理、供应链管理、数据处理及分析的业务流程外包服务；以工业设计、工程设计、医药研发、游戏动漫与创意设计等知识流程外包为主。

2. 服务外包优势领域明显

经过近几年的发展，广州开发区在服务外包领域已经逐步形成了以软件研发、医药和食品研发、创意产业、现代物流服务为主的四个优势行业，吸引了包括三星、安利、美赞臣、日立信息等跨国公司及世界500强企业和东软、博彦科技等中国服务外包 10 强企业在内的 55 家服务外包企业落户。

（1）软件研发。三星、日立等跨国公司在广州开发区设立公司，东软、博彦科技等全国服务外包 10 强企业落户广州开发区，本土企业接包能力逐渐强大。三星在区内设立手机研发中心，主要为韩国三星电子提供研发、设计服务，年服务外包离岸合同额 6 000 多万美元。本土企业华智科技从事面向日本客户的软件外包开发及 IT 服务业务，包括对日软件开发、运用与维护及系统集成服务等，主要客户有丰田汽车、日立、NTTDATA、NEC、NRI 等日本知名跨国公司。目前该公司已成为国内具有最为集中的优质客户的企业之一。

（2）医药和食品研发。安利、美赞臣等跨国公司将研发业务逐渐外移，在广州开发区设立了研发中心。

（3）创意产业。主要包括动漫、工业设计、工程设计。广州科学城已聚集了一批重要创意企业，如毅昌科技（从事工业设计、外观设计、工业造型、结构设计、性能分析、系统集成）、广东省电力设计院（工程设计）、达力集团（动漫设计）等。

（4）现代物流服务。目前，全区已形成了以广州保税区和东晖广场为主的两大物流基地，代表企业有 DHL、鼎盛物流（与新加坡港务集团合资）、捷飞物流（与德国邮政合资）、信义物流、威时沛运等。

3. 服务外包业务量增速迅猛

近年来，广州开发区现代服务业加速发展，服务外包比重不断增加。2012 年，开发区全口径服务外包合同额 7.92 亿美元，同比增长 69.83%；离岸合同额 4.78 亿美元，同比增长 46.34%；离岸合同执行额 4.03 亿美元，同比增长 72.74%。以上三项指标连续三年位居广州市前列。

目前，广州开发区已成功培育出一批以信息技术外包为主导、以留学人员为主体的具备国际资质的服务外包企业，信息技术外包、业务流程外包和知识流程外包加速发展，已逐步成为广州市最重要的服务外包产业园区。

经验与做法

1. 利用产业基础雄厚优势，引导现代制造业对服务外包的需求

广州开发区经过近 30 年的建设发展，已聚集了 2 900 多家外商投资生产性企业，世界 500 强跨国公司投资项目 111 个，形成了电子信息、汽车、金属冶炼、生物、精细化工、食品饮料六大支柱产业集群。这些生产性企业对物流、工程装备配套服务、研发与技术服务、采购、咨询管理等服务需求大、要求高，而且大多采取外包方式。开发区积极扶持和引导区内的服务外包企业承接跨国公司高端领域的离岸服务外包业务，以多元化的服务外包发展格局提供了极其有利的产业基础条件。

2. 利用载体资源丰富优势，促进有实力的企业发展所需软硬件，扩大区内市场

广州开发区一直坚持"先筑巢后引凤"的发展思路，着力于为服务外包企业提供良好的发展环境。以广州科学城中心区为载体，投入 160 亿元加强公共基础设施建设，

努力将其建设成集研发、商务、商业于一体的现代化中心商务区，使之成为最适宜发展现代服务业和服务外包业的区域。目前，已建成了包括创意大厦、创新大厦、广东软件园、广州科技创新基地、广州国际企业孵化器、智通信息产业园等在内的研发孵化场地200万平方米，将成为广州乃至整个华南地区发展信息技术外包的重要基地。

3．利用区位独特优势，进一步完善投资环境

广州开发区位于广州市东部中心城区，临近珠江新城中央商务区，是广州推进"东进"战略的龙头。广州开发区位于粤港澳黄金三角洲的中心地带，以此为中心，1.5小时的车程半径覆盖整个珠江三角洲，可以便利地承接珠三角"世界加工厂"对服务外包业务的各种需求。毗邻港澳，面向东南亚，借助CEPA的实施，可以率先承接香港服务业企业外包业务对内地市场的转移。区内交通便利，毗邻新沙港、黄埔港；拥有连接深圳、惠州、汕头的广深、广惠、广汕高速以及直达市区的广园快速路网。与此同时，区内生活配套设施不断完善，已建成市重点中学、市重点小学、美国人学校、日本人学校等大中专学校，五星级酒店、三甲医院、科技人员公寓、国际网球中心已投入使用，地铁6号线二期工程也已动工建设并预计于2017年前开通。

4．不断完善鼓励政策，促进服务外包产企业发展壮大

2007年，广州开发区出台了《广州开发区鼓励发展服务外包的若干意见》。根据国家、省和市对服务外包产业发展的新要求，2012年，广州开发区修订并出台了新的鼓励发展服务外包产业政策。新政策每年用于扶持区内服务外包企业的资金达5 000万元，主要从办公场地扶持、业务发展扶持、贴息贷款扶持、资质认证资助、参展扶持、服务外包人才培训扶持、企业人才奖励、知识产权保护8个方面对企业进行扶持。

5．人力资源丰富，服务外包人才优势逐步形成

为促进服务外包业的发展，广州开发区充分利用一年一度的留学人员广州科技交流会这个"智力广交会"，大量引进各类高素质人才。这些归国留学人员既具备一技之长，又精通外语，熟悉国际商务惯例，能与留学国家的企业建立起密切的合作关系，对承接该国服务外包业务有明显优势。与此同时，开发区高度重视人才队伍建设，建立了完善的人才引进、培训、交流和使用机制，为海外归国留学人员创造了宽松的工作和生活环境。近年来，广州开发区与华智软件、乐庚、达力等企业密切合作，采取企业培训、政府补贴的形式，不断加大服务外包人才培训的力度。

6．建立完善服务外包工作领导体系架构

2010年，专门成立以区管委会主任为组长的服务外包工作领导小组，成员单位包括区党政办、政研室、发改局、经发局等10多个区主要经济职能部门，由区经济发展局负责全区服务外包工作的管理与指导。

7．强化行政效能，建立完备的企业发展优质服务体系

广州开发区管委会不断创新管理体制，转变政府职能，大力推进ISO9001质量管理国际标准贯标工作，获得国际权威机构认证，政府管理与服务水平全面与国际接轨。设立了"一站式"投资服务中心、办证中心，加强电子政务建设，已形成亲商式的投资服务体系。高度重视规章制度体系建设，已基本形成了覆盖各管理领域、层次分明

的规章制度体系，法治环境进一步优化。

发展目标与规划

广州开发区依托"两城一岛"，以科学发展观为指导，围绕建设适宜创业发展和生活居住的广州东部城市副中心的战略目标，充分把握国际服务业转移的历史机遇，加快实施推进承接国际服务外包的各项政策措施，营造优越的投资创业和生活居住环境，促进服务外包产业的蓬勃发展，建设成华南地区最具规模和潜力的承接服务外包产业聚集区和人才高地。

围绕现阶段产业基础，未来重点发展软件设计服务、研究与创意设计、金融创新服务、工业设计、咨询管理服务、现代物流、动漫创意等领域，促进企业做大做强。

深圳软件园：构建"高新软件"现代产业体系
打造高端服务外包发展引领平台

园区名称： 深圳软件园

发展领域： 重点促进新一代通信技术、高端软件、集成电路、新型显示、高端服务器、软件服务、网络增值服务、文化创意等信息产业与服务外包的发展，将进一步拓展金融服务、工业设计、数字内容、电信运营等高端服务外包。

亮点推荐： 依托深圳发达的电子设备制造业、金融业、医疗设备业等产业，快速提升服务外包产业集聚度，以最为显著的嵌入式软件优势，带动了具有核心技术信息产品的产值增长，并占据了信息设备制造业价值链的高端。目前已建立了完备的以人才培训、技术服务、金融服务、市场品牌四项服务为核心的软件产业服务体系，将充分发挥临近香港国际经济中心的优势和作用，建设150万平方米前海国际软件与信息服务产业园，利用前海粤港合作平台，推进与香港现代服务业的创新合作。

基本情况

深圳软件园坐落在深圳市高新区中区（深圳市南山区高新中一道），目前拥有产业园区面积30万平方米。2001年12月，深圳软件园被国家科技部认定为国家火炬计划软件产业基地；2003年12月，被国家发改委、信产部与商务部认定为国家软件出口基地；2009年12月，国家软件与信息服务外包公共技术支撑平台通过工信部验收并得到授牌；2011年，深圳软件园荣获"2010年度中国软件与信息服务外包最佳投资环境奖""全国服务外包人才培训校企合作贡献奖""2011中国软件和信息技术服务业最具品牌影响力的产业园区"；2012年，被国家工信部授予"国家软件和信息服务示范基地"。

业务发展

目前深圳软件园已建立了完备的以人才培训、技术服务、金融服务、市场品牌四项服务为核心的软件产业服务体系。重点促进新一代通信技术、高端软件、集成电路、新型显示、高端服务器、软件服务、网络增值服务、文化创意等信息产业与服务外包的发展。

2013 年，深圳软件园园区企业总收入 2 008.14 亿元；其中软件收入1 276.74亿元，同比增长 8.88%。2013 年 1—12 月，园区承接的离岸业务合同额为 11.371 5 亿美元，占全市服务外包离岸业务合同额的 38.14%，同比增长 54.36%；离岸合同执行额为 9.772 亿美元，占全市服务外包离岸执行额的 42.16%，同比增长 37.96%。服务外包类型主要以 ITO 为主。

园区内共有企业 875 家，同比增长 5.29%；软件企业认定数 791 家，同比增长 1.15%；大于 300 人的企业 98 家；销售收入大于 10 亿元的企业 17 家；软件收入大于 1 亿元的企业 158 家；软件出口大于 100 万美元的企业 66 家；火炬计划基地骨干软件企业 6 家；股票上市软件企业 27 家。2013 年，园区内 23 家企业被认定为"深圳市服务外包骨干企业"。

产业特色

1. 嵌入式软件发展突出，形成自身特色

深圳软件园产业最显著的特点在于嵌入式软件发展突出。深圳嵌入式软件的发展得益于其发达的电子信息产品和设备，后者自动化、智能化的技术升级对其提出了越来越高的需求并为其应用提供了丰厚的土壤，不断带动嵌入式软件的自主创新，涌现出大量领先于国内市场的知名企业，如带动通信领域嵌入式软件高速增长的华为、中兴；带动医疗设备类软件发展的迈瑞；带动数字装备类软件成长壮大的大族激光、科陆电子和国电南瑞；带动数字电视类软件增长的同洲；带动深化金融信息类软件应用的怡化软件、银之杰等。

2. 促进软件产业发展走在全国前列

依托深圳发达的电子设备制造业、金融业、医疗设备业等产业，深圳软件业一直保持20%以上的稳定增长，走在全国前列，软件产业收入占全国和广东省的比重分别超过10%和60%。目前，深圳软件企业形成了以中兴、华为、腾讯为龙头带动，第二、三梯队紧密结合的梯队发展格局。第二梯队中，拥有金蝶、金证、天源迪科、怡化、天维尔、永兴元、东进、太极软件、银之杰、科陆、华强智能、脉山龙、全景移动、海云天、迈科龙、茁壮网络、盈宁等在细分领域快速成长的企业，软件产值过亿元。第三梯队则是数量众多的股份制或民营软件企业，它们创新活跃，成为软件产业链上的有益补充。2012 年 11 月，在中国软件大会上，深圳软件园获得了由赛迪集团（CCID）、中国软件评测中心与《软件和信息服务》杂志社共同评选的"2012 年中国软件和信息服务领军产业园区"称号。

3. 新技术应用提升软件业发展的广度和深度

软件技术加快向服务化、网络化、智能化发展，网络技术向宽带、无线和智能方向演进，产业融合、技术融合、市场融合趋势加速创新，云计算、物联网等新兴技术的出现正在不断改变软件产业的格局，给软件产业的发展带来新的机会。云计算将基于互联网给用户提供海量计算服务，是存储空间的提供者和商业信息的处理平台，将会带来软件商业模式的变更。深圳作为首批国家云计算服务创新发展试点城市之一，拥有华为、中兴、金蝶、太平洋电信、宝德等云计算领先企业；拥有国家超级计算深圳中心（深圳云计算中心）超千万亿次级的数据中心资源优势，在 Saas 方面可以为深圳中小企业更好地提供服务，降低创业成本。物联网方面，物联网的巨大发展空间也会带动平台层和应用层软件技术及其产品的发展，深圳在发展物联网技术方面形成了自身独特的优势，特别是在信息通信、传感技术、射频识别等产业链环节拥有先进的技术和解决方案。随着深圳智慧城市的建设和开展，软件应用技术在促进应用层的开展方面将会面临新的需求和业务增长点。

经验做法

深圳软件园一直以公共服务平台建设为依托，积极完善园区环境和体系机制建设，通过加强人才培养、专业技术、融资平台等方面的服务功能，为区内企业发展提供强大支撑。

1. 人才平台

深圳市软件及服务外包培训平台面积约 1 800 平方米，为深圳市的软件企业提供多种形式的人才培训，形式上包括了远程、面授，内容上包括了企业个性化定制和平台批量定向两种基本模式。目前培训平台整合了全国 26 家软件学院的院系资源，通过项目实训面向深圳软件企业的个性化需求，将企业人才需求与大学生定制培训及就业培训有机结合，全方位解决目前深圳软件产业与服务外包产业对有经验毕业生的需求瓶颈，为企业提供人才实训和其他培训服务。

2. 专业技术支撑平台

深圳软件园公共技术平台主要通过构建软件测试中心与开放实验室为深圳市的软件企业提供低成本的技术服务环境。软件测试中心与实验室将提供国际先进、大型、多种类的计算机硬件、软件与网络平台，构造大型、开放、通用的软件开发与测试环境，最大程度降低中小软件企业的开发成本，完善企业产品与服务功能，促进广大中小型软件企业做大做强。目前深圳软件园公共技术平台包括中国评测深圳软件园分中心、深圳软件园测试平台、永兴元科技的电子政务云计算技术国家工程实验室、深圳软件园运通测试技术服务中心、深圳软件园循证医学成果示范试验室、深圳移动互联网产学研资联盟。2013 年深圳软件园完成了深圳软件园云平台的设计及建设，可以提供云主机、高性能计算、动画渲染等云平台服务。

3. 金融平台

科技和金融相结合，是加快科技成果转化和培育战略性新兴产业的重要举措，是提高自主创新能力的战略选择。为有效解决中小型轻资产软件与信息服务类企业融资难的问题，探索并创新金融服务的新模式，深圳软件园启动建设了"互联网投融资服务平台"。平台依托互联网金融创新模式，旨在为优秀高科技项目提供开放透明的融资渠道，利用政府资金的杠杆作用，吸收银行风投等社会资本，促进高科技企业跨越式发展。平台具有项目信息发布、项目与投资双向对接、企业并购、园区招商、政策法规等多项核心功能，主要面向软件及信息服务业、电子信息产业、集成电路产业、先进制造业、高技术服务业及生物医疗业。2013 年项目已完成前期规划，开发工作也已完成并于 2014 年初上线试运营。

目标规划

1. 基本原则

（1）优化布局，集聚发展。优化深圳软件园各园区的产业布局和区域布局，突出各园区的比较优势，推进产业差异化发展，在专业分工的基础上形成特色优势、专业化优势和规模化优势，实现各园区集聚式产业发展格局。

（2）品牌推广，面向世界。以全球视野，创造具有核心竞争优势的"强势品牌"，做好重大项目和龙头企业的引进，有效扩张园区品牌营销的效应。抓好园区品牌营销工作，通过集聚深圳软件园园区品牌的势能与效能，将资源优势转化为经济优势，在国际化竞争中占据关键一席。

2. 发展定位

全球知名服务外包承接地，国内高端服务外包发展引领区，粤港服务外包合作先行区，在软件服务、金融服务、工业设计、数字内容、电信运营服务外包等高端领域具有领先优势的国家服务外包示范园区。

3. 发展目标

（1）产业规模目标。服务外包产业各项主要经济发展指标保持年增长 20% 以上，"深圳软件园——中国 IT 门户"的影响力不断增强，在世界服务外包产业的地位大幅提升。

（2）载体建设目标。服务外包产业集聚度进一步提高，创建国家软件与信息服务产业示范基地。充分发挥临近香港国际经济中心的优势和作用，建设 150 万平方米前海国际软件与信息服务产业园，利用前海粤港合作平台，推进与香港现代服务业创新合作，使深圳软件园成为国内重要的服务外包基地和新型业态创新示范区。

继续深化建设深圳软件园龙岗分园服务外包示范区，将李朗软件园、天安龙岗数码新城、中海信科技园等园区纳入深圳软件园服务外包示范区范围，通过城市更新和功能完善，构建"高新软件"现代产业体系，打造服务外包产业聚集地。

（3）企业培育目标。产业集群加速扩张，形成以骨干企业为龙头、中小企业协作配套的企业发展格局，打造一批著名的服务外包品牌，企业国际竞争能力显著增强。

4. 人才集聚目标

创造良好的人才发展环境，建立适应服务外包产业发展的人才培育体系，建立一批服务外包产业人才实训基地，培育一批服务外包产业人才培训机构，引进一批海外高端复合型人才。

珠海南方软件园：搭建服务外包综合公共服务平台

> **园区名称：** 珠海南方软件园
>
> **发展领域：** 软件研发服务外包、集成电路服务外包、业务流程服务外包等。
>
> **亮点推荐：** 珠海南方软件园秉持"创新沃土，创业家园"的使命，致力于打造珠海市规模最大的服务外包综合公共服务平台，对重点培育的服务外包企业实行"高级经理一对一服务"，建立定期入园企业座谈会制度，政府主管部门、行业协会协调机制，让服务外包企业安心发展并能便利获得产业资源和扶持，并通过深化人才服务体系建设，聚集了一批具有经验和良好业绩的服务外包专业服务机构，全面开展区内各类产业服务活动，促进区内服务外包产业加速聚集。

基本情况

珠海南方软件园由原国家电子工业部和珠海市人民政府共同创办，是"国家软件产业基地"之一。目前，由中国电子信息产业集团（CEC）旗下的深圳桑达电子集团（SED）投资建设和运营管理。

近两年来，珠海南方软件园已成功孵化出 2 家软件上市公司。现入驻扬智电子、全志科技、乐毅软件、东方海外等国内外著名企业 190 余家，已形成以软件研发、集成电路设计、服务外包为核心的产业主体，以及以政务商务、教育培训、创业服务为主要形式的配套服务体系，成为珠海软件产业的重要支撑力量，并日益呈现出强劲的增长态势。

园区外包业务以信息技术外包为主，占比超过 90%，发包地区集中于美国、日本等国家以及中国香港、中国台湾，BPO 业务也不断发展壮大，以华拓数码、维佳物流、花旗银行数据中心等企业为代表，主要转承港澳地区银行和保险公司等金融机构以及航运物流企业的数据录入、呼叫中心等业务。近几年来，园区服务外包业务取得了较快发展，从事离岸服务外包企业的数量已从 2010 年的 10 家增加到 15 家，服务外包离岸执行金额达 1 441 万美元（国家商务部数据），约占珠海市 2012 年离岸执行金额 2 018 万美元的 71%。2013 年 1—6 月，园区服务外包离岸执行金额 633 万美元，同比增长 45%。其中永亚软件、扬智电子的离岸业务执行金额均实现了翻倍增长。

珠海南方软件园总占地面积 26 万平方米，分为工作区和生活区两个部分。其中工作区占地面积 15 万平方米，规划为四个功能区：A 区为商务服务中心，B 区为软件研发中心，C 区为定制区，D 区为教育与培训中心。

经验做法

1. 完善公共服务设施

建立软件研发中心、留学人员创业园、形象展示中心、创新服务中心、科技会议中心、客服中心、商务中心、员工餐厅（3 个）、咖啡厅、健身中心、招待所、自动缴税机等多个服务设施，并引进高新区管委会、行政服务中心、地税局办税大厅、人力资源开发服务中心、软件行业协会、服务外包行业协会等行政服务机构，以及工商银行、中国银行、交通银行、农业银行、广发证券、国信证券、软件培训、商旅服务、中国移动、中国电信、中国联通等多家专业服务机构。

2. 建设公共服务平台

园区及周边已建设了多个公共技术服务平台，建成中小企业创新服务中心、珠海南方软件网络评测中心、南方数字娱乐公共服务中心，工业可视化公共服务中心正在建设中。其中，哈工大新经济港的南方集成电路设计服务中心，专门为园区 IC 设计、软件研发等提供技术支撑。

3. 建立管理协调机制

（1）建立入园服务外包企业座谈会制度。每季度召开一次，通报行业信息，加强政策解读，收集企业发展中的各种问题、困难、意见、建议等，加强企业间沟通交流，推进业务合作和产业聚集。

（2）建立政府主管部门、行业协会协调机制。每季度召开一次协调会，由园区产业发展总监负责汇报有关产业发展和企业需求等方面的问题困难、意见建议、产业统计数据、产业发展计划，共同研讨解决方案，协调政策落实情况，确定产业服务措施等。珠海南方软件园组织架构如下图所示。

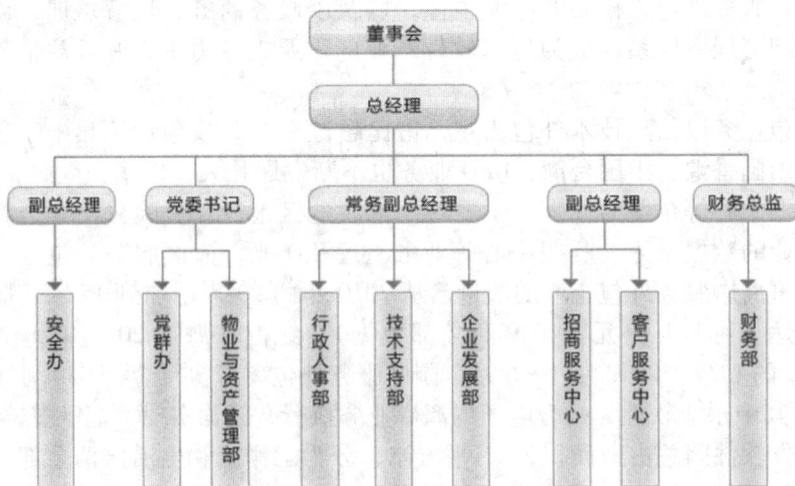

珠海南方软件园组织架构

4. 落实扶持政策及措施

自 2009 年起，珠海市政府相继出台了一系列配套政策，包括《关于促进珠海市服务外包产业发展的若干措施》《促进珠海市服务外包产业发展若干措施的实施细则》《珠海市鼓励服务外包产业加快发展措施》。

园区在办公场地、活动场地、品牌宣传、产业对接等方面提供系列支持，并对重点培育的服务外包企业实行高级经理一对一服务，及时解决企业遇到的问题及困难，让服务外包企业安心发展并能便利获得产业资源和扶持。具体措施包括：

（1）增加综合行政服务中心功能。新建一站式客户服务中心，为企业提供工商注册、税务办理、人员招聘、证照办理、政府专项资金申报、企业入驻等一系列便利服务。

（2）提供办公环境支持。首期规划 5 万平方米作为专用场地，用于引进国内外服务外包企业入驻，并在 C 区规划建设 5 万平方米的办公场地作为今后的发展空间；为珠海市服务外包行业协会免费提供 300 平方米的办公场地。

（3）支持服务外包公共技术服务平台建设。继续支持 3 个服务外包公共技术服务平台的改造升级，继续提供办公场地租金减免支持。

（4）组织策划服务外包的公益活动。提供场地支持，并加大行业引导和宣传、对接力度，吸引产业聚集发展。

5. 强化人才聚焦和培养

（1）形成以大学园区、社会培训机构相结合的人才培养体系。区内现有中山大学珠海校区、中科院计算机所、华中科技大学、哈尔滨工业大学四所院校，这些院校均设有与现代信息服务有关的专业或专业方向，年培训能力 2 000 人次以上，既服务于园区，又辐射了高新区周边乃至全市。

（2）引入人力资源服务机构，开展有针对性的人才培养服务。如珠海人力资源中心高新区分中心、永亚软件培训中心、达内 IT 培训集团、中智人才服务公司、美国 Prometric（普尔文）授权考试中心等机构，为园区可持续发展提供充足的人才后备力量。

（3）积极与相关职业技术学院、专业 IT 培训学校等机构合作。举办专场招聘会，为毕业生推荐就业机会，从中挑选适合服务外包的人力资源，为企业业务的快速发展提供人力资源保障，实现了学生就业、企业人才培养和营商环境不断改善的多赢局面。

6. 提升产业服务水平

园区秉持"用心承诺，精心服务，成就客户，相伴成长"的服务理念，全力营造适宜企业生存和发展的产业生态环境。

（1）建成"南方软件园中小企业创新服务中心"，为入园企业提供包括入园服务、综合信息、技术平台、创业辅导、专业代理、管理咨询、金融服务、人力资源等服务在内的多种社会化、专业化和公益化服务，积极开展多种创新服务活动。

（2）大力实施"中小企业服务年"活动。整合了一批实力强、素质高、资信好的中小企业服务机构及社会服务资源，组建成中小企业服务联盟，为服务外包企业提供政策、法律、财务、审计、投融资、技术创新、创业服务、管理咨询、人才培训、市场开拓等专业服务和综合解决方案。

（3）举办各类促进产业对接活动，如外包产业发展论坛、人才招聘沙龙、服务开放日等，帮助园区及周边的服务外包企业优化管理、拓展空间，为提升整个产业集群的持续发展与核心竞争力提供了强有力的支持。

发展规划

依托中国电子信息产业集团（CEC）的资本和产业实力，进一步强化园区策划、组织协调、技术、服务、运营能力，不断完善基础设施，并执行配套的服务外包优惠政策及扶持措施，通过深化人才服务体系着力聚集一批具有经验和良好业绩的服务外包专业服务机构，全面开展区内各类产业服务活动，促进产业加速聚集，努力将园区逐步打造成珠海市规模最大的服务外包综合公共服务平台，推动珠海服务外包产业快速发展。

珠海南方软件园服务外包产业发展目标：到 2020 年，园区服务外包企业数量达 100 家，从业人数 10 000 人以上，离岸合同累计签约总额 20 亿美元，年离岸服务外包执行额达 1 亿美元。

佛山软件园：推动以软件
服务外包为核心的都市产业发展

园区名称：广东省（佛山）软件产业园

发展领域：软件服务外包、嵌入式软件、物联网和云计算等产业。

亮点推荐：佛山软件园立足佛山市基础优势产业和特色资源，以初具规模的IT信息、软件产业集聚和软件服务外包为基础，建设软件服务外包产业基地，形成与广州、深圳及其他地区服务外包错位协调发展的格局；以在岸软件外包为基础，离岸软件外包为拓展方向，在岸软件外包与离岸软件外包协调发展，采取"渐进式"与"跨越式"发展并存的模式，致力于打造辐射珠三角、服务内地、联结港澳及东南亚的IT信息和软件服务外包的产业基地。

基本情况

广东省（佛山）软件产业园（简称佛山软件园）于2009年1月成立。园区地处佛山中心区禅城区，利用城市配套较周边地区条件成熟、对高端人才吸引力大、发展软件产业条件得天独厚的优势，现已成为广东省小企业创业基地和佛山市创新创业人才基地。据初步统计，2012年佛山市IT企业超过3 000家，2012年软件企业营业额超过30亿元。禅城区IT企业超过1 500家，其中从事软件开发及系统集成的超过400家，就业人数达到5万人，2012年IT软件营业总额达20亿元。佛山软件园聚集了70多家骨干软件企业，产业基础雄厚，在禅城区已形成一定规模和优势，成为佛山软件产业发展的中心地带和主要集聚区。

目前，佛山软件园从事服务外包业务的企业超过30家，从业人员超过800人，每年的经济指标超过2亿元，在岸服务外包合同执行额占经济指标的一半以上。2012年，欧司朗公司离岸服务合同执行额超过1 000万美元，世纪互联与电信合作的信息服务公司和神州数码数据处理中心已启动运营。园内服务外包代表性企业，如安讯智能科技、广东奥博信息产业、广东丽普盾高新科技、智邦电子科技、三维计算机网络等，积极发挥了龙头企业的发展带动作用。

经验做法

1. 管理运作体制

佛山软件园的运营管理模式是"政府指导、企业运作",由佛山市禅城区经济和科技促进局提供业务指导,由佛山市盈赛投资发展有限公司负责具体运营(主要负责园区的开发建设、招商引企、基础设施的经营和管理等)。

2. 配套服务设施

按照"政府启动、社会参与、市场化运作"模式,园区建成了云计算中心、计算机培训室和软件测评中心以及佛山市物联网、RFID、软件测评与培训等中心,为企业开展研发、测试、认证、培训等提供高效的专业服务,降低了企业的经营成本。同时,还建立了体育馆、餐厅等配套设施,对中小企业具有较强的服务能力,也对服务外包人才较具吸引力。

(1)设立云计算服务中心,主要服务内容包括:

①提供软件开发与测试云服务平台。

②为园区企业提供物理主机、虚拟资源租用服务。

③提供企业网站、企业邮箱以及办公 OA 等丰富的在线应用公共软件平台。

④提供 SAAS 软件孵化服务平台。

⑤为佛山市禅城区在建的"七朵云"项目提供 IAAS 和 PAAS 架构和资源服务。

(2)设立软件测评中心。为企业和政府部门信息化系统提供各种专业的第三方软件测试和咨询服务,包括软件产品登记测试、软件成果鉴定测试、政府采购选型测试、验收测试、功能测试、性能测试、稳定性测试、安全测试、兼容性测试、信息化系统质量保障咨询等。

(3)设立软件培训与服务中心。为企业提供一系列培训认证课程,主要包括:面向信息与软件产业领域,提供涵盖技术、服务、运营、财务、管理、政策等企业发展所需的全方位培养体系;按照企业真实工作环境和管理制度,实行准员工在职管理模式实训;提供 LINUX 系统、网络、服务器的配置、维护与管理的企业定制化培训以及认证等。

(4)提供基础性服务,主要包括:

①餐饮服务、体育馆、会场服务。

②工商办理、咨询和人力资源等基础行政服务。

③电信优惠、餐饮和清洁卫生等后勤保障服务。

④专业的物业管理服务,为企业创造优良的办公环境。

(5)组织交流培训。与国内外交流团进行对接,如香港中小企业联盟交流团、宜昌市考察团等;组织园区企业外出参展,如云博会和软交会,经常举办专业培训、企业交流和主题论坛等。

3. 制定优惠政策

(1)通过双软认证的软件企业,一次性奖励 5 万元。

（2）软件产品和技术成果价值占注册资本的比例经审核最高可达 35%，对于市场潜力大、附加值高的软件技术和产品，其入股占注册资本的比例由投资方自行决定。

（3）凡由政府主导或以财政资金投入为主的软件或信息化工程项目，同等条件下向自主研发和本地化软件产品倾斜。

（4）通过 CMM/CMMI 二级、三级、四级和五级认证的软件企业，分别给予 10 万元、20 万元、30 万元和 50 万元的补助；通过计算机信息系统集成资质三级、二级、一级的企业或通过设计国家秘密的计算系统集成资质单项、乙级、甲级企业，分别给予 10 万元、20 万元、30 万元的补助。

（5）经评审符合条件的科技中介服务机构，连续三年每年给予 5 万元的补贴。

（6）对符合条件、入驻石湾大院的软件企业，给予低价租金优惠。

4．人才结构及人力资源建设

目前，园区共有从业人员 1 300 人，本科以上占职工总数的62%；其中博士、硕士共 65 人，占职工总数的 5%；本科生共 741 人，占职工总数的 57%。这种人才结构状况与现阶段园区企业的发展层次基本适应。人力资源建设包括：

（1）建立高端人才库，引进和储备一批掌握核心技术、关键技术和共性技术的高端科技人才。

（2）设立软件园人才专户，为企业引进人才提供落户、档案、评定职称等人事代理服务。

（3）建立软件园（企业）、高校、高层次人才的信息交流与对接平台。

（4）组团参加跨省的人才交流会及市区有关大型招聘会。

（5）积极开展认证、培训、组织产学研合作和科技项目的申报，为企业高技能人才培养提供服务。

（6）成立大学生创业孵化基地，为大学生提供良好的创业平台。

战略与规划

1．战略定位

以佛山市现有的初具规模的 IT 信息、软件产业集聚和软件服务外包为基础，形成与广州、深圳及其他地区服务外包错位协调发展的格局，打造成为辐射珠三角、服务内地、联结港澳及东南亚的 IT 信息和软件服务外包的产业基地。依托政府主导及区位优势，推动以禅城区为核心的佛山软件业进入广东软件业发展的第一方阵。

2．产业布局

佛山软件园以发展行业应用软件为主并扩展至软件服务外包等现代服务业。具体包括：

（1）电子商务、电子政务等应用软件。

（2）特色行业信息化应用软件和嵌入式软件。

（3）RFID、云计算、物联网等新 IT 产业。

3. 规划设计

按"一园多区"的发展思路规划建设，其中：

（1）"一园"：以软件园现有石湾园区为核心，加大基础设施建设，增加企业发展场地。

（2）"多区"：加强与周边园区合作共建设园区，或利用"三旧改造"腾出的场地建立专业园区或软件外包产业基地，推动以软件业为核心的都市性产业的发展。

东莞松山湖高新区：构筑产业特色鲜明、核心竞争力突出的服务外包产业发展新格局

园区名称：东莞松山湖高新区

发展领域：软件与信息服务、工业设计、产品技术研发、金融服务外包（数据处理与呼叫中心）、文化创意服务、电子商务服务等。

亮点推荐：松山湖高新区依托东莞市玩具、鞋业、服装、家具、食品等传统优势产业和重点发展的"三大产业"即高端电子信息产业、生物技术产业、现代服务业，积极促进区内服务外包企业发挥产业转型升级的示范带动作用。

基本情况

东莞松山湖科技产业园区是 2001 年 11 月经广东省人民政府批准设立的高新技术产业园区，2010 年 9 月被国务院批准为国家高新技术产业开发区。自成立以来，松山湖高新区按照建设"科学发展示范区、产业转型升级引领区"的定位，高起点、高标准、高效率地推进各项工作。东莞松山湖高新区（以下简称松山湖高新区）把发展重点放在"三大产业"上，即发展壮大高端电子信息产业，主要招引新一代通信电子、通信信息、移动互联网、云计算、物联网等新型电子高科技企业；打造生物技术产业，以生物医药为核心，中医药研发及健康产业为切入点，同时吸引高端生物医疗器械企业；积极推进现代服务业，主要包括现代金融服务业、文化创意产业、电子商务。

松山湖高新区的服务外包产业紧紧围绕着上述"三大产业"开展，包括软件与信息服务、工业设计、产品技术研发、金融服务外包（主要是数据录入与呼叫中心）、文化创意服务外包、电子商务服务等领域，致力于构筑起产业特色鲜明、产业核心竞争力突出的服务外包产业发展格局，推动服务外包产业成为松山湖高新区的重要经济增长点。东莞松山湖高新区发展规划如下图所示。

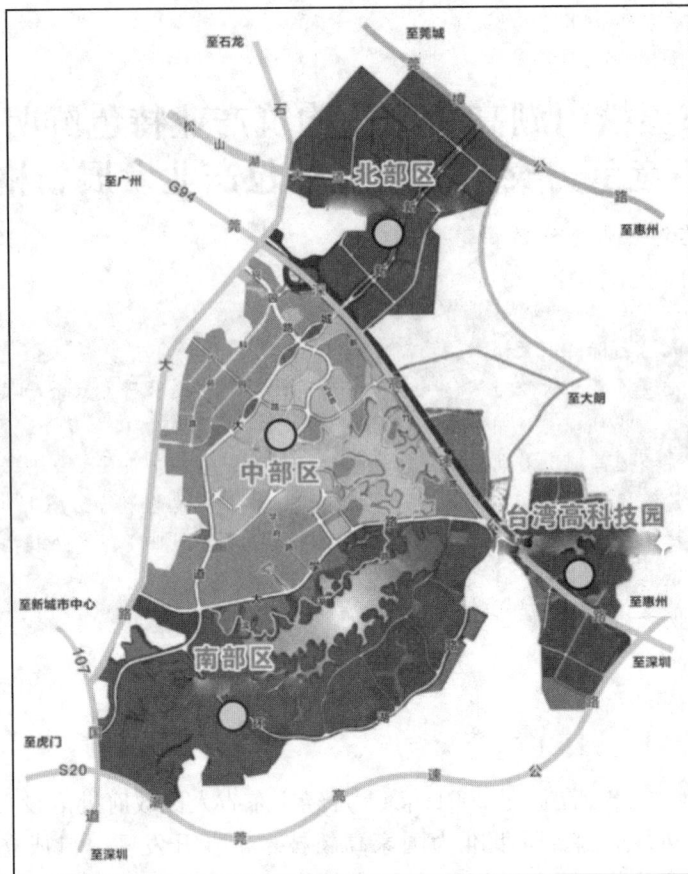

东莞松山湖高新区发展规划

注：图中标示的北部区是高科技产业、研发平台聚集区；中部区是教育、研发、生物技术、新能源新材料、IC 设计产业聚集及高新技术创业区；台湾高科技园是台湾高端产业项目主题园区；南部区是研发总部、金融服务、文化创意、生物技术产业区。

发展特色

1. 服务科技平台建设已见成效

目前，松山湖高新区已建立公共科技创新平台 19 家，产品研发设计服务涵盖电子信息、生物技术、工业设计、装备机械、云计算等方面，通过产学研、科技特派员、技术支持等方式，在产品研发、设计、检测等领域，积极与企业开展多形式、多层面的合作，特别是在行业共性技术、关键核心技术、新兴产业技术的研发与应用推广方面取得了较好的效果，进一步强化了公共科技服务平台的服务功能，凸显了园区独有的服务外包产业领域优势。

2. 金融服务外包发展步伐加快

松山湖高新区共拥有 50 多家金融服务企业，包括 23 家创投公司、8 家银行、4 家资产管理公司、1家小额贷款公司。创投大厦和志鸿科技项目已投入运营，项目凭借自身在金融服务方面的坚实基础，一方面大量引进了与业务关联的上下游企业，以及相关的服务外包专业培训机构，夯实了园区产业发展的基础，拓宽了园区金融服务的业务范畴；另一方面为园区金融服务外包发展提供优质的载体和企业服务。联合金融项目已正式开工建设，将为园区金融服务外包业务注入强劲的动力。

3. 文化创意外包服务发挥示范效应

通过大力引进和培育文化创意产业，逐渐形成一条相对完整的文化产业链。在创意生活城和留创园已聚集了一批工业设计、动漫设计、网络科技、智能玩具开发等文化创意企业，形成了从创意到设计、从影视到动漫、从原创到衍生品、从衍生品研发到衍生品交易的产业链。借助东莞推进动漫衍生品制造发展的机会以及园区在动漫衍生品设计经营方面的优势，目前吸引了众多动漫企业建立衍生品开发生产基地，其中东莞功夫龙影视传媒公司设立了衍生品研发、品牌运营中心；水木动画有限公司设立了专门的动漫衍生品设计和品牌运营机构；天空文化传播有限公司在松山湖高新区设立了悟空巴布品牌推广及产品研发中心，业务范围涉及动漫原创、衍生品研发、品牌运营和制造发包业务。华南工业设计院自2006年设立以来，已面向超过1 000家制造企业提供产品创意、工业设计、动漫形象开发和品牌管理服务。此外，东莞橙果动漫设计等一批设计机构和企业分别从事动漫和文化创意产品的研发设计，在区内发挥着文化创意产业服务外包的示范带动作用。

4. 电子商务服务产业发展迅猛

松山湖高新区已引进电子商务平台类企业如敦煌网、安美商城有限公司、尚睿电子科技有限公司、酷配电子商务有限公司等；电子商务服务类企业机构也紧跟入驻，包括东莞市电子商务服务中心、华南电商联盟秘书处、东莞网商联盟、115网盘、瓦力科技、易动时尚、旨尖科技、盛枫电子商务公司等。目前，松山湖高新区正加快完善电子商务服务外包产业体系，进一步加大电商企业招引力度，强化电商人才培训体系，提高载体建设服务水平，大力推进电商服务迅猛发展。

经验做法

1. 加强服务外包载体建设

（1）大力推进大学创新城建设，打造东莞产品技术研发服务基地。已成功引进广东电子工业研究院、北京大学光电研究院、华中科技大学制造工程研究院等19个研究平台。将进一步做好大学创新城选址、建设方案、规划设计等工作，积极与复旦大学、同济大学、上海大学、武汉大学等国内高校洽谈合作共建研究院，五年内将引进5至10所大学院校，推动更多高校成果在园区转化，以造就一批高水平的创新型人才、一批高层次的创新型企业家、一批有影响力的创新型企业。

（2）加快推进金融服务外包园建设，打造辐射珠三角和亚太地区的金融服务外包基地。已成功引进联合金融、志鸿科技、志鸿汇创等知名金融服务外包企业，将以金融机构外包服务需求为导向，以先进的信息技术为基础，建设金融智能数联网，打造国内一流、低碳、环保、和谐的金融服务外包产业链聚集发展综合功能区，以及粤港金融服务中心，其业务辐射珠三角和亚太地区。

（3）加快推进粤港澳文化创意产业实验园区建设，打造全国文化创意产业示范园区。以东莞市将文化创意产业列为支柱产业、中国国际影视动漫版权保护和贸易博览会落户东莞为契机，按照构建文化创意产业链经济模式的工作思路，主要围绕玩具、鞋业、服装、家具、食品等东莞传统优势产业，重点发展与这些产业相关的文化创意原创设计、动漫衍生品开发和销售。将积极筹建玩具博物馆、创意设计城、创意谷等产业载体，整合发展资源，拓展文化创意产业发展空间，打造中国动漫产业最佳对接平台和中国最大的动漫衍生品交易平台。

（4）加快推进电子商务服务产业园区发展。松山湖高新区致力于打造东莞市电子商务的产业集聚区、技术服务中心和人才培育基地，发展涵盖 IT 服务、物流仓储信息服务、支付服务、行业协会服务、广告营销服务、呼叫中心、数据中心、人才培养等领域的电子商务服务业，建设综合性、专业性、技术性的电子商务服务平台，引导企业利用电子商务手段推介品牌，增强外贸竞争力，拓展国内销售渠道，培育具有本土特色的电子商务企业。

2．积极引进、培育服务外包企业

（1）金融服务企业。松山湖高新区以东莞市被列为广东省科技金融试点城市为契机，加快金融改革创新服务区建设，积极筹划建设松山湖金融服务外包产业园，引进国内外知名金融机构的数据处理中心、呼叫中心、灾备中心、培训中心等金融后台服务机构。

目前已引进阳光保险、生命人寿、联合金融、志鸿科技等大型金融服务机构。其中，成功引入的香港著名的信息科技公司——志鸿科技是香港长江实业控股的上市公司，主要为金融企业提供各种金融应用软件服务（ASP）及方案，重点研发金融软件与企业管理软件，其系统服务于恒生银行、汇丰银行、渣打银行等知名外资银行以及深发银行、渤海银行、华夏银行、兴业银行和民生银行等国内知名银行。

联合金融集团计划在松山湖建设粤港国际金融服务外包基地，力争成为覆盖珠三角地区乃至亚太区的国际金融外包机构，打造符合金融服务外包产业需求的、高标准的生态型产业集聚基地，具体包括金融 ITO 基地、金融 BPO 基地、离岸外包基地、金融 KPO 基地。其中，金融 ITO 基地业务包括金融数联网（云银行）、信息软件开发生产中心、数据中心；金融 BPO 基地业务包括票据综合管理中心、信用卡管理中心、现金管理中心、离岸运营综合管理中心、客户服务中心、黄金投资交易中心；金融 KPO 基地业务包括 KPO 金融知识处理流程外包、基金投资交易中心、信贷综合管理中心、第三方支付中心、离岸软件开发中心、数据灾备中心等。

（2）文化创意企业。针对目前东莞大量动漫衍生品制造企业自身缺乏自主品牌及文化创意能力，迫切寻求文化创意服务外包的情况，松山湖高新区积极引进 50 余家动漫原创、动漫服务平台、动漫衍生品开发、动漫衍生品交易、动漫中介服务、网络游戏、影视传媒、工业设计等文化创意企业，形成了较为完善的文化创意上、中、下游产业链和强大的服务外包承接能力。

（3）电子商务企业。松山湖高新区着力建设电子商务的产业集聚区、技术服务中心和人才培育基地，引入从事电子商务的公司，包括投资 2.28 亿元的东莞邮政速递总部与电子商务中心、安美商城等中型电子商务平台，尚睿电子、易动时尚等电子商务服务企业，115 网盘、国云科技、东莞华中科技大学制造工程研究院、东莞电子科技大学电子信息工程研究院等技术服务机构与企业，搭建了综合性、专业性、技术性的公共服务平台。

3. 完善服务外包产业发展环境

（1）加快建设"智慧松山湖"。从 2011 年底开始，松山湖高新区大力推进以应用新一代通信技术和"云计算"处理为技术基础的"智慧松山湖"工程，在政务服务、产业服务、社会服务、绿色园区、平安园区 5 个应用领域，积极推进科技统筹服务系统、企业服务系统、医疗卫生服务系统、智能社区专项工程、地下管网系统、应急指挥系统等 16 个示范工程，目前一期工程已完成，将继续挖掘"智慧松山湖"服务功能，为服务外包企业开展外包服务提供教育培训、科研在线、知识产权、仪器设备共享、云计算、信息技术等服务。

（2）营造适合服务外包产业发展的社会环境。学习借鉴新加坡、中国香港等成功经验，根据《中共东莞市委市人民政府关于建设"六个东莞"营造法治化国际化营商环境的意见》的要求，全面铺开"平安松山湖""法治松山湖""信用松山湖""效率松山湖""活力松山湖""开放松山湖"等建设工作，为高新区发展营造法治化、国际化的营商环境。

目标与规划

未来，松山湖将优先发展知识流程服务外包，依托园区现有平台及大学创新城，重点发展工程设计研发外包；依托粤港澳文化创意产业实验园区，着力发展文化创意服务外包；依托中科院云计算产业技术创新与育成中心，积极培育云计算服务外包。同时，重点发展业务流程服务外包，依托松山湖金融改革创新服务区，积极承接金融服务外包；依托电子商务集聚区，建设综合性、专业性、技术性的电子商务服务平台，努力拓展电商服务外包。

华南智慧城：以"智慧互联·科技造城"为理念促进服务外包产业发展

园区名称：肇庆市综合性生产服务业集聚区（华南智慧城）

发展领域：金融后台服务外包，财务外包、呼叫中心；工程设计外包，软件维护与实施、软件测试外包；数据中心、系统集成外包；IT基础设施外包、软件开发外包；通信技术研发外包；游戏动漫外包；医药研发外包；IC设计外包等。

亮点推荐：华南智慧城以"智慧互联·科技造城"为发展理念，重点打造"五大平台"（即信息化基础平台、服务外包技术支撑平台、企业融资服务平台、服务外包创业孵化平台及人才培训服务平台），通过建设华南地区集科技研发、软件服务、金融后台以及智力密集型产业于一体的服务外包产业园区，为肇庆各工业园和专业镇提供可持续的外包服务，带动整体产业转型升级，成为粤西总部基地之一。

基本情况

肇庆市综合性生产服务业集聚区（华南智慧城）（简称华南智慧城）由广东华南智慧城发展有限公司负责运营，于2010年筹建成立。

华南智慧城是在肇庆市三榕工业园的基础上建成的，占地380亩，总建筑面积60多万平方米，总投资30亿元，首期投资88 148万元。

三榕工业园成立于1990年，1998年经省人民政府批准为省级高新技术产业开发区，三榕工业园管理委员会属肇庆市端州区政府的直属事业单位，辖区总面积15.6平方千米，原以电子元器件、生物工程、轻纺高新技术、装备制造等为主导产业。经过多年发展，累积了一定实力的产业基础，已成为带动全市高新技术产业发展的重要基地。近年来，三榕工业园以引进投资强度大、科技含量高、税收贡献大、带动能力强的大型服务外包产业项目为目标，加快第三产业发展。为此，三榕工业园在园区的中心区位置建立了华南智慧城，重点发展服务外包产业。

华南智慧城服务外包产业目前仍处于起步阶段，现已成功吸引了一批国内外服务外包企业入驻：肇庆祥洲鞋业有限公司、祥昱鞋业（肇庆）有限公司、美亚（肇庆）金属制品有限公司、肇庆市新安怀电子商务有限公司、肇庆泰强数码科技有限公司、肇庆市立德电子有限公司、伟仕高（肇庆）半导体有限公司等，园区的服务外包离岸执行金额超过500万美元。

2012 年，华南智慧城内的服务外包企业跨境服务外包合同为 1 030 万美元，服务外包合同离岸执行金额为 531. 172 7 万美元；在岸服务外包合同为 28 505. 25 万元（约 4 635 万美元），服务外包在岸执行金额为 15 026. 787 万元（约 2 443. 382 万美元）。2013 年园区内服务外包企业跨境服务外包合同为 580 万美元，服务外包合同离岸执行金额为 526. 840 1 万美元；在岸服务外包合同为 16 764. 9 万元（约 2 726 万美元），服务外包在岸执行金额为 15 552. 3 万元（约 2 528. 83 万美元）。

经验做法

1. 重大项目带动发展

2013 年，华南智慧城相继引进了"中国人寿电子商务南方运营中心"和"华康金融后台服务基地"两个重大项目，对园区的发展带动作用十分明显。大项目的落地，一方面，大幅提升了园区的生产总值，为本地带来较好的经济收益；另一方面，进一步提升了园区的知名度，吸引了一大批电子商务、金融后台、财务外包等企业入园办公。

2. 技术服务促进企业发展

通过园区公共技术平台"肇庆市协同创新研究院"的建设，有效提升了城市周边地区企业的技术研发水平。研究院在成立仅六个月的时间里，已为城市及周边各类工业园区和专业镇的数十家企业提供过技术研发、技术咨询、知识产权维护、人才培训等多项服务，有效地帮助企业解决了在发展过程中遇到的技术难题，取得了良好的社会效果。

3. 管理运作模式

（1）政府推动。各级政府的推动能力、服务能力、运营能力以及财政扶持力度十分突出。近两年来，通过提供全方位的优质服务和周到的亲商服务，打造一个适宜服务外包产业投资经营的环境。

（2）架构设置。由肇庆市政府、肇庆市外经贸局、端州区政府联合成立领导小组，主管副市长担任组长，指导三榕工业园管委会、华南智慧城园区的组织协调工作（见下图）。

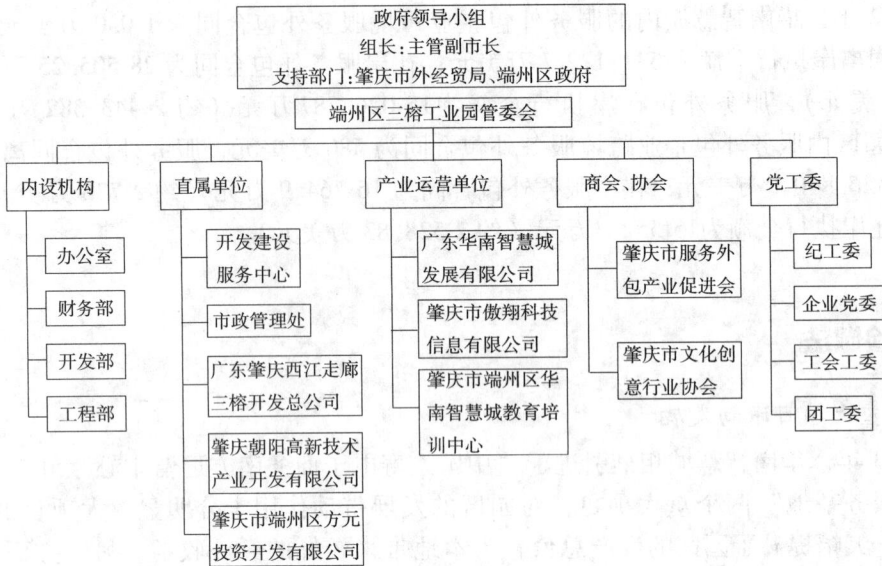

肇庆市综合性生产服务业集聚区（华南智慧城）运行管理架构

（3）执行机构。广东华南智慧城发展有限公司是广东浩致投资集团有限公司的全资子公司。广东浩致投资集团有限公司是一家以产业园区开发运营为主导，集实业经营、金融投资为一体的大型集团公司，旗下产业园区有广东动漫城、华南智慧城等，在产业园区的开发和运营方面有着丰富的经验。此外，广东华南智慧城发展有限公司的众多中高级管理人员曾在大连软件园从业多年，有丰富的服务外包产业经验。

4．制定优惠政策及措施

肇庆市人民政府出台产业扶持政策《关于加快肇庆市现代服务业发展的若干政策措施》（肇府〔2013〕15号）；肇庆市端州区政府制定扶持政策《关于加快促进华南智慧城入驻企业发展的若干措施（试行）》（端府〔2012〕9号）。

5．开展专业化招商

华南智慧城通过高层互访、政企联系等措施，瞄准国际化招商引资，成效显著。举办各类招商活动：于日本东京举办"交流恳谈会"；分别在大连和广州召开"招商说明会"；在美国旧金山举办"战略合作伙伴见面会暨需求发布会"；赴北京陆续拜访多家知名企业、国家级机构及行业协会。

6．建立公共技术服务平台

肇庆市协同创新研究院建立公共技术服务平台，为提升区内及周边服务外包企业的技术水平提供支持。园区与清华大学、成都电子科技大学、广东工业大学、中山大学、华南理工大学、内蒙古包头稀土研究院等技术资源开展合作。研究院立足肇庆中心城区的华南智慧城，面向肇庆国家高新技术产业开发区（大旺）、广佛肇经济合作区（怀集）、粤桂合作特别试验区（封开）、广东肇庆（高要）汽车零部件产业园、肇庆市睦岗镇电子元器件专业镇等工业园区和专业镇，提供技术研发、咨询、成果推广和人才培养等服务。

主要平台项目：

（1）多学科的协同创新中心：电子信息（元器件）协同创新中心、制造物联网协同创新中心、工业设计协同创新中心、汽车零部件协同创新中心、云计算协同创新中心。

（2）引入国内高水平研究机构："广东省物联网信息技术重点实验室""广东省微纳加工技术与装备重点实验室""功能材料的制备与应用技术重点实验室""电子薄膜与集成器件国家重点实验室""稀土冶金及功能材料国家工程研究中心"等。

（3）综合性科技服务中心：华南知识产权服务中心、服务外包产业服务中心、华南智慧城教育培训中心。

7．进行产业规划与园区布局

在产业规划方面，以服务外包、信息服务、金融服务、电子商务、人才服务等产业为主导，大力发展软件开发、创意设计、电子信息、金融后台服务等行业，同时与港澳台知名企业对接国际服务外包业务。在园区布局方面，以服务外包产业为主导，配套建设商务办公、总部、商务配套、生态休闲配套等功能，形成集服务外包、科技研发、创意产业等于一体的服务外包产业综合园区，打造"双核、两轴、八区"的现代城市景观建设。

"双核"：项目以 CPU 研发和发展总部经济为核心，吸引国内外大型服务外包企业入驻，打造粤西总部基地之一，带动相关服务外包产业的发展。

"两轴"：项目将以服务外包产业集聚和综合配套两个发展轴为主线，串联起产业园区各功能。两条发展轴之间功能互补，营造环保、低碳的现代商务办公生活服务圈。其中，服务外包产业集聚是项目的发展主轴，为服务外包产业发展提供全方位的服务平台，营造产业氛围，综合服务配套则以商贸办公、生活休闲为开发重点，着重于后勤服务，为项目园区的服务外包企业提供完善的生活服务支撑。

"八区"：项目遵循"专业化、规模化、国际化"的原则，把产业园分为商务办公核心区、总部办公区、创意办公区、服务外包区、CPU 研发核心区、商务配套区、生态休闲配套区、数字主题商业街等八大功能区。

目标与规划

1．战略定位

华南智慧城依托肇庆面向珠三角、连接大西南承东启西的大西南枢纽门户城市区位优势，为肇庆各工业园区和专业镇等提供可持续的外包服务，并承接珠三角的产业转移，成为珠三角连接大西南枢纽门户城市的重要引擎，带动肇庆整体产业转型升级。充分利用区位优势，积极承接国际服务外包产业转移，将欧洲、日韩、中东和印度等地区作为发展离岸外包的目标市场，力争成为国内承接美欧和日韩地区离岸外包业务和承接印度转包业务量最大的城市之一。

2. 发展目标

到2020年，树立核心领域的产业优势，并促进优势产业升级。服务外包年营业收入超过50亿元，离岸外包超过5亿美元。累计引进10家国际或国内服务外包前500强企业（排名前100强的ITO、BPO企业各1~2家）入驻园区。服务外包从业人员达到5万人，服务外包人才培养能力超过2 500人次/年。

到2025年，发挥产业集聚效应和品牌效应，进一步促进产业升级与拓展，实现中国领先。园区服务外包产业规模占到肇庆市总量的2/3以上；通过发挥产业集聚效应，争取达到BPO规模领跑省内各园区，ITO规模达到省内园区第一梯队水平，在金融财务、咨询等KPO领域和IC设计、汽车设计、动漫设计、生物医药研发等CRO领域实现省内领先。园区离岸外包业务规模达到全省总量的7%以上，欧美离岸外包业务发展水平领先于省内其他园区，离岸外包比例达到自身服务外包总规模的一半以上。培育一批国内领先且具有一定国际影响力的本土服务外包龙头企业。开创和引领中国服务外包发展模式，在全省起到示范和推广作用。

3. 产业规划

支柱业务：包括金融后台服务外包、财务会计外包、呼叫中心外包、工程设计外包、软件维护与实施外包、软件测试外包。

先导业务：包括数据中心外包、系统集成外包。

新兴业务：包括IT基础设施外包、软件开发外包、通信技术研发外包、游戏动漫外包、医药研发外包、IC设计外包。

4. 园区布局

以园区总部办公大楼区为载体，承接以华南作为区域总部的跨国公司的共享中心、营运中心及与之相关业务。

以园区服务外包产业核心区为载体，发展金融、电子商务、创意设计等为中小型企业服务的外包业务，动漫设计、工业设计等数字内容服务的外包业务，呼叫中心、数据处理中心等服务的外包业务。

以CPU研发核心区为主要载体，发展生物纳米工程的研发、检测、分析与试验外包；研发与生产相结合的标准认证、检测等服务的外包业务，与生态、环保产业相结合的服务外包业务。

以商务办公区为主要载体，发展对价格成本敏感程度较低的中高端服务外包业务及金融后台业务。

以科教创新区为主要载体，为园区服务外包产业培养人才的同时，重点开展研发外包、人力资源外包和培训外包。

广东金融高新区：着力推进金融后援基地、产业金融中心建设

> **园区名称：** 广东金融高新技术服务区
> **发展领域：** 建立金融产品研发中心、清算结算中心、数据处理中心、灾备中心、运营中心、培训中心及以服务金融业为核心的服务外包企业。
> **亮点推荐：** 建设辐射亚太地区的现代金融产业后援服务基地，以金融后台服务和金融服务外包业务为重点，形成金融后援产业聚集发展，利用 CEPA 优势，主动承接港澳金融后援服务产业的转移，形成以香港国际金融中心为龙头，以广州、深圳为主要支撑，以佛山为后援服务基地，错位发展的合作新格局。

基本情况

广东金融高新技术服务区（简称广东金融高新区）于 2007 年 7 月由广东省人民政府授牌成立，是广东建设金融强省战略七大基础性平台之首。

1. 规划设置

广东金融高新区坐落于珠三角腹地、广佛都市圈核心区——南海千灯湖畔，规划面积约 18 平方千米。根据"一区多园"的战略定位，广东金融高新区划分为核心区（金融 ABCD 区）、瀚天园（以瀚天科技城为主）、三山园（以三山科创中心为主）、大沥园（以广佛智城为主）、里水园（以中企绿色总部为主）。

（1）核心区：以千灯湖片区为核心区，约 6.5 平方千米，东至 C 区佛山一环，西至 A 区南海大道，北至 D 区雅瑶水道，南至 C 区佛平路，分为 A 区、B 区、C 区和 D 区。重点引进重大金融企业后援机构，国际知名金融服务外包企业及金融、IT 等相关行业产品研发及服务创新机构。目前，已聚集了 AIA、PICC、香港新鸿基金融集团、富士通、IBM、法国凯捷等多个大型金融后台及国际知名服务外包产业项目。

（2）瀚天园：以佛山瀚天科技城为主要区域的都市型产业园区，位于佛山一环沿线，总用地面积 468 亩，规划总建筑面积约 75 万平方米。重点引进智力密集型的金融企业后援机构，科技型、创意型中小企业总部及服务外包企业。目前，已引入超过 170 家企业，涵盖电子信息、生物医药、动漫创意、环保节能及服务外包等业务类型，其中不乏国家高新技术企业和省级以上重点科研及产学研项目。

（3）三山园：以三山科创中心为主要区域，是广东金融高新区的重要组成部分，主要定位为金融后台及金融服务外包的重要拓展区，规划建筑面积约30万平方米。三山园紧邻广州南站，区位优势明显，主动承接港澳金融后援服务产业的转移，重点引进港澳高校、研究机构，以及金融人才培训中心、金融产业演示及资讯交流中心等，构建更紧密的粤港澳金融合作机制。目前，已引入丰树国际创智园、虹港时尚创意中心等10多个产业载体项目。

（4）大沥园：以广佛智城为主要区域，位于南海北沿战略的发展轴上，规划占地393亩，总建筑面积约80万平方米。重点引进制造企业、通信企业后援服务部门与传统产业相结合的服务外包企业，充分发挥金融、科技、产业融合发展的带动作用，在构建现代服务产业体系中发挥先行先试的积极示范作用。

（5）里水园：以中企绿色总部为主要区域，总占地面积约20万平方米，目前已聚集涵盖服装设计、供应链流程、节能环保、动漫设计等领域的20多家企业。里水园重点承接数据处理中心、呼叫中心、灾备中心等劳动密集型及资金密集型的服务外包项目。

2. 业务发展

广东金融高新区自成立以来，一直将服务外包产业的招商引资作为工作重点，目前服务外包产业主要分为金融服务外包及第三方服务外包两大类型。

（1）特色金融服务外包产业已成规模。金融服务外包是指金融机构在持续经营的基础上，将非核心业务处理、信息和交易处理、呼叫客服、数据认证等业务委托给其后台部门或第三方机构进行处理的经营方式。广东金融高新区自成立以来，一直专注于金融服务外包产业发展，逐渐形成了以金融机构承接自身发包业务的产业特色。AIA亚太区后援服务中心、PICC南方信息中心、广发银行南中国后援中心、汇丰环球营运佛山中心、太平洋财险华南运营中心等多个金融后台服务及金融服务外包产业项目已成功落户，项目类型涵盖金融数据处理、金融数据灾备、客户呼叫服务、人才培训、金融创新产品研发等服务。

（2）第三方服务外包产业迅猛发展。随着园区外包产业发展基础逐渐完善，国际知名第三方服务外包企业包括法国凯捷、简柏特、IBM、富士通等，国内龙头第三方接包商包括浪潮、易才、润讯、中国移动等已相继落户运营，毕马威共享服务中心已于7月正式开业，易联支付中心、沃银移动支付等多个第三方支付项目已初步达成落户意向。广东金融高新区第三方服务外包业务类型以BPO和ITO为主，投资资金分别来自美国、法国、日本、中国香港以及国内大型集团企业等，服务外包在区内逐渐形成了产业规模。在标杆项目的引领带动下，2012年园区承接服务外包离岸执行额约3 100万美元，从事服务外包业务的企业有17家，从事服务外包业务的人员约2 350人。

运作架构

广东金融高新区由佛山市及南海区两级政府部门负责推动园内的基础设施建设，

区内设有办公室、政策研究局、招商统筹局、城建统筹局、规划局、广东金融控股公司等部门，由招商统筹局负责招商引资工作，并联动市、区两级政府主管部门共同对服务外包产业建设给予支持。2012年，专设广东金融高新技术服务区发展促进局负责招商引资工作，重点发展智力密集型高端后台产业及服务外包产业。2013年，佛山市服务外包行业协会建立了服务外包公共服务平台，涵盖了服务外包发展所需的公共信息服务、公共技术服务、人才培育服务、交易促进服务、投融资服务、知识产权保护与信息安全服务等方面。

经验做法

1. 明确思路，坚持定位

自成立以来，广东金融高新区依照"金融后援基地、产业金融中心"的战略定位，一直专注于金融后台、服务外包等产业项目的招商引资工作，始终坚持将园区建设成为专业的金融后台及服务外包产业园区。

2. 制订产业发展规划及扶持政策

省、市、区三级政府为园区出台相关建设规划文件。2007年，佛山市政府出台《关于加快推进广东金融高新技术服务区建设的意见》；2008年，南海区政府出台《广东金融高新技术服务区发展规划》；2010年，省政府批转省金融办《加快推进广东金融高新技术服务区建设工作方案》。其中，《佛山市南海区关于加快推进广东金融高新技术服务区建设的扶持办法（修订）》（南府〔2009〕267号），对服务外包企业在项目规模资金奖励、物业租金减免、地方税收补贴、高管人才支持等方面给予大力扶持。

3. 开展园区推介活动

自2008年以来，在各级政府的支持下，园区分别在北京、香港、新加坡、日本、美国、伦敦等地召开投资推介会，向国内乃至国际重点区域推介园区的投资发展环境及促进政策，扩大园区的宣传及行业影响力。

4. 完善硬件设施建设

供电：投入10.3亿元将园区打造成全国第三个A类供电区。

通信：综合运用3G、WiFi、RFID等新一代通信技术，加快建立新型无线网络体系，推动金融高新区"智慧新城"建设。

交通：投资超过50亿元建设城际轨道新交通，无缝连接广州南站至广东金融高新区内雷岗地铁站；优化提升公交及自行车系统，广东金融高新区所在桂城街道办增设至4 000台出租自行车。

环境配套：金融广场，投资约4.13亿元，占地面积约500亩，规划绿地面积约15万平方米，水体面积3.94万平方米，广场面积约8.6万平方米；千灯湖三期——灯湖广场项目，占地27公顷，可提供2 000个停车位，并设人防工程。

住宿：投入近6亿元打造白领公寓。

5．推进人才体系建设

为加快服务外包人才聚集，根据服务外包企业的需求，协助服务外包企业在本地学校设立教学班，专门为其输出人才，为企业解决用人困难。

（1）制订专才计划。南海区政府专门制订《广东金融高新技术服务区专才计划》，每年投入专项资金配套人力资源供给，成立专门机构为园区未来发展配备充足、适用的人才。

（2）引入专业人力资源外包机构。引入易才集团、广州友谊、广州南油、深圳润迅等多家专业人力资源外包机构为园区企业提供人事代理、劳务派遣、人才租赁、补充医疗保险等领域的人力资源外包服务。

（3）开展校企合作。联动省内高等院校及人才中介机构开展"定制式"培养，如毕马威会计师事务所与华南师范大学南海校区合作开办"毕马威教学班"，由毕马威专门开设课程授课，并向教学班学生提供实习机会，毕业后该班学生可优先在毕马威就业。制定"语言＋技术"教育模式，加强专门技能培训，如与南海广播电视大学签订服务外包人才培养体系建设合作框架协议。

（4）设立人才基地。设立人才基地，持续为广东金融高新区提供充沛的实用性人才。

（5）启动安居工程。计划5年内建设不少于30万平方米的配套公寓，为园区从业人员提供安全舒适的生活环境。南海区投入6亿元在地铁千灯湖站建设专供园区企业员工租住的公寓，总建筑面积11.4万平方米，可容纳1 630户入住，首期30层公寓已投入使用，可容纳424户。

6．支持专业化服务团队

为各进驻企业提供专业化服务团队，协调工商、规划、国土、税务等部门，提供全方位的支持服务，针对重点进驻企业开通绿色通道，协助加快各项工作的审批进度。

发展规划

1．战略定位

依照"金融后援基地、产业金融中心"的定位，致力于建设：

（1）金融后援基地。建设辐射亚太地区的现代金融产业后援服务基地，吸引金融企业后援机构，如金融产品研发中心、清算结算中心、数据处理中心、灾备中心、运营中心、培训中心及以服务金融业为核心的服务外包企业。

（2）产业金融中心。吸引私募股权、风险投资、融资租赁、票据服务、金融机构创新前台等机构进驻，大力发展多层次市场，建设金融创新聚集区及珠三角重要的资本聚集平台，推动金融、科技、产业融合，致力于建设国家级产业金融试验区。

2．规划要求

（1）金融后台服务产业园。形成重要金融后台服务机构和信息处理等支援机构集聚发展的新型产业园区。

（2）现代服务业发展示范区。以金融后台服务和金融服务外包业务为重点，促使金融后援产业聚集发展，发挥产业规模效应，在构建现代产业体系中发挥先行先试的积极示范作用。

（3）金融产品研发和服务创新基地。大力开展金融产品研发和服务创新工作，提高金融产业自主创新能力和核心竞争力。

（4）深化粤港澳金融合作的重要平台。充分利用 CEPA 优势，主动承接港澳金融后援服务产业的转移，形成以香港国际金融中心为龙头，以广州、深圳为主要支撑，以佛山为后援服务基地，错位发展的合作新格局。

3．发展目标

依据广东省人民政府《批转广东省金融办加快推进广东金融高新技术服务区建设工作方案》，到 2020 年，广东金融高新区累计引进全国性和全球区域性金融后台服务机构 50 家，金融外包服务企业、信息等支援机构超过 200 家，金融服务及外包服务增加值达 200 亿元，离岸业务占全部业务比例的 30% 以上，广东金融高新区从业人口达到 10 万人，其中大专以上学历占 80%，硕士研究生以上学历占 20%。

广东省人民政府关于加快发展服务外包产业的意见

(粤府〔2012〕88号)

各地级以上市人民政府，各县（市、区）人民政府，省政府各部门、各直属机构：

大力发展服务外包产业，是加快发展现代服务业、促进产业结构调整的重要内容，是壮大服务贸易、转变外经贸发展方式的重要举措，对广东省加快转型升级、建设幸福广东具有重要意义。为认真贯彻落实省十一次党代会精神，抓住当前全球服务外包产业加速发展和转移的重大机遇，加快广东省服务外包产业发展，现提出以下意见。

一、明确服务外包产业发展目标和重点内容

（一）发展目标。通过"十二五"时期的努力，不断增强全省服务外包产业整体竞争力，构筑起布局合理、价值链延伸、产业集群特色鲜明、产业核心竞争力突出的服务外包产业发展格局，推动服务外包产业成为广东省新的重要经济增长点，打造"广东服务外包"品牌。

到 2015 年，全省服务外包业务总额、企业规模、园区建设等方面赶上全国先进省份水平，全省服务外包企业接包合同签约总额在 2010 年基础上翻两番，达到 150 亿美元左右，其中离岸服务外包执行额在 2010 年基础上增长 4 倍，达到 80 亿美元左右，离岸服务外包总额占全国的比重稳步提升；全省培育和引进服务外包企业达到 2 500 家，获得国际资质认证数量达 650 个，推动 100 家以上跨国公司在广东省设立服务外包企业；培养和培训服务外包实用型人才 40 万人；吸纳就业人数 60 万人，其中吸纳大学生就业 30 万人。

（二）重点内容。面向离岸外包和在岸外包市场需求，协调推进信息技术外包（ITO）、业务流程外包（BPO）和知识流程外包（KPO），在重点领域实现突破性发展。

1. 基于广东省 IT 产业基础，大力发展信息系统操作服务外包、信息系统应用服务外包、基础信息服务外包以及软件研发与服务外包；继续壮大通信网络研发外包优势，积极开拓物联网、云计算、超级计算等新兴技术领域服务外包。

2. 大力发展金融软件外包、金融产品研发外包、金融数据处理与灾备外包、银行卡业务外包、财务核算外包等金融后台服务外包，建设辐射亚太地区的现代金融产业后援服务基地。继续高标准建设广东金融高新技术服务区，广州、深圳市充分利用建设区域金融中心和国家服务外包示范城市的优势，规划建设好广州金融创新服务区、深圳龙岗金融后援服务区。

3. 依托广东省制造业优势，加快发展与制造业联动的研发设计，特别是工业设计和生物医药研发服务外包，积极承接机械、纺织服装、电器等相关产业的嵌入式软件外包。

4. 发挥广东省进出口贸易规模、渠道以及港口、交通枢纽优势，积极承接电子商务、物流货代、供应链管理等商务服务外包业务。

5. 结合发展文化创意产业，积极开拓动漫、网络游戏设计、影视制作、新闻出版等新兴服务外包业务。

二、加强重点园区载体建设，推动服务外包产业优化布局和集聚发展

（三）构建"双核双带、三线延伸、多点崛起"的服务外包产业发展格局。以广州、深圳市两个

国家服务外包示范城市为核心和龙头，以加快珠江东西两岸其他城市服务外包产业发展为重点，推动沿江形成两条聚集效应大、接包能力强的服务外包产业集聚带。推动广州、佛山市在同城化发展中强化服务外包产业互动互补发展，打造服务外包产业"广佛核心区"。鼓励一线城市服务外包企业在二三线城市设立交付中心，推广"一线城市接单、二三线城市交付"的服务外包运作模式，加快形成一线城市和二三线城市之间的产业分工合作体系，推动服务外包产业从珠三角地区向东西北三个方向延伸。鼓励东西北地区的中心城市根据当地产业基础和发展优势，积极发展特色服务外包，力争形成全省多点崛起的服务外包产业发展新格局。

（四）完善国家级服务外包示范城市和示范园区的省市共建机制。支持广州、深圳市用好国家示范城市支持政策，进一步发展壮大服务外包产业。以广州开发区（中新广州知识城）、南沙新区、深圳前海地区为服务外包产业发展重点地区，加快开拓高端外包市场。以广州天河软件园、深圳软件园等重点软件园区为主体建设软件外包基地，以中新广州知识城为主体建设知识流程服务外包产业基地。支持佛山市等具备基本条件的地级以上市申报国家示范城市。

（五）开展省级服务外包示范城市和示范园区认定工作。研究制订省级示范城市和示范园区认定办法，对经认定的省级服务外包示范城市和示范园区，参照国家给予国家服务外包示范城市支持的做法给予资金扶持，逐步完善支持政策，推动发展条件好、工作积极性高的地区服务外包产业迅速崛起。加强省级示范园区建设，推动服务外包企业进园入区集聚发展，发展一批有特色、差异化发展的服务外包产业集群。佛山市着力发展以广东金融高新技术服务区、南海软件科技园、广东工业设计城为基地的金融后台业务及外包业务、软件与信息服务外包产业和工业设计创意产业。珠海市以横琴新区、高栏港经济区、珠海南方软件园为重点地区或园区，发展文化教育服务外包、货运与供应链管理、软件与创意设计外包等产业。东莞市依托松山湖高新技术产业园区，发展软件与信息服务、工业设计、数据录入和呼叫中心等业务。中山市以"国家健康科技产业基地"为平台建设健康医疗信息技术和生物医药研发服务外包基地。

三、开拓服务外包市场，培育壮大服务外包企业

（六）夯实在岸外包业务基础。支持服务外包企业内外并举，协调发展离岸、在岸业务。利用广东省国内贸易的竞争力优势，大力拓展在岸外包业务范围，着力提升国内服务外包市场份额。通过体制改革和组织制度创新，鼓励一般企业将信息技术研发应用业务外包给本地专业企业，鼓励制造业企业分离内置服务业务；鼓励行政和企事业单位通过购买服务方式将电子政务建设和数据处理工作中的一般性业务发包给本地服务企业，以及将社会管理、公共服务、后勤服务等可转移事务进行服务外包；鼓励在粤金融机构将非核心业务外包，促进金融在岸外包业务发展。

（七）促进离岸外包市场多元化。开展国外服务外包重点国家（地区）和重点发包商研究，了解掌握国际服务外包市场动态。积极开拓离岸外包市场，重点发展美、欧和日、韩市场，努力开拓新兴国家市场。发挥地缘人缘文化优势，巩固港澳台传统市场。积极争取国际服务的"首包"业务，提升服务外包企业的国际竞争力。

（八）加快服务外包企业培育和升级。创新服务外包企业孵化模式，支持专业化服务外包企业设立和发展。对从事服务外包业务的企业，在市场准入、工商登记中给予便利。继续创造条件，支持在粤外资服务外包企业承接来自跨国公司总部的离岸外包业务。以企业员工规模、服务外包合同额、服务外包执行额等为标准制订评价体系，开展服务外包重点企业评定工作，加强对重点企业的联系服务，促进企业做大规模、做强品牌，增强对发包商的吸引力。鼓励大中型企业将其信息技术研发应用业务机构剥离，成立专业软件和信息服务企业；推动有研发条件的医药、机电等企业从单纯生产向"生产＋研发外包"转型。加强本地服务外包企业投融资服务和上市培育辅导，鼓励有条件的服务外包企业通过兼并、收购、重组、联营等方式，扩大企业规模。鼓励企业独立或合作建设研发机构、公

共技术服务平台，加大研发投入力度，增强自主创新能力。对外包企业研发新技术、新产品、新工艺及技术转让、专利申请等，按规定落实财税优惠政策。

（九）支持服务外包企业提升接包能力。鼓励企业参加相关国际资质认证，对通过软件开发能力成熟度等相关认证的企业，给予适当资金支持。支持企业率先应用信息技术服务国家标准，提升信息技术服务水平和能力。支持服务外包企业增强企业总部的发包管理交付功能，做实做强中高端业务，逐步转移低端业务。支持中小规模的服务外包企业结成企业联盟，提升企业接包能力。鼓励服务外包企业"走出去"，在外设立子公司、分支机构、接单中心，增强在境外接单能力。加强接包环节的中介组织、信息平台建设，拓展接包方与发包方更加顺畅便捷的衔接渠道。

四、加强对外合作，提升服务外包国际竞争力

（十）深化粤港澳台服务外包合作。建立粤港澳台服务外包交流合作平台，定期举办服务外包项目对接活动。重点推进粤港澳台在金融后台服务、软件和信息技术服务外包、动漫和创意设计外包、物流与供应链管理等领域的合作取得突破。争取更多的港澳台客户服务、呼叫中心、电信服务、金融服务、文化创意和影视制作等外包项目向广东省转移。鼓励粤港软件企业联合建立服务外包驻外办事机构，加强与国际发包商的联系。充分利用香港在服务外包方面的经验和优势，联手发展面向欧美日市场的服务外包和软件出口。继续与港澳联合开展服务外包海外招商推介。举办粤港澳国际服务外包交易会等活动。加强粤港服务外包人才培训交流与合作。鼓励本地服务外包企业通过香港进入国际市场，开展国际并购，加强全球外包资源整合利用。

（十一）加大招商引资力度。坚持服务外包招商与制造业招商同步推进，举办服务外包主题招商洽谈会，做好对外对内服务外包招商。以欧美日为重点，吸引国际知名服务外包企业来粤投资设立分支机构。着力引进国内服务外包百强企业来粤投资。加强龙头企业引进，力争引入若干家国际、国内50强的服务外包龙头企业和总部型外包企业。对跨国公司及国内大企业在广东省新设立的独立法人服务外包企业，给予一次性资金支持及购、租、建办公用房补贴。

（十二）搭建服务外包国际合作平台。推动广东省服务外包企业与国外企业的交流与合作，重点加强与印度、爱尔兰等服务外包大国的交流合作。积极组织广东省企业参加美国"高德纳（Gartner）峰会"等境内外知名服务外包展览和专业会议，开展境外服务外包宣传推介等活动，对符合条件的给予适当支持。积极争取承办"中国国际服务外包合作大会"。继续办好中国（广州）国际服务外包合作发展交易会。

五、培养和引进服务外包人才，实施人才先行战略

（十三）加强服务外包人才培养和培训。支持高等院校设立服务外包研究、培训机构，增设服务外包专业，以及与培训机构合作培养服务外包专业人才。推动建立服务外包校企合作联盟，建立企业选送服务外包人才进校提升培训和高校在企业、园区建立服务外包实习基地的双向合作机制。鼓励高校与国际知名院校和跨国企业合作，开设服务外包高端人才培养课程。积极支持国际知名服务外包专业培训机构、服务外包跨国公司等在粤设立服务外包人才培训基地。进一步扩大服务外包人才培训机构的认定，对在人才培训方面获得中央财政扶持资金的外包企业和培训机构，地方财政按规定比例予以配套，扶持服务外包人才培训工作。

（十四）大力引进国际服务外包高层次人才。发挥"高交会""留交会"等平台的作用，引进服务外包相关行业急需的专业人才和管理人才。充分发挥服务外包人才网络招聘平台的作用，创新人才引进渠道。鼓励海外留学人员在粤创办服务外包企业。将服务外包领军人才和重点人才纳入全省及各地人才计划和专项规划，并按省和各地有关规定给予相应的待遇。充分发挥省引进高层次人才"一站式"服务平台的作用，对引进的高层次服务外包人才在落户、子女入学等方面提供便利。为服

务外包企业投资人才、专业人才出境及服务外包企业员工境外工作提供办理证照或签证便利，支持因项目需要且符合有关条件的企业人员申请办理"一次审批，一年多次有效"的出国（境）任务批件。根据申请优先原则为广东省大型服务外包企业办理 APEC 商务旅行卡。对与港澳地区业务联系紧密、业务规模较大的服务外包企业，经办理相关登记备案手续后，可循因公渠道办理人员临时或多次赴港澳手续，相关部门要为企业办理赴港澳手续提供便利化措施。

六、加大财税政策扶持力度，加强融资和信保支持

（十五）加大资金投入力度。将服务外包产业列入《广东省现代产业鼓励发展指导目录》予以支持。整合省财政现有相关资金，加大服务外包发展专项资金规模。支持广东省服务外包企业和培训机构申请国家中小企业国际市场开拓资金、服务外包人才培训资金等专项资金。通过现代信息服务业、文化创意产业、工业设计等相关发展专项资金和政策渠道，支持符合条件的服务外包企业发展。积极推进投资体制机制创新，发挥财政资金的引导和杠杆作用、企业的投资主体作用，调动社会投资的积极性。各地特别是服务外包发展条件较好的地区，可结合本地实际研究出台相关财政支持政策。

（十六）落实税费优惠政策。贯彻国务院办公厅《关于促进服务外包产业发展问题的复函》（国办函〔2009〕9号）、《关于鼓励服务外包产业加快发展的复函》（国办函〔2010〕69号）精神，加快国家示范城市的技术先进型服务企业认定工作，认真落实国家关于技术先进型服务企业的各项税收优惠政策，以及软件企业和集成电路设计企业税收优惠和中小企业、小微企业行政事业性收费优惠等政策，对符合相关条件的服务外包企业，简化程序，加快办理相关手续。支持服务外包企业申请高新技术企业认定，取得高新技术企业认定资格的可按规定享受相关优惠政策。创新国际服务外包海关监管模式，推广服务外包保税监管。

（十七）加强金融支持。鼓励金融机构针对服务外包企业的特点和需求，开发完善应收账款质押贷款、订单贷款等基于服务外包产业链的融资创新产品，发展企业专有知识技术、许可专利及版权等无形资产质押贷款业务。推动各类贷款担保机构积极向服务外包企业提供融资担保，鼓励运用信用共同体、企业互保联保等多层次的外部信用增级手段。多渠道拓展服务外包企业直接融资途径，支持符合条件的服务外包企业在境内外上市。鼓励产业投资基金等投资服务外包企业。支持信用保险公司将服务外包业务纳入信用保险范围，鼓励服务外包企业办理出口信用保险。

（十八）强化外汇收支服务。允许经外汇管理、外经贸等部门认定的承接离岸服务外包的企业开设经常项目外汇专用账户，用于收付代外包客户发放的薪酬、津贴等外汇资金。简化服务外包业务相关的外汇收支审核手续，对服务外包企业对外支付一定金额以下的服务贸易、收益和经常转移外汇资金，免交税务证明。对经相关主管部门认定的服务外包企业在境内转（分）包离岸服务外包业务，可凭服务外包企业资格认定文件、转（分）包合同或协议直接在金融机构办理境内外汇划转。鼓励离岸服务外包企业采用人民币计价结算，降低企业汇率风险。

七、完善工作机制，营造支持服务外包发展的环境

（十九）加强服务外包知识产权与信息安全保护。进一步完善专利、商标、版权等知识产权以及个人信息、商业秘密保护的地方性法规和行政规章，强化执法力度，对发生侵犯知识产权和违反信息安全规定等违法行为的企业、培训机构和园区，取消其享受政府各项优惠政策的资格。充分发挥服务外包行业协会、商会作用，督导服务外包企业完善和认真执行知识产权和信息安全管理制度。搭建知识产权公共服务平台，建立一批服务外包专利技术孵化基地。

（二十）完善服务外包服务平台和基础设施建设。优先保障服务外包重大项目建设用地，鼓励通过"三旧"改造利用工业厂房、仓储用房等存量房产兴办软件、设计、动漫等外包产业。鼓励有条件的地区加快建设高品质的服务外包集聚园区，或依托高新技术开发区、经济技术开发区、综合保税

区等规划建设相对集中的服务外包园区，积极吸引"大企业入园、小企业进楼"。进一步完善各类服务外包载体的基础设施建设，提供服务外包发展所需的办公场地、电力、交通运输、通信、网络等基础支撑，尤其是要加强高速宽带通信基础设施建设和供电能力建设。强化信息数据保密管理，争取国家批准建设数据特区。支持服务外包示范园区公共服务、公共技术、公共培训等建设，完善公共服务功能。积极争取国家资金扶持广东省服务外包公共平台建设。加强现有公共服务平台资源整合利用，避免重复建设。积极争取中国服务外包结算中心项目落户广东。

（二十一）营造适合服务外包发展的社会环境。指导符合条件的服务外包企业实行特殊工时制度。将服务外包示范园区规划建设有机融入城市规划建设，特别是因地制宜加快示范园区人才公寓建设，完善文体康乐场所、医疗机构等配套设施，建设一批国际化社区，完善社区服务功能，打造良好的后勤服务基地，为服务外包中高端人才提供良好的生活服务环境。注重发展国际化的中小学校，提高教育品质，保障相关专业人才子女教育需求。

（二十二）培育完善行业中介组织。培育服务外包行业协会、产业促进会等中介机构，推动行业信用管理，促进行业自律，规范服务外包市场，避免恶性竞争；指导企业在签订服务外包合同中，注重安全条款、合同中止条款和知识产权条款的拟订，通过法律保护发包方和接包方利益，引导建立诚信、规范、统一、与国际接轨的市场环境和运行规则。

（二十三）完善服务外包信息管理机制。以商务部服务外包业务管理和统计系统为基础，完善服务外包信息统计体系，掌握广东省服务外包企业具体情况和接包、发包业务情况。建立服务外包统计责任制。加强服务外包发展趋势研究，加强信息收集、整理、归纳和分析，为科学决策提供依据。

（二十四）加强统筹规划和组织领导。研究制订广东省服务外包发展"十二五"规划，加强对服务外包产业发展的规划引导。建立省加快服务外包产业发展工作协调机制，由省外经贸厅牵头，省有关单位参与，形成促进服务外包产业加快发展的合力。省外经贸厅要会同省财政、税务、人力资源社会保障、金融等相关单位，进一步细化广东省支持服务外包产业的财税、人才、金融等具体政策。各地要不断强化服务外包产业发展的领导和协调机制，完善支持政策体系。

广东省人民政府

2012 年 8 月 7 日

附录 2

广东省人民政府关于加快发展服务贸易的意见

（粤府〔2013〕26 号）

各地级以上市人民政府，各县（市、区）人民政府，省政府各部门、各直属机构：

为认真贯彻落实党的十八大关于发展服务贸易的重要部署，以及省委、省政府关于培育外贸新增长点的部署要求，努力扩大我省服务贸易规模，提升服务贸易发展的质量和效益，加快建设服务贸易强省，现就加快发展服务贸易提出以下意见。

一、指导思想和发展目标

（一）指导思想。以邓小平理论、"三个代表"重要思想、科学发展观为指导，按照加快经济结构战略性调整和优先发展现代服务业的总体要求，以体制机制创新为动力，以推进粤港澳服务贸易自由化和服务贸易重点领域为抓手，着力构建服务贸易发展新载体，加快培育服务贸易新业态，大力促进服务贸易集聚发展、结构优化、质量提升，努力把我省建成全国服务业对外开放的先行区、服务贸易发展的主力省，为我省加快转变对外贸易发展方式、提升开放型经济水平作出新贡献。

（二）发展目标。全省服务贸易规模不断扩大，2013—2015 年，服务贸易进出口总额年均增长20%；至 2015 年，服务贸易与货物贸易比值提高到 18%；至 2020 年，服务贸易规模总量位居全国前列，服务贸易与货物贸易比值提高到 35%。服务贸易结构进一步优化，传统服务出口规模不断扩大，现代服务出口占全省服务贸易出口总额的比重不断提高，2015 年占比达到 20%，2020 年占比达到30%；服务外包向高端领域延伸，知识流程外包比重明显提高，2015 年占比达到 28%，2020 年占比达到 32%。

二、推动重点领域服务贸易加快发展

（三）加快发展现代服务贸易。推动信息技术服务做大做强，积极发展基于互联网、物联网的服务产业，完善信用、物流、支付等电子商务支撑体系。加强软件产业基地、软件出口（创新）基地、软件名城建设，发挥产业集聚区的龙头作用和示范效应。健全技术贸易促进体系，结合省内产业转型升级需要，加快发展科技服务和技术贸易，逐步提高专利技术许可占技术引进总额的比重，引导企业进行技术引进消化吸收再创新。推动建立服务全国面向全球的技术进出口交易平台，发挥其信息集聚、资源协调整合、技术贸易促进等功能。支持鼓励企业扩大技术出口。以建设珠三角地区金融改革创新综合试验区为核心，大力发展金融产业，深化资本项目可兑换、离岸金融及与东盟金融合作等方面试点，加快建设现代金融市场体系。加快开发保险和再保险市场，推进责任保险、出口信用保险业务创新。优化租赁服务结构，提高租赁在航空、船舶、大型设备等领域的渗透率。加快发展环境及节能服务，积极推进环境工程设计、环境咨询、环境污染治理设施运营、节能审计、咨询、评估及合同能源管理等领域发展。以国家知识产权局专利审查协作广东中心、广东省知识产权服务业集聚中心建设为依托，积极开展知识产权评估、价值分析、交易、转化、质押、投融资等商用化服务。

（四）推进传统服务贸易转型升级。加快培育和发展国际商务、度假、游艇、邮轮等高附加值旅游服务，积极推动旅游服务跨境交付，鼓励发展旅游电子商务。推进旅游便利化，争取在广州白云国际机场口岸实行 72 小时过境免签政策，进一步优化"144 小时便利签证"有关措施，加快旅游国际化进程。巩固和开拓境外劳务市场。鼓励采用特许经营、项目融资等国际通行方式开展国际工程承包，依托承包国际工程，大力开拓工程设计、工程监理等建筑服务市场。大力发展交通运输、现代物流和供应链管理服务，加快建设综合运输网络，完善跨国（境）物流管理政策和配套服务。探索实施促进和鼓励集装箱中转的政策。大力发展第三方物流，鼓励现有运输、仓储、货代、联运、快递企业整合功能和延伸服务。大力引进国际知名船东保赔组织机构，完善海商、保险等法律法规，发挥船东保赔保险的作用，提升发展高端航运、国际物流。大力发展会展服务，加快培育珠三角地区国际性会展产业圈。积极引导有国际影响力的高端会议落户我省。推动商贸服务转型升级，建设一批集展贸直销、电子商务、信息发布、物流配送、融资结算等服务于一体，面向国内外市场的服务平台。

（五）大力发展社会公共服务和文化服务贸易。加快发展医疗和生物医药服务，以生物技术和生命科学发展为依托加快培育健康服务贸易链条。鼓励省内医疗健康服务机构与国际知名医疗服务机构合作。充分发挥中医药的特色和优势，大力发展中医药服务贸易。鼓励引进境外优质教育资源，支持省内教育机构提高教育服务创新能力，开发有比较优势的国际化教育服务项目，鼓励扩大来粤留学生规模。积极推动会计、法律、广告代理、检测认证、品牌价值评估等专业服务对外交流。完善文化服务贸易平台，扩大工业、建筑、服装设计及美术品、广告、动漫和网络游戏等文化创意产业相关贸易进出口。支持中国（深圳）国际文化产业博览交易会发展和广州国家广告产业园区建设。促进广播影视服务贸易发展，鼓励有条件的新闻出版企业在境外兴办实体。以体育劳务、赛事组织、技术培训等为基础，逐步扩大国际体育服务规模。

（六）加快发展服务外包。推进实施《广东省人民政府关于加快发展服务外包产业的意见》（粤府〔2012〕88号）。以广州、深圳市两个国家级服务外包示范城市为核心，以省级服务外包示范城市、示范园区、示范企业和重点培育企业为依托，大力发展信息技术外包、业务流程外包和知识流程外包，构筑特色鲜明、错位互补的服务外包产业发展格局。结合我省产业特点，加快发展与制造业联动的研发设计、物流服务、会展服务、采购与营销服务、人力资源服务等生产性服务外包。

三、推进实施粤港澳服务贸易自由化

（七）推进粤港澳金融服务贸易发展。大力发展跨境人民币业务，进一步推动粤港澳跨境人民币结算，争取国家支持在我省开展与港澳双向跨境人民币融资业务。配合人民银行审查跨境人民币结算重点监管企业名单，完善海关、税务、外汇管理等跨部门系统平台。支持我省金融机构以收购兼并、设立分支机构等方式进入港澳金融市场，积极支持符合条件的港澳金融机构在粤合资设立或参股金融机构。推进粤港澳金融市场合作与创新，支持符合条件的在粤金融机构和企业在香港交易所上市，加强粤港澳三地产业及金融市场信息交流和从业人员培训。

（八）深化粤港澳商贸服务业合作。简化分销领域审批程序，在国家支持下探索对港澳服务提供者开设分销零售业务非独立法人连锁分店，简化商业网点审核及外资行政审批程序。促进旅游签证及通关便利化，继续完善"当天多次往返旅客"专用通道，扩大行邮监管优惠政策适用范围。推动粤港澳交通运输合作与发展，实现粤港、粤澳跨境出行"一卡通"。支持粤港澳现代物流业发展，探索开展粤港澳跨境甩挂运输试点等工作。推进粤港澳之间口岸查验结果参考互认。积极探索粤港澳电子商务互动发展模式，推动粤港澳电子签名证书互认并在电子商务和电子政务领域应用。综合利用海关会展和保税政策，支持建立"前展后仓""前展后贸"等新型展会模式。研究在广州市会展核心区规划和建设国际会展配套监管与服务场所，为展会提供审批、集货、进出口申报、查验、存储等一站式服务。

（九）促进粤港澳专业服务业合作。推进粤港澳法律专业服务合作，争取在广州南沙、深圳前海和珠海横琴开展粤港澳律师事务所更紧密联营试点，并逐步扩大至全省；争取国家支持允许符合一定条件的港澳居民通过律师特许执业制度安排，成为我省专职律师，支持省内律师事务所在港澳地

区设立分支机构。进一步开放会计服务市场。继续向港澳居民开放专利代理人资格考试，支持、鼓励已取得专利代理人资格的港澳居民到经国家知识产权局批准设立的代理机构执业。争取扩大内地和港澳有关注册执业人士资格互认范围并在我省先行先试。加快实施粤港澳职业资格"一试三证"（参加一次考试，可同时获取国家职业资格证书、港澳地区认证及国际权威认证）。鼓励港澳房地产开发、物业服务企业及专业人士来粤开展相关业务。推动粤港澳三地质量技术基础服务领域合作，开展粤港澳三地品牌合作，支持符合申报条件的在粤港澳资企业申报广东省政府质量奖及广东省名牌产品。

（十）提高粤港澳科技文化服务合作水平。支持港澳高校及科研机构与我省共同申报建设一批省级重点实验室和工程中心，允许在粤注册登记的港澳科研机构和企业按规定申报广东省科学技术奖。支持珠三角各市与港澳文化创意业界合作共建园区。鼓励港产粤语影片以快捷方便的方式进入我省市场。给予符合条件的港澳独资研发机构进口科技开发用品免征进口税收。对符合条件的软件生产企业进口所需自用设备，以及按照合同随设备进口的技术（含软件）及配套件、备件，给予减免税优惠。推进"提前申报""集中申报""预约通关"等便利措施，为粤港澳文化往来提供"一站式"服务。对符合条件的动漫企业自主开发、生产动漫直接产品确需进口的商品，按规定免征关税和进口环节增值税。

（十一）加强粤港澳社会公共服务合作。深化粤港澳高等教育合作，支持横琴岛澳门大学新校区、香港中文大学（深圳）等项目建设。完善粤港澳基础教育合作机制，鼓励和允许港澳服务提供者在深圳前海、珠海横琴设立外籍人员子女学校。推进粤港澳职业教育培训、师资交流、技能竞赛等合作。加快推动粤港共建广东工业设计培训学院。探索粤港澳生物标本便捷通关办法，推动粤港澳生物医药合作。推动港澳服务提供者来粤办医和行医，简化在粤港澳独资医院的审批程序。对于港资、澳资在粤开办的医疗机构，探索允许其相关设备和办公用品进境时参照对常驻机构进出境公用物品监管办法实施监管。加强粤港澳人才合作，探索对在粤就业的港澳人才签证居留、教育医疗、社会保险、便利通关、个人所得税等方面先行先试，并为境外人才薪酬汇兑提供便利。允许港澳地区环境保护服务提供者在粤从事环境污染治理设施运营服务和承担委托环境监测服务。

（十二）打造粤港澳现代航运服务聚集区。充分发挥广州南沙、深圳前海保税港区和盐田保税物流园区政策优势，促进形成珠江流域枢纽港与码头喂给港联动、枢纽港与香港葵涌对接的错位发展格局。推进省级地方电子口岸建设，以此为依托推动保税物流管理平台项目建设，探索实现海关特殊监管区域、场所与口岸之间的一体化运作。促进粤港澳三地游艇、邮轮业务发展。支持游艇行业开展进口游艇租赁业务，积极探索粤港、粤澳游艇出入境便利化措施，开展"两地牌一证通"政策试点。

四、落实发展服务贸易重点工作措施

（十三）支持重点企业做大做强。按照市场导向与企业自主原则，扶持发展一批服务贸易龙头企业，支持企业通过兼并、联合、重组、上市等多种方式扩大规模和壮大实力，培育一批具有较强国际竞争力的大型服务贸易企业或跨国公司。围绕打造"广东服务"区域品牌，引导和支持企业创立服务品牌，提升服务层次和水平，逐步提高和扩大品牌国际影响力。支持服务贸易企业建立工程（技术）中心、重点实验室、技术创新平台和合作联盟，提升自主研发和创新能力。支持中小型服务业企业开展对外业务。

（十四）培育服务贸易示范园区（城市）。以培育服务贸易重点企业为依托，引导企业延伸服务链条，促进服务贸易集聚发展，加快培育服务贸易示范园区和示范城市。将发展服务贸易作为外贸转型升级示范基地建设的重要内容，并与推动加工贸易转型升级相衔接，鼓励传统制造企业向制造服务型企业转型，由单一出口产品转向提供全过程的服务链支持。鼓励中小企业"服务剥离"，推动服务环节外包，促进专业化服务发展；支持有条件的生产型企业设立专业服务提供机构，在优势领域开展社会化服务。结合国家和省级外贸转型升级示范基地培育工作，积极推动服务贸易示范园区和示范城市建设。

（十五）推动特殊功能区服务贸易集聚发展。支持广州南沙、深圳前海、珠海横琴等重大合作平台先行先试，高起点做好现代服务贸易发展规划，逐步打造服务贸易集聚区。发挥海关特殊监管区域的政策和功能优势，在符合条件的区域开展保税服务贸易试点，吸引跨国公司贸易总部和贸易性机构落户。积极争取在重大合作平台和具备条件的海关特殊监管区域内试点实行特殊的金融、航运和税收政策，支持开展期货保税交割等配套金融改革以及船舶、飞机、大型设备的国际融资租赁业务，探索建立自由贸易园区。依托综合保税区货物贸易规模优势，集聚国内外贸易促进机构、行业组织和检测检验、认证、评级等机构入驻开展商务活动，打造专业化的服务平台。鼓励在有条件的海关特殊监管区域内开展研发设计、创立品牌、服务集成、金融投资等现代服务业。

（十六）推动服务贸易区域协调发展。逐步培育形成区域分工协作、优势互补、均衡协调的服务贸易发展格局。巩固和提升广州、深圳市的服务贸易集聚中心功能区地位，优先发展现代服务贸易；提升服务业开放层次，营造与国际服务业接轨的市场环境，增强其服务要素集散枢纽及辐射带动功能。鼓励珠三角地区其他城市充分依托当地制造业转型升级对服务业的巨大需求，加快提升物流、设计研发、信息咨询、电子商务等生产性服务贸易发展水平，实现制造业和服务业、货物贸易和服务贸易协调发展。鼓励东西北地区发挥产业、资源等优势，在发展特色服务贸易上取得突破。

（十七）促进服务贸易领域对外开放和招商引资。根据服务业发展水平和承受能力，争取国家支持有序扩大服务贸易领域对外开放。研究修订外商投资产业目录。重点引进全球服务业跨国公司，大力推动商业存在模式的服务贸易发展。加强与国际服务企业战略联盟合作，吸引世界500强企业、境外大型企业在粤设立运营总部、研发中心、采购中心、分销中心、物流中心、品牌培育中心、外包中心等具有贸易营运和管理功能的贸易型总部。提高服务业利用外资水平，提升引资规模和层次。推动省内金融、保险、管理咨询、法律、会计等服务业加快"走出去"，在全球范围内为国内驻外企业以及驻在国提供融资管理、工程咨询等服务。

（十八）推动服务贸易市场布局多元化。在稳定扩大港澳市场的同时，推动与美、欧、日、韩等发达国家（地区）服务贸易的较快发展，实现高附加值服务进出口增长。积极拓展新兴市场，扩大对东盟、中东、俄罗斯、拉美、非洲等国家（地区）的技术、电信和建筑工程承包服务出口，提高其在服务贸易总额中的比重。支持有条件的企业设立境外分支机构和研发中心、拓展境外业务、发展国际营销网络。

（十九）建设服务贸易推广平台。强化现有贸易促进平台的服务贸易促进功能，支持企业参与境内外综合性、专业性服务贸易展会。鼓励企业通过参加中国（北京）国际服务贸易交易会等专业展会积极对外推介"广东服务"品牌。逐步推动在中国进出口商品交易会、中国国际高新技术成果交易会、中国加工贸易产品博览会等展会增设服务贸易展区；办好中国（深圳）国际文化产业博览交易会、中国（广州）金融交易博览会、中国国际影视动漫版权保护和贸易博览会、广东国际旅游产业博览会等服务贸易展会。充分利用高层互访、国际友好城市等平台，建立多双边合作机制，加强服务业对外推介。完善专业服务贸易推广平台建设，加强商情数据、信息咨询、品牌推广、市场拓展等服务。探索举办"粤港澳国际商贸服务博览会"，打造国际化服务业合作平台。

（二十）打造跨境电子商务服务平台。推动省内大型电子商务企业发展，支持具有自主知识产权的产品和服务通过电子商务参与国际竞争。支持面向跨境贸易的多语种电子商务平台建设，促进面向全球产业链协作的跨境电子商务服务发展。强化广东商品国际采购中心的国际电子交易支撑能力。鼓励电子商务企业为中小企业提供电子单证处理、报关、退税、结汇、保险、融资、物流等"一站式"服务，提高中小企业开拓国际市场的能力。

五、加强发展服务贸易的政策支持

（二十一）加大财税支持力度。统筹用好服务贸易发展专项资金等财政支持政策。鼓励各市设立服务贸易专项资金并逐年加大财政投入。创新财政资金使用方式，引导社会资金加大投入。加大对技术、专利、信息等亟需的生产性服务进口的支持。落实国家服务业营业税改征增值税的改革措施，争取扩大适用出口退（免）税政策的应税服务范围。鼓励符合条件的服务贸易企业申报高新技术企业，享受相应的税收优惠。积极向国家争取，对有关服务贸易高级管理人员、专业人员个人所得税给予相关优惠政策。

（二十二）加强金融支持。创新融资手段，将现有针对货物贸易企业的金融扶持政策扩展到服务贸易企业，积极发展符合服务贸易企业需求特点的信贷创新产品，多渠道拓展服务贸易企业直接融资途径。鼓励符合条件的服务贸易企业在多层次资本市场挂牌上市，充分运用短期融资券、中期票据、中小企业集合债券、区域集优债等渠道进行融资。培育完善的无形资产评估、交易市场，扩大无形资产担保的品种和范围，拓宽服务贸易企业贷款抵押、质押及担保种类和范围。加强与中国进出口银行、中国出口信用保险公司等机构的合作，鼓励其为我省服务贸易企业提供融资和风险保障等服务。

（二十三）优化外汇管理。简化外汇审核流程和手续，在开户、收支、结售汇、融资等方面为企业开辟服务贸易结算"绿色通道"，实现服务贸易外汇管理便利化。支持金融机构针对服务贸易的特点，设计符合企业需求的外汇产品，在外汇期限、币种、利率以及汇率风险防范等方面加大支持力度。

（二十四）推进服务贸易便利化。建立和完善与服务贸易特点相适应的通关管理模式，开辟通关"绿色通道"，在保证有效监管的情况下，为以实物载体形式出口的服务提供通关便利。对企业申请进入国际市场所必需的资质认证，给予适当支持。积极为服务贸易企业人员申办、使用、管理 APEC 商务旅行卡提供指导和服务，为服务贸易企业各类人才进出境及服务贸易企业员工境外工作提供办理证照、签证以及通关的最大便利。探索以多语种同时发布政府商务文件，提高政务信息的公开度与透明度，推动商贸公共服务便利化。

（二十五）降低服务贸易企业成本。推动生产要素价格改革，逐步实行鼓励类服务业用电、用水、用气与工业同价政策。清理规范服务贸易领域的不合理收费项目，对现有的行政事业性收费项目，凡国家和省规定收费标准有上下浮幅度的，一律按下限征收。落实差别化的土地政策，充分保障服务贸易企业用地需求，合理降低用地成本。在符合城乡规划要求前提下，以划拨方式取得土地的企业或单位利用工业厂房、仓储用房兴办现代服务业的，土地用途和土地使用权人可暂不变更，不增收土地价款。服务贸易企业单独设立的研发中心、科研机构以及产品设计和动漫制作产业用地，在符合相关规划条件前提下可按协议出让方式供地。鼓励服务贸易企业参与"三旧"改造，拓宽服务贸易企业用地来源。

六、加强组织领导和工作保障

（二十六）健全服务贸易工作协调机制。省政府建立由省外经贸厅牵头，省有关单位参加的加快发展服务贸易工作协调机制，各地要建立相应的工作协调机制。加快建立全省服务贸易信息交流共享机制，整合服务贸易推广平台信息资源。省外经贸厅要会同省有关单位，进一步研究制订我省服务贸易重点领域的专项促进政策，明确相关发展目标、工作重点和具体措施。

（二十七）优化服务贸易发展环境。加强知识产权能力建设，引导服务贸易出口企业提升知识产权创造、运用、保护和管理能力，加强专利、商标、版权、商业秘密、客户信息保护，做好境外专利申请与商标注册，积极应对国际知识产权纠纷。建立完善服务贸易领域标准体系。支持服务贸易协会、服务外包产业促进会等社会组织建设，强化行业自律，规范行业竞争，指导企业履行社会责任。

（二十八）强化服务贸易人才支持。加快培养和引进金融、会计、法律、评估、保险、信息、商务中介等服务贸易亟需的专业人才和管理人才。充分发挥省引进高层次人才"一站式"服务平台作用，对引进的高层次服务贸易人才在落户、子女入学等方面提供便利。推动高等学校、职业院校服务贸易实务学科建设，加快培养服务贸易专业人才。

（二十九）完善服务贸易统计体系。建立与服务业统计数据对接通用、信息共享的数据标准，推广集跨境资金流动、部门填报、企业直报、重点企业联系、中介机构辅助调查于一体，科学统一的服务贸易统计方法。以"广东易发网"为技术和信息平台，建立广东服务贸易数据库。研究完善运输服务、软件出口、旅游服务、服务外包等服务贸易专项业务统计。加强服务贸易重点领域和主要市场的调查研究及运行的监测预测，提高发展服务贸易相关决策的科学化水平。

广东省人民政府

2013 年 3 月 30 日

附录 3

广东省及主要城市服务外包行政管理部门及
促进机构联系方式

类别	名称	地址	电话
广东省及主要城市行政管理部门	广东省商务厅服务贸易与商贸服务业处	广州市天河区天河路 351 号 3101 房	020 – 38819861
	广州市对外贸易经济合作局技术与服务贸易处	广州市东风西路 158 号广州国际经贸大厦	020 – 88902831
	深圳市经济贸易和信息化委员会服务贸易处	深圳市福田区福中路市民中心西区	0755 – 82108864
	珠海市科技工贸和信息化局生产服务业科	珠海市人民东路珠海市政府大院五号楼	0756 – 2255144
	佛山市商务局服务业发展改革科	佛山市禅城区汾江中路 135 号 3 楼	0757 – 83992247
	河源市对外贸易经济合作局对外贸易发展科	河源市新市区凯丰路 1 号	0762 – 3387039
	梅州市对外贸易经济合作局对外贸易发展科	梅州市江南路 99 号之一	0753 – 2249770
	惠州市商务局商务服务科	惠州市南门路 45 号	0753 – 2233030
	汕尾市商务局贸易管理科	汕尾市城区香城路外经贸大厦	0660 – 3379316
	东莞对外贸易经济合作局国际贸易科	东莞市莞太路 33 号	0769 – 22806512
	中山市对外贸易经济合作局服务贸易科	中山市中山二路 57 号	0760 – 89892331

（续上表）

类别	名称	地址	电话
广东省及主要城市行政管理部门	江门对外贸易经济合作局外商投资管理科	江门市白沙大道西 10 号	0750 – 3507383
	阳江市商务局对外技术和服务贸易科	阳江市江城区金山南路口岸新村阳江市商务局大楼	0662 – 3360716
	湛江市对外贸易经济合作局加工贸易科	湛江市赤坎南方路 31 号	0759 – 3620136
研究机构	广东外语外贸大学国际服务外包研究院（国际服务外包人才培训基地）	广州市白云大道北 2 号	020 – 39328926
行业组织机构	广东省服务贸易协会	广州市东风东路 774 号 9 楼	020 – 87337269
	广东省服务外包产业促进会	广州市天河区员村一横路 7 号大院 1 号 广东软件大厦 2 楼	020 – 29886383
	广州服务外包行业协会	广州市天河区员村一横路广东软件大厦 2 楼	020 – 29886383
	深圳市现代服务外包产业促进会	深圳市科技中一路软件园二期 14 栋 324 室	0755 – 86593505
	珠海市服务外包行业协会	珠海市唐家南方软件园 D2 – 218 室	0756 – 3391060
	佛山市服务外包行业协会	佛山市南海桂城南新三路南海电大校内 1 号楼 4 楼 1402 室	0757 – 63323364
	肇庆市服务外包产业促进会	肇庆市太和路城西规划站对面大楼三楼	0758 – 2760927
	河源市服务外包行业协会	河源市新市区凯丰路 1 号	0762 – 3387093

注：资料来源于网站搜索，主要城市行政管理部门根据该机关部门职能设置编辑而成。

2013—2014 年广东省服务外包示范企业及重点培育企业名单

2013 年广东省服务外包示范企业

序号	企业名称
1	汇丰软件开发（广东）有限公司
2	广州三星通信技术研究有限公司
3	汇丰环球客户服务（广东）有限公司
4	爱立信移动数据应用技术研究开发（广州）有限公司
5	广州盛华信息有限公司
6	中交第四航务工程序勘察设计院有限公司
7	耐克采购服务（广州）有限公司
8	晨星资讯（深圳）有限公司
9	联发软件设计（深圳）有限公司
10	广东凯捷商业数据处理服务有限公司
11	万宝至马达（东莞）有限公司

2013 年广东省服务外包重点培育企业

序号	企业名称	序号	企业名称
1	广州万孚生物技术股份有限公司	19	国际商业机器系统集成（深圳）有限公司
2	广东同方照明有限公司	20	深圳市年富实业发展有限公司
3	龙沙（中国）投资有限公司	21	家宝产品设计（深圳）有限公司
4	广州南沙经济技术开发区胜得电路板有限公司	22	深圳玮伦鞋业信息咨询有限公司
5	广州国泰信息处理有限公司	23	珠海市金邦达保密卡有限公司
6	友邦资讯科技（广州）有限公司	24	珠海扬智电子科技有限公司
7	广东合捷国际供应链有限公司	25	珠海市乐毅软件科技有限公司
8	广东省电信规划设计院有限公司	26	珠海爱浦京软件技术有限公司

（续上表）

序号	企业名称	序号	企业名称
9	广州豪进摩托车股份有限公司	27	欧司朗（中国）照明有限公司
10	广州广电运通金融电子股份有限公司	28	佛山浪潮信息技术有限公司
11	广州市佳众联科技有限公司	29	简柏特（佛山）信息技术服务有限公司
12	广州玛氏信息技术服务有限公司	30	佛山六维空间设计咨询有限公司
13	敏腾（广州）实业有限公司	31	中山市琪朗灯饰厂有限公司
14	广州城电客户服务有限公司	32	中山欧科电子有限公司
15	深圳市信利康供应链管理有限公司	33	东莞添世贸易有限公司
16	深圳市怡亚通供应链股份有限公司	34	TCL通力电子（惠州）有限公司
17	惠而浦产品研发（深圳）有限公司	35	美亚（肇庆）金属制品有限公司
18	国际商业机器采购（中国）有限公司		

2014 年广东省服务外包示范企业

序号	企业名称
1	中交广州航道局有限公司
2	广东振戎能源有限公司
3	沃盛咨询（深圳）有限公司
4	深圳市信利康供应链管理有限公司

2014 年广东省服务外包重点培育企业

序号	企业名称	序号	企业名称
1	东亚电子资料处理（广州）有限公司	13	东莞栢能电子科技有限公司
2	广州高新供应链管理服务有限公司	14	东莞市发财特游戏机研发有限公司
3	国光电器股份有限公司	15	中山康方生物医药有限公司
4	广州万力轮胎商贸有限公司	16	广新海事重工股份有限公司
5	深圳市联合利丰供应链管理有限公司	17	纬联电子科技（中山）有限公司
6	中银信息技术服务（深圳）有限公司	18	江门通达迅流程信息处理服务有限公司
7	深圳市华际科技有限公司	19	韶关科艺创意工业有限公司
8	深圳汉莎技术有限公司	20	金悦通电子（翁源）有限公司
9	珠海市宇能科技有限公司	21	韶能集团韶关宏大齿轮有限公司
10	珠海欧比特控制工程股份有限公司	22	广东德纳斯金属制品有限公司
11	欧司朗企业管理有限公司	23	喜利得（中国）有限公司
12	东莞兴泰咨询有限公司		

后 记

关于服务外包的概念，专家学者、业内人士往往有不同的解读。通俗地说，从国际贸易定义来看，我个人认为制造业的生产外包是加工贸易，服务业当中的加工贸易则是服务外包。在经济全球化、专业化日益深化的今天，服务外包已从最初的信息技术外包（ITO）、业务流程外包（BPO），向知识流程外包（KPO）、业务流程管理（BPM）等价值链的高端跃进，发展之速度、深度和规模足以印证美国著名管理学者杜洛克的预言：外包将成为企业经营管理不可逆转的趋势。

本书调研及编写工作历时一年，我们认为全球服务外包领域一些新的趋势特征值得关注：一是国际发包策略逐渐转型。跨国公司不再以降低成本作为业务外包的核心动因，市场快速响应能力、文化理解和融合、新技术和人才引进、分析和创新技能、客户满意度增加、便利获取成熟的服务产品等成为新的外包驱动因素。二是外包服务从非核心职能向核心职能延伸，发接包合作升级。在企业转型与管理变革盛行之下，服务外包的价值链已延伸至影响发包企业核心竞争力的关键环节，外包业务逐步从后台走向前台、从低端走向高端、从加工装配走向研发设计、从供应链管理走向客户关系管理与创新，发包商与接包商合作关系升级，双方将共担风险、共同创新、共享转型发展带来的效益。三是新兴技术成为服务外包发展的新增长点。以云计算、大数据、移动互联、传感器、虚拟现实等为代表的新兴技术领域与产业相互交融，跨界融合成为时代变革的核心元素，影响并刺激服务外包产业价值链的分解、整合与重构，颠覆性创新不断打破市场竞争格局。四是以个性化和专属化服务为特征的长尾市场效应快速显现。单一、大额的整体发包模式转向多方、小额的分拆并择优发包。大型服务提供商的市场垄断地位逐步下降，小、精、专的服务提供商和新兴创业公司成为市场新宠，各类创新性和风险性的合作形态应运而生。

近年来广东省服务外包产业蓬勃兴起，新兴业态和新型模式不断涌现，服务外包既是我们优化服务贸易结构的着力点，亦是我们促进货物贸易转型升级的重要方式。因此，抢抓现代服务业发展战略机遇，推动服务外包产业高端化，需要我们正确把握服务外包业发展的内在规律和总体趋势，顺势而为、智慧发展：一是政府作为产业顶层规划者和引领者，需加快打通离岸、内需界限，积极探索建立包括海外发包商、海外服务商、中国本土发包商和中国服务商在内的统一完善的服务外包市场体系；二是园区作为产业孕育的载体，需加快打造现代科技园区品牌，营造社会化、数字化、生态化以及国际化、标准化的发展环境；三是接包企业作为市场主体，需以全球视野寻求发展商机，积极运用技术创新来推动商业模式的创新，争取获得国际市场的议价权和参与标准制定；四是成熟的制造产业和优秀企业作为市场动力，应加快对外业务发包，寻求实现跨界合作发展的最佳路径，通过引入更多新兴业务模式及服务产品推动自身转型升级。总而言之，只有将发包和接包有机统一，使生产外包和服务外包密切结合，通过资金、技术、市场的国际化运作，广东才能整体提升服务外包产业的国际竞争力。

本书介绍的个案由课题组在大量样本筛选、调研分析和专家论证的基础上精心编制而成。我们侧重关注了企业在探索多元化发展中的策略与路径，例如，从集团内部业务部门发展成为独立的外包企业、从加工制造转型为研发设计服务、从传统 IT 服务升级为领先的云计算服务提供商等；剖析介绍了企业在管理创新、技术创新、流程创新、产品或服务创新、商业模式创新等方面各显神通的探索与实践，包括如何通过精准定位差异化和个性化来赢得客户市场、如何利用新兴技术加快渗透到各行各业实现跨界接单服务、如何专注于离岸市场或离岸与在岸业务双轨并行等。这些案例对于政府部门制定促进政策措施及企业经营发展均具参考价值。付梓之际，我谨代表课题组向所有提供素材支持的机构和个人（包括相关市主管部门、园区机构、企业以及业内人士）表示真挚谢意，并特别感谢鼎韬外包研究院副院长沙琦小姐提供的咨询及资讯帮助。

诚然，本课题组对广东省服务外包的领先领域、承接模式，以及各层面示范单位进行了较为全面的梳理分析，并参考、比较了大量的国内外研究文献，但由于诸多因素限制，无论在个案选材或专业水准上都存在不尽如人意之处，还望业内专家和实务工作者给予指教斧正。最后，希望本书的出版能够对业内人士及实务工作者有所裨益，大家共同努力加快推进广东省服务外包向"高端化、专业化、品质化"发展。

黄永智

广东省服务贸易协会会长

2016 年 6 月 18 日

图书在版编目（CIP）数据

广东国际服务外包案例/黄永智主编. —广州：暨南大学出版社，2016.9
（国际服务外包系列教材）
ISBN 978 - 7 - 5668 - 1875 - 1

Ⅰ.①广…　Ⅱ.①黄…　Ⅲ.①服务业—对外承包—案例—广东省—高等学校—教材
Ⅳ.①F719

中国版本图书馆 CIP 数据核字（2016）第 133072 号

广东国际服务外包案例
GUANGDONG GUOJI FUWU WAIBAO ANLI
主　编：黄永智
....

出 版 人：徐义雄
责任编辑：潘雅琴　姚晓莉
责任校对：郭海姗
责任印制：汤慧君　周一丹

出版发行：暨南大学出版社（510630）
电　　话：总编室（8620）85221601
　　　　　营销部（8620）85225284　85228291　85228292（邮购）
传　　真：（8620）85221583（办公室）　85223774（营销部）
网　　址：http://www.jnupress.com　http://press.jnu.edu.cn
排　　版：广州良弓广告有限公司
印　　刷：佛山市浩文彩色印刷有限公司
开　　本：787mm×1092mm　1/16
印　　张：14.75
字　　数：335 千
版　　次：2016 年 9 月第 1 版
印　　次：2016 年 9 月第 1 次
定　　价：35.00 元